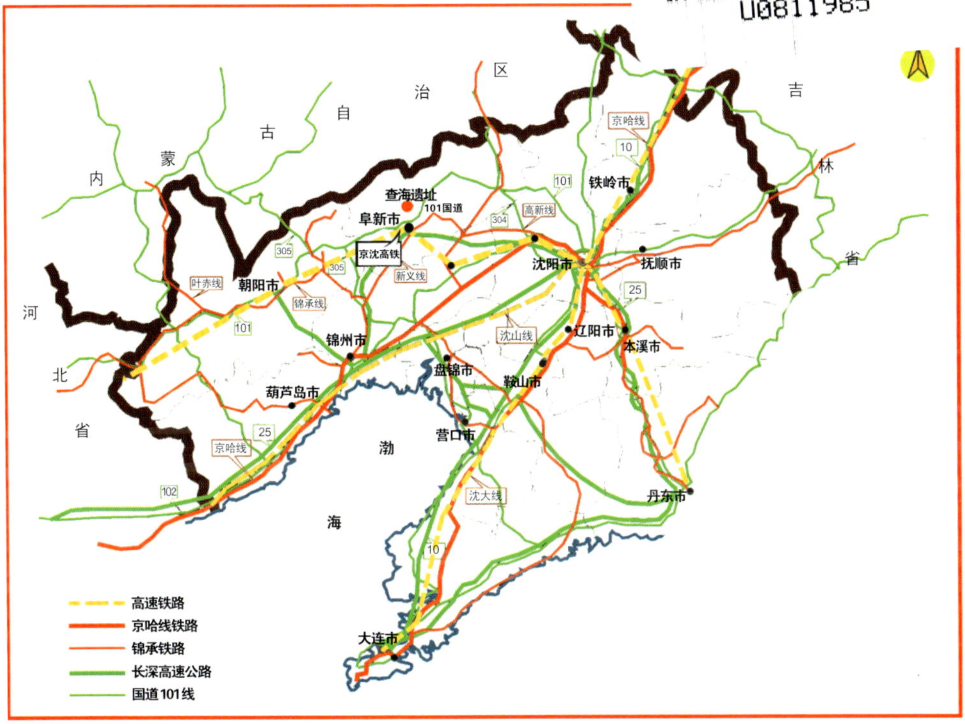

图一 查海遗址交通图

图二 查海遗址全景（2012年）

图三 苏秉琦谈查海文化（1991年）

图四 1993年发掘现场（南-北）

图五 1994年发掘现场（西南-东北）

图六 窖穴发掘现场（东—西，1993年）

图七 最大房址F46（西北-东南）

图八 龙纹陶片（F23：27、26）

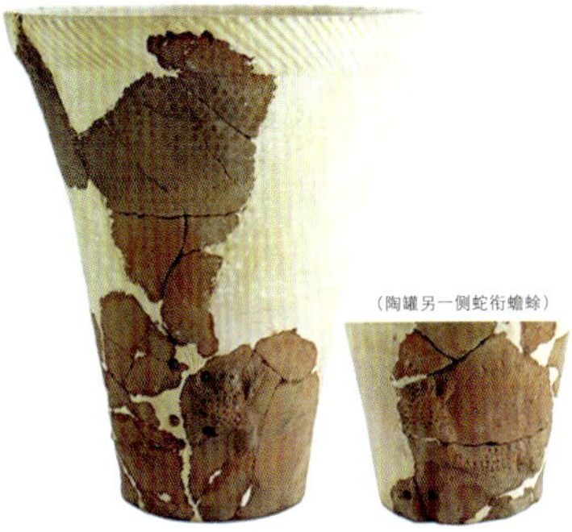

图九 蛇衔蟾蜍陶罐（F39：39）

图十 龙形堆石（东南–西北，1994年）

图十一 各式陶罐

图十二 陶罐出土状态(1992年)

图十三 陶纺轮

图十四 各式陶杯

图十五 石磨盘(T0402②：2)

图十六 石磨盘（F20：8）

图十七 各式石铲

图十八 石刀和石斧

图十九 玉斧和玉凿

图二十 玉匕（F7M：1-6）

图二十一 玉玦（T0505②：1）

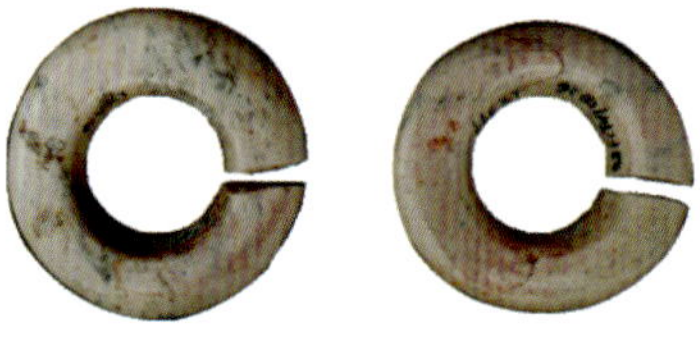

图二十二 玉玦(T0407②：1、6）

图二十三 玛瑙细石器

查海遗址研究

李井岩　著

陕西新华出版传媒集团
陕西科学技术出版社
—— 西安 ——

图书在版编目（CIP）数据

查海遗址研究/李井岩著. -- 西安：陕西科学技术出版社，2019.9（2019.10 重印）

ISBN 978-7-5369-7639-9

Ⅰ. ①查… Ⅱ. ①李… Ⅲ. ①新石器时代文化-文化遗址-研究-阜新蒙古族自治县 Ⅳ. ①K878.04

中国版本图书馆 CIP 数据核字（2019）第 195199 号

查海遗址研究

李井岩 著

出 版 人 崔 斌
责任编辑 曾 珂
封面设计 曾 珂
监 制 张一骏

出 版 者 陕西新华出版传媒集团 陕西科学技术出版社
西安市曲江新区登高路 1388 号陕西新华出版传媒产业大厦 B 座
电话（029）81205187 传真（029）81205155 邮编 710061
http://www.snstp.com
发 行 者 陕西新华出版传媒集团 陕西科学技术出版社
电话（029）81205180 81205192
印 刷 陕西金和印务有限公司
规 格 700mm×1000mm 16 开本
印 张 20.25 4 彩插
字 数 253 千字
版 次 2019 年 9 月第 1 版
2019 年 10 月第 2 次印刷
书 号 ISBN 978-7-5369-7639-9
定 价 138.00 元

本书为：

阜新市社会科学研究立项课题成果（批号:2019Fsllx079）；

辽宁省经济社会发展研究课题成果（编号:2019lslktyb－080）。

序　言

郭大顺

查海遗址从1982年辽宁省第二次文物普查被发现开始，历经1986至1994年的7次发掘，1988年、1996年分别被公布为辽宁省级和国家级重点文物保护单位，和在此前后的遗址保护、遗址博物馆建设，已经过20多年。其间不乏众多研究成果发表，包括2012年遗址发掘报告的编写、出版，但熟悉遗址整个工作过程和遗址及博物馆实际情况的当地学者参与较少。今读到查海遗址博物馆副馆长李井岩同志的《查海遗址研究》书稿，令人欣慰。书稿查阅了大量资料，对查海遗址进行了全面论述，在与同类遗存的比较时能放眼全国，还有对各种观点的引用，对以往工作成果的尊重，以及遗址的保护和展示筹建过程，都十分可贵。

读了李井岩同志的书稿，也引起了我对查海遗址的回忆！

查海遗址发掘期间，正是牛河梁红山文化遗址发掘进行并不断有新的资料发现之际，但查海遗址的发掘成果并未被红山文化的发现所掩没，而是每一次新发现都会引起持续关注，这充分说明查海遗址的重大学术价值。

查海遗址最早的重要发现是玉器。先是在地层中发现的玉玦，后又在一座小墓（F7M）中有多件玉匕形器出土。经闻广先生鉴定都为透闪石软玉，被誉为世界最早的真玉器。正好1990年秋在大连市召开第二届环渤海国际考古会议，查海遗址的发掘资料成为那次会议的亮点，有明确出土关系和年代的玉器展示，引起了与会学者特别是海外学者的普遍关注，按日本学者秋山进午先生的形容，大家是“一片惊愕”。因为据此前所知，玉玦多见于中原地区商周时期的玉组佩中，20世纪70年代在浙江河姆渡遗址有发现，但为石质。日本列岛则在距今6000~7000年的绳纹时代早期起多有发现，所以大连会后立刻有日本学者中山清隆著文，认为日本海沿岸的发现是受到辽西的影响。由于日本海沿岸也是玉玦与玉匕形器的组合，所以这一观点是可信的。《查海遗址研究》一书中，从玉料、来源、工艺、功能、传播等方面，对查海遗址出土的玉器有较为详细的论述。

接着是1994下半年在查海遗址中部发现的石摆塑龙形象。因为是地面摆塑，石料非特选也无明确加工，与其下的石脉在石质、色泽上相近，不易分辨，媒体闻讯要报导，大家都应持慎重态度。当时正好张忠培先生来到辽宁，我与孙守道先生请他一起到现场进行鉴定。经过观察，又听了发掘者的介绍，共同的认识是，这种摆塑技法的龙形象，此前也见于年代在6000年前后的河南濮阳蚌壳摆塑龙虎墓和湖北黄梅县卵石堆塑龙，而且查海遗址的摆塑龙位置正在房址围绕的聚落中心，尤其在此之前的1990年，已有两件浮雕饰鳞纹的龙体残陶片出土，还得知陶器上有蛇衔蟾蜍的浮雕题材，遂趋向于肯定，为留有余地，建议称为“龙形堆石”或类龙形象。《查海遗址研究》一书中对各地发现的早期龙的类型、与龙崇拜有关的蛙和蟾蜍进行了综合比较，突出了查海龙和蟾蜍崇拜在龙起源过程中的源头地位，还有对其出现的自然和社会文化背景的分析，颇有新意。

还有就是居室葬。考古发掘的房址，一般到居住面为止，而且多年积累的经验证明，居住面以下为生土，不必再向下发掘了。查海遗址中房址内居住面下墓葬的发现，既有自身的特定条件，即烧土面不够平整，有向下发掘的趋动，也有发掘者的细心。终于在烧土居住面下发现了墓葬，且出土有玉器。此后，兴隆洼遗址又对已发掘的房址做过再清理，在居住面下发现有更多的墓葬，与查海遗址相互补充，使居室葬被列为查海—兴隆洼文化的一项重要文化特征。

查海遗址还有一项重要发现，就是石轴承。这是在发掘报告发表后的再一次发现。因为在发掘报告中将这类标本通称为“石钻”，正在研究史前玉器工艺中旋转技术的香港中文大学邓聪先生，坚信这类标本是石轴承。我和辽宁省博物馆的孙力同志利用在澳门召开的澳门黑沙史前轮轴机械国际会议撰写论文的机会，从省考古所调出这件出土物进行观摩并作了详细拍摄，从颈部的旋转等痕迹可进一步证明确为石轴承。邓聪先生有专门的论述文章，认为是迄今所知最早的石轴承。类似的石轴承在查海博物馆还收藏有几件，暗示遗址附近可能有玉石作坊存在。而且这类原始机械备件，对于工业史，特别是对制造业大省的辽宁有特殊意义。预料今后会引起有关各方的浓厚兴趣。

兴隆洼遗址，现为该类考古文化的命名地，并将查海遗址也包括在内。其实查海与兴隆洼这两个相距不远的遗址相比较，以共同性为主，但差别也不少，这其中，有地域差别，也有年代及延续时间长短的差别。《查海遗址研究》一书对这两处典型遗址进行了多方面较为详实的对比，得出了查海遗址发展演变更具完整性，兴隆洼遗址处于这个文化发展中的一个阶段的结论，从而提出命名查海文化的理论根据和必要性的观点，是有说服力的。近些年更有学者提出了“查海时代”，即将中国新石器时代的先仰韶时期以查海通名（赵宾福在2018年中国考古学会成都年会的发言），应与查海遗址在同时期诸遗存中的先进性有关。当然，考古学文化的命名经常是约定俗成的事，目前以兴隆洼遗址命名该考古文化已被较多引用，只要不忽略其间的差别从而影响研究的深入，与查海文化两种命名方法都是允许的。但无论如何，这类先红山文化的发现，共同为红山文化在当地找到了来源。这对于建立当地史前考古文化发展序列，尤其是红山文化的来源，从而对红山文化高度发展水平的理解，学术意义都十分重大。

《查海遗址研究》一书中多次提到苏秉琦先生。确实，查海遗址的发现得到了苏秉琦先生的高度关注。1986年在沈阳召开的中国考古学会第六次年会后，苏先生到兴城疗养期间，点名要看查海陶器。因为苏先生在当时学界聚焦红山文化，社会掀起“红山文化热”的情势下，更多的是在冷静思考红山文化在当地的来源，因为红山文化毕竟是在文化发展相对多变化的北方，无论年代还是发展演变过程，都要做得更扎实。所以兴隆洼、查海遗址发现后，苏先生对这两处遗址出土的陶器及饰纹进行了多次仔细观摩，确认其不仅年代早，而且先后演变序列清楚，于是此后有对红山文化源远流长的多次论述及与中原区域发展过程的对应比较。尤其是1991年8月，苏先生应阜新市政府之邀畅谈查海遗址的研究和保护时，主要依据查海遗址出土玉器提出了“万年文明起步”的新颖观点。此后该文化陆续有新的发现，如兴隆洼遗址F180－M108中以一雄一雌两只整猪随葬的首领级人物，M130中一对玉玦除内外径相同外，重量竟然也一致，表现出精堪的玉器工艺，兴隆沟遗址孢粉采样中鉴定出人工栽培的黍及粟，成人男女二人葬（F36－M23），多件石、骨、贝质小型人面像（以贴贝齿石人面像和人头盖骨雕人面像为主），猪头骨下的身躯以石、陶片摆塑的一对猪首龙形物（H35）等。尤其是新近在查海遗址附近的他尺西沟遗址发现了一件刻划神人面纹的石牌饰，此前公布过巴林右旗采集的一件形状、尺寸、刻划纹等纹饰相近的神人面纹石牌饰。可以将查海—兴隆洼文化的成就归纳为“玉、龙、轴、神”四大发明，它们的先后问世，都一再证明着苏先生的预言。

至此，需要介绍一位热爱辽宁古代文化、与查海遗址很有缘份的日本友人内藤真作先生，用以表述查海遗址的国际性重要地位。内藤先生是富山电视台社长，1992年辽宁电视台与富山电视台联合制作了《辽河纪行》电视片，内藤先生是策划人，在他的建议和组织下，将查海遗址以及金牛山、牛河梁、姜女石等辽宁省那些年的重要考古发现都纳入其中，我是在拍摄过程中与内藤先生结识的。在第一次会面时得知内藤先生在头一天特地到查海遗址考察，考察的方式别开生面，是在午夜12点准时从阜新市赶到查海遗址，将耳朵贴在遗址地面，为的是夜深人静时“可以倾听到一万年前的灵气”。而那时内藤先生已是动过大手术的一位70多岁的老人。这部电视片还包括了满族民俗和环境治理方面的内容，曾获日本1992年电视节奖，并获准在联合国总部放映。内藤先生重视辽河文明，更重视辽河文明的研究者，特别是当他得知苏秉琦先生是辽河文明研究的指导者时，极为尊重。1992 年和 1994 年，内藤真作曾专门到北京采访苏先生，并很快将与苏先生关于“环渤海考古”的访谈记录整理出来，他自己还专门撰写了满怀情感的回忆文章。1997 年内藤真作先生故去时，遵遗言将部分骨灰撒入辽河。

查海遗址能得到国内外各方的关注不是偶然的，是这处遗址在辽河流域、东北到东北亚和全国史前时期历史发展进程中的重要地位决定的。随着查海遗址发掘资料的全面发表，查海遗址及有关遗存的研究和保护的下一步工作规划，已提到日程。就辽宁经济和社会发展研究课题来说，除围绕“文明起步”进行系列研究以外，如这一时期房址普遍无门道，居室葬的习俗，还有石器的多见，与西亚地区多有相似，很值得关注。本书作者李井岩先生作为查海遗址博物馆的潜心研究者，不仅对遗址的研究进行了较为全面的回顾，还对查海遗址的保护现状、存在问题和旅游资源价值作了认真的分析和评估，并提出进一步改进和发展的可行性措施，多有可取之处。

查海遗址有优越的地理位置和较为完好的原始环境，随着京沈高铁的通车、附近医巫闾山辽陵考古的保护和进展、牛河梁遗址博物馆国家考古公园的建设等，一条辽宁西部历史文化寻根之旅正在形成。查海遗址作为其中重要的一环，未来的发展前景十分可观，让我们共同期待！

2019 年 3 月

于海南省东方市八所镇汇艺蓝海湾

目　　录

第一章　依山而居　临水而行

——查海遗址区位特征研究

人类社会总是生存在一定的地理环境之中，是自然界的重要组成部分，对地理环境具有依赖性。人类社会生存发展的区位优势也是一个地方地理环境的资源优势，是给予人类生存发展客观存在的有利条件和优越环境，构成的因素主要分为自然资源和社会资源两方面。自然资源主要包括地理位置、地形地势、气候、河流等方面，社会资源方面主要是指农业基础、动物和植物资源、交通条件、政治宗教等因素。

通过对现在查海遗址周边自然风貌的考察，即可得知，8000 年前查海先民选择了区位优势非常明显的“查海遗址”定居生活是智慧的选择，查海遗址丰富的文化内涵也体现出了当时查海先民定居生活的社会发展进步程度。“查海遗址”是查海先民选择的一处宜居的风水宝地，从生态环境、部落安全、生活便利程度、舒适度等条件来看，查海遗址两侧各有河流经过，并且遗址下方紧邻一处终年涌流不断且水量充沛的优质山泉，充分保证了查海先民生产和生活用水，生活便利；遗址附近植被茂盛，动植物资源丰富，方便狩猎、捕鱼和采集，食物资源充足；查海的沙质土壤易于使用石器农耕种植谷物粮食，极大地保证了稳定的食物来源；查海部落定居地在一处坡度较缓的向阳山坡台地之上，免受雨水洪涝灾害，温暖干燥，又易于抵御外族和野兽侵扰，因此定居此处舒适安全；查海山野间虽然植被茂盛，草木葱茏，不易穿行，但顺着查海部落两边河流和山谷出行便利，易于同外界交流（彩图2）。

所以简单、通俗地说，智慧的查海先民选择了一处能让部落成员吃得饱、住得好、易出行的理想家园——查海遗址来定居生活，这里不仅是一个"宜居城市"，它得天独厚的地理环境还促进了8000年查海文化的繁荣发展，又大大地加强了查海文化的对外交流传播，是"查海智慧"的首要表现。

第一节　自然与人文环境

查海遗址位于辽宁省阜新市阜新蒙古族自治县，西距阜新市区约25千米。阜新地区位于内蒙古高原和东北辽河平原的中间过渡地带，属辽宁西部的低山丘陵区，地势西北高，东南低，西南高，东北低。阜新地区东西长约220千米，南北宽约120千米，总面积为10362平方千米。由阜新南下可直达环渤海沿线的华北、华东、华南及中原地区，北依内蒙古自治区的广袤大地，东达省会沈阳及辽南沿海地区，西至朝阳、内蒙古赤峰等西辽河流域，为辽宁西部的交通要道，是辽宁省西部地区的重要城市之一。

一、地理位置

查海遗址位于阜新蒙古族自治县沙拉镇查海村西南约2.5千米的向阳扇

面台地上，地理坐标为东经 121°48′02″，北纬 42°11 ′02″，平面直角坐标 00916.6，纵坐标 72846.1。查（chá）海一词是蒙语察哈尔的转音，查海村是沙拉镇的一个行政村，辖查海、北五和朝力玛营子 3 个自然屯，全村人口基本为蒙古族，查海遗址就在查海村和朝力玛营子屯之间（图 1－1）。

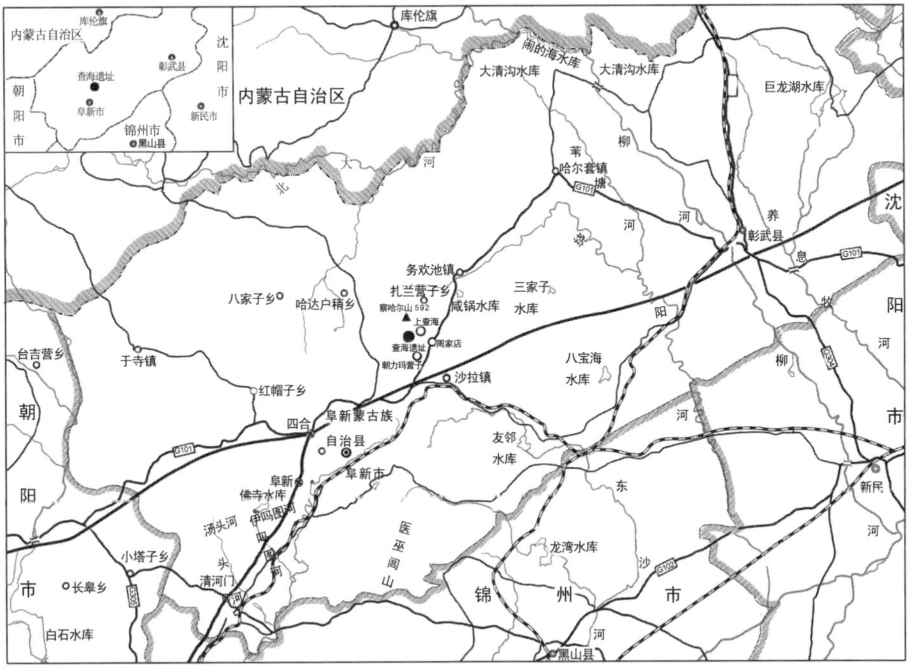

图 1－1　查海遗址地理位置图

查海遗址所在地的区位优势凸显，交通非常方便，遗址向南建有 3 千米的沥青公路经朝力玛营子屯接入国道 101 线，向南沿着 101 国道向西约 10 千米为阜锦、阜朝、阜盘、沈彰、盘奈、长深高速阜新东站出口。沿着遗址专线和国道 101 线向西距离阜新蒙古族自治县县城约 16 千米、阜新市区约 25 千米，大郑铁路阜新南站和京沈高铁阜新站位于阜新市区南北两侧，40 分钟可到省会沈阳，2 小时可抵达首都北京。查海遗址西距巴新铁路起点新邱站约15千米，这里铁路可通达蒙古国和俄罗斯（彩图1）。所以说，查海遗址的交通十分便利，区位优势明显。

二、地质、地貌与土壤

阜新地处内蒙古高原和东北辽河平原的中间过渡地带，北依努鲁尔虎山，南侧是横贯的医巫闾山余脉，两山脉北部末端交汇，构成了辽河平原的一个天然区界，地势西北高，东南低，中间的阜新盆地约形成于中生代晚期。查海遗址位于阜新盆地东侧，这里属于辽河水系绕阳河一支流源地，系丘陵地带，沟壑发育，北边约2.5千米为海拔592米的山峰——察哈尔山。查海遗址坐落在一漫丘南坡扇面台地上，海拔297米，地势北高南低，西高东低，平坦开阔，自然坡度5度~7度，四周山峦绵亘，沟壑纵横。查海遗址地面表层地质结构由红砂黏土及裸露的花岗岩与片麻岩风化壳组成，土壤为褐色的风沙土，土质贫瘠，一般厚薄不均，极易造成水土流失。查海遗址东西长约125米，南北长约100米，总面积约12500平方米。

查海遗址北侧由西向东为绕阳河支流的狭长河谷，东侧为由北向南连通北部河谷的大沟壑，当地俗称“泉水沟”，沟内河水终年不断，夏季爆发的洪水沉淀淤积了大量优质的河沙。查海遗址南部边缘已被一条由西向东的雨水冲沟破坏，沟宽12~15米，深8~10米。在冲沟西部的北侧断崖地层内暴露有房址、烧土、灰烬及陶片、石器等，地表暴露遗物较少。

目前，查海遗址已经发掘完毕的部分大约占遗址总面积的一半，已用沙土回填加以保护，余下一半没有继续发掘。查海遗址的这片区域已经全部由阜新市政府进行了征地保护，并成立了阜新查海遗址博物馆，作为查海遗址的保护、管理、研究、展示机构。查海遗址整体基本仍保持着1994年最后一次发掘后的原貌，遗址四周大部分区域都是农田和果树林，远处为荒山，没有历代居民建筑物等人为因素的干扰，原始自然风貌保存完好，能够较好地反映出8000年前的自然风貌（图1－2）。

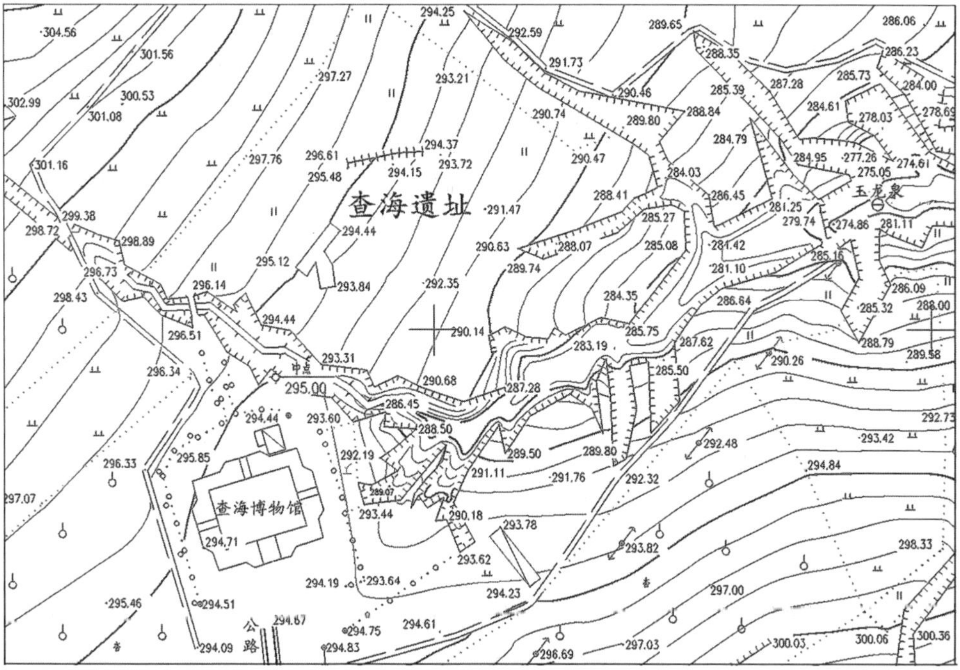

图1－2 查海遗址地形图

三、气候条件

查海遗址所在地辽宁省阜新蒙古族自治县，位于辽宁省西部，北为科尔沁沙地，东连辽河平原，西邻辽西山地，这样的地理环境形成了阜新典型的温带半干旱半湿润气候，四季分明，雨热同季，光照充足。阜新位于温带季风带，春秋和冬季多大风，当地流传着“一年刮2次风，一次刮6个月”的俗语。在查海遗址常年主导风向为西南风，其次是东北、西北两个方向，风力较大、较强，尤其瞬时风力更强大。

阜新的春季从4月~6月初，春季多西南风，进入到4月平均气温开始回升到3摄氏度以上，土壤渐渐解冻，时有冷空气侵入，升温与降温交替出现，温差较大。随着西南风增强，野草吐绿，树木萌动，河流融冰，可闻雷声。4月下旬气温升至10摄氏度以上，大田农作物播种进入高潮。

夏季从6月中旬~9月初，平均气温升至20摄氏度以上，雨水增多，农作物生长旺盛。盛夏降雨集中，高温高湿，极易出现洪涝灾害，如个别年份，盛夏时一旦受副热带太平洋高压控制，则久晴无雨，可出现35摄氏度以上的酷热天气，造成严重的旱灾。

秋季从9月末（白露前后）~10月初，气温下降较快，平均气温降至20摄氏度左右，由暖转凉，开始出现大风，是秋收大忙时节。10月上旬初霜，青蛙绝迹，燕子南归，霜降前后气温骤降，花卉凋零，草枯树秃。

冬季是四季中最长的季节，从11月中旬~翌年3月中旬，冬季漫长寒冷，干冷而少雪，基本上是结冻期。冬季气温较低，土壤结冻，人穿着棉装，城市供暖。隆冬（12月初~翌年2月底），平均气温降至-10摄氏度左右，日最低气温的极值就出现在这个时期，是一年最冷的时候，北风强劲，降水稀少，空气干燥。

根据1951~2000年阜新代表气象站气候资料统计表明，阜新地区多年平均气温为7.6摄氏度，1月平均气温为-12.0摄氏度，7月平均气温为24.1摄氏度，阜新地区多年极端最低气温为-31.2摄氏度。近50年阜新地区多年平均降水量为503.4毫米，夏季为雨季，多年平均降水量为335.7毫米，占年降水量的66.8%；秋季次之，多年平均降水量为80.9毫米，占年降水量的16.1%；春季再次之，多年平均降水量为70.2毫米，占年降水量的14.0%；冬季为旱季，多年平均降水量为15.5毫米，占年降水量的

3.1%①。阜新全年日照为2815.8～2868.7小时，无霜期为150～155天，完全可以满足农作物光合作用及生长发育的需要②。

四、水文条件

阜新地区主要有辽河和大凌河两大水系。辽河水系包括绕阳河、柳河、养息牧河、秀水河，大凌河水系包括细河和牤牛河。其中，辽河流域的绕阳河在阜新境内河长114千米，流域面积3689平方千米，是阜新地区流域面积最大的水系，查海遗址就属于辽河的最大支流绕阳河水系。绕阳河发源于阜新蒙古族自治县扎兰营子镇察哈尔山（海拔592.1米）少等皋村一带，查海遗址向北就可以遥望察哈尔山。查海遗址东、西两侧山谷各有一条自北向南流向的河流，枯水期较长，为每年的10月～次年的5月，河水主要靠雨水补给，兼有少量的山泉，河水向南汇入东沙河，东沙河流向东南汇入辽河最大支流之一的绕阳河，所以查海遗址属于辽河流域。现代研究表明，距今8000～5000年间，辽河流域气候属于全新世大暖期，年平均气温比现在高出3摄氏度左右，气候温暖湿润，有利于农业的产生和发展。这里新石器时代聚落遗址繁荣，促进了人类的文明进步，是中国北方人类文明起源的中心。

五、植被、动物资源

查海遗址位于辽西低山丘陵地区，植被分布上是华北植物区系向内蒙古

①资料来源：张丹梅《近50年阜新地区气候变化特征分析》，《气象与环境学报》，2007年第1期，第27～28页。

②资料来源：张淑金《阜新地区的气候资源及其与旱地农业关系初探》，《辽宁农业科学》，1988年第2期，第39～40页。

植物区系的过渡带，生态环境较为脆弱。目前遗址周边原始植被甚少，多为人工林地，东部和北部约1千米外为阜蒙县林业局周家店林场万亩的油松林，其余坡地为耕作地带，其间散落生长着草本植物群落、灌木丛和疏散乔木，或为人工栽植用材林、经济林和大扁杏等果树。查海遗址附近的树木品种主要有杨、榆、柳、松、柏、山杏、沙棘等，耕地种植的粮食作物主要以谷子、玉米、高粱为主；经济作物主要有大豆、花生等。查海遗址所在地的主要野生动物有野兔、野鸡、蛇、灰喜鹊、灰松鼠等。家养的动物主要有羊、马、牛、驴、猪、狗、鸡、鸭、鹅等。

六、居民状况

目前在查海遗址保护范围区域内，没有历史和现代村落搅扰，在建设控制地带内也没有村落等人为因素的干扰，原始自然风貌保存较好。查海遗址东北约2.5千米为查海村，南约1.5千米为查海村朝力玛营子屯。当地居民以蒙古族为主，是蒙古族聚居区，居民语言以蒙语为主，且都会讲汉语，他们热情好客，能歌善舞，保留着较多的蒙古族风俗习惯，民族文化底蕴丰富，蒙古剧、好来宝、蒙古族民歌等民族文化在这里代代相传，浓郁的民族文化气息在这里芳香四溢。在农闲或重大节日的时候，蒙古族民间艺人便自发地组织起来，为人们带来欢乐与祝福，这里是阜新蒙古族风情浓郁的地区之一。查海遗址所在地的土地资源丰富，很早该地的农业种植就很发达，农业经济基础较丰厚，该地居民的经济收入大多以种植传统的粮食和经济作物为主。

第二节 查海遗址古地理环境

地理环境在人类的起源和早期演化过程中发挥着重要的作用。进入全新世以来，第四纪冰期结束，全球气候渐趋向温暖湿润，适宜的气候为人类早期农业的形成和发展提供了条件，正因如此，在距今1万年左右，人类由旧石器时代进入了新石器时代。特别是距今8000年以来，全球气候进入了温暖湿润的适宜期，这一时期的气候条件，为我国新石器时代农业的发展创造了机遇，中国新石器时代农业经济和文化发展至此进入了繁荣时期。距今约8000年我国连续温暖湿润的适宜气候，加之地理环境其他要素的影响，从我国新石器时代的开始，到农业经济的繁荣，再到文明的形成和初期发展，中国新石器时代文化发展的整个历程无不受到了地理环境诸要素的影响。

一、古气候环境

人类任何一种文化的产生和发展，都是与当地的自然环境和气候条件相适应的，当气候条件和生态环境发生变化时，社会文化、经济结构亦将随之而变化。阜新地区在距今1.3亿年左右，植被茂盛，拥有大面积的原始森林，因地质作用，此时阜新盆地的森林等被埋入地下，经复杂的地质作用而变成煤炭，地壳的运动最终将阜新变成了后来的煤电之城。沧海桑田，在距今6500万年前后，地质运动造就的阜新盆地已经形成，阜新的山水地貌基本成型。

第四纪冰川寒冷的气候结束后，在距今9000~8000年，中国北方气候进入到一个全新世大暖期，即气候温暖湿润时期，平均气温比现在高 1 ~ 3 摄氏度。施雅风等[①]根据地层孢粉、野生动物、古土壤、古湖泊、古冰川冰芯、考古资料等现代科学方法，在 20 世纪 70 年代竺可桢[②]的研究基础上，对中国全新世大暖期的气候环境进行了研究并得出结论：8500 ~ 7200aB. P. 以不稳定的暖、冷波动为特征；7200 ~ 6000aB. P. 是稳定的暖湿阶段，也是大暖期的鼎盛阶段。处于中国北方的查海文化正属于这一时期，施少华研究认为[③]：古文明的发展与气候变化密切相关，新石器时代古文化基本上是在全新世高温期中发展起来的，高温期中温暖湿润且稳定的气候使得人类得以发展；全新世高温期中几次气候波动事件同样影响人类的发展，在古文化遗址中有所表现；气候变化对人类的生产方式、生产技术的发展也产生了重大影响，人工种植谷物粮食此时出现，适宜稳定的气候环境使人们安居乐业。

据孔昭宸[④]等人根据考古孢粉学和古民族植物学研究材料，初步认为：兴隆洼文化时期（距今 8000 年左右），敖汉旗中部黄土丘陵地区年平均气温为 6.5 ~ 7.5 摄氏度，最冷月（1 月）均温 -11 ~ -12 摄氏度，最热月均温是 23 ~ 24 摄氏度，大于等于 10 摄氏度的年积温有 3000 ~ 3200 摄氏度，年降水量 400 ~ 500 毫米。现为草原地带赤峰地区，在 8000 ~ 6000aB. P. 前，曾广泛分布着暖温性夏绿阔叶林。温暖偏湿的自然环境为先民的生活繁衍和文化的创造提供了较为适宜的环境条件，聚落形态、原始农业的发展又给予自然植被以深刻的影响。

根据宋豫秦等人综合西辽河流域自然层和文化层剖面孢粉组合的特征研

①资料来源：施雅风等《中国全新世大暖期气候与环境的基本特征》；施雅风《中国全新世大暖期气候与环境》，海洋出版社，1992 年，第 14 页。

②资料来源：竺可桢《中国近五千年来气候变迁的初步研究》，《考古学报》，1972 年第 1 期，第 20 页。

③资料来源：施少华《中国全新世高温期环境与新石器时代古文化的发展》；施雅风《中国全新世大暖期气候与环境》，海洋出版社，1992 年，第 190 页。

④资料来源：孔昭宸，杜乃秋，刘观民，杨虎《内蒙古自治区赤峰市距今 8000 ~ 2400 年环境考古学的初步研究》；周坤叔《环境考古研究》第一辑，科学出版社，1991 年，第 112 ~ 119 页。

究，可将西辽河流域9000aB. P. 以来的气候变化概括为如下几个阶段①：

第一阶段：9000aB. P. 的干燥气候；

第二阶段：从8000aB. P. 的温和较干气候，过渡到7000aB. P. 左右的温暖较干气候；

第三阶段：7000aB. P. 左右的温暖较干气候；

第四阶段：从7000aB. P. 左右的温暖较干气候，过渡到6000aB. P. 左右的温湿气候；

第五阶段：5500aB. P. 左右的温暖较干气候；

第六阶段：5300～4000aB. P. 是由半干旱向温暖湿润的过渡气候。

由此可知，辽河流域这一地区的查海文化时代属于中国全新世大暖期，正处于8000～7000aB. P. 气候温暖湿润期，适宜的气候条件使查海先民安居乐业，原始农耕经济繁荣发展，创造出了举世瞩目的查海文化。

近年通过对查海遗址及其周围考古出土的植物遗存、木炭、种子和果实进行分析，结果显示，查海遗址乃至冀北辽西的广大范围内，距今7000年前后，聚落周围普遍生长着包括麻栎属、桦木属、杨属、榆树属、朴树属在内的阔叶树属，而目前该地区的山地丘陵和平原地带主要植被类型是草原，森林植被很少，这可能是由于人类的活动导致原生植被减少，也可能反映出7000aB. P. 后比现在更加温暖湿润，中国全新世气候变迁研究也显示了形似的趋势②。根据对已经发掘的查海遗址聚落考古资料的研究证实，8000年前在查海这块土地上，良好的生态环境和气候条件使查海原始农耕经济已经出现并逐渐繁荣。在查海文化初期，采集渔猎的攫取性经济依然占有很大的地位，是与靠天吃饭、刀耕火种的农业同时存在的，随着查海原始农业的发

①资料来源：宋豫秦《中国文明起源的人地关系简论》，科学出版社，2002年，第42页。

②资料来源：王育茜，吴文婉等《辽宁阜新查海遗址碳化植物遗存研究》，《北方文物》，2012年第4期，第17页。

展，采集渔猎经济所占的份额才开始不断下降。查海原始农业的发展，这种生产性经济集中反映了人们改造自然的能力与水平，是新石器时代开始的重要标志，反映出人类由适应和依靠自然的攫取性经济进入到改造和战胜自然的生产性经济时代。

二、古人类环境

我国东北地区古人类活动较早，1984 年 9 月，在辽宁省营口县发现的金牛山旧石器时代洞穴遗址的“金牛山人”距今约 28 万年①，如此完整的金牛山人化石世界罕见。1973 年和 1975 年考古工作者对朝阳喀左鸽子洞旧石器时代洞穴遗址②进行了发掘，发掘出一批石制品、动物化石，发现了用火痕迹，而后考古工作者又在洞内先后发现了一颗完整的小孩牙齿和古人类髌骨化石，代表了我国东北地区旧石器时代中期的一个重要文化类型，这是我国最晚的一处旧石器时代中期遗址，距今 5 万 ~7 万年，也是迄今辽西大凌河流域最早的古人类居住址，具有重要的科学价值。

阜新大地很早就已经有了人类活动，阜新蒙古族自治县八家子镇的乌兰木图山属于努鲁尔虎山余脉，主峰海拔 831.4 米，是阜新第一高峰。乌兰木图山的山间有一岩洞，洞口向南呈等腰三角形，底宽约 1.5 米，顶高约 3 米，纵深近 6 米，内宽 4 米，中间分出一侧室，纵深近 2 米，考古工作者曾在洞内发现了打制的石斧和石球，这是阜新古人类狩猎生活的实物见证③。

在距今大约 1 万年后，人类进入到了新石器时代，随着大暖期气候的温

①资料来源：吕遵谔《金牛山猿人的发现和意义》，《北京大学学报：哲学社会科学版》，1985 年第 2 期，第 111 ~113 页。

②资料来源：辽宁省博物馆《辽宁鸽子洞旧石器遗址发掘报告》，《古脊椎动物学报》，1975 年第 2 期，第 122 ~136 页。

③资料来源：刘国友《阜新史稿》，中国华侨出版社，1996 年，第 8 ~9 页。

暖湿润，古人的生产、生活能力和水平大大提高，随着生产力的发展，人类社会形态也开始发生了巨大变化。根据吉林大学边疆考古研究中心、辽宁省文物考古研究所和以色列希伯来大学的合作项目，即联合进行在辽宁省西部阜新地区以“中国东北地区农业与定居的起源”为课题的研究项目，取得了阶段性调查结果：2012～2013 年在辽宁阜新地区查海遗址东部开展了区域性田野考古调查，调查范围 104.46 平方千米，共在 1152 个采集点进行了人工遗物的采集，发现了属于小河西、兴隆洼、赵宝沟、红山等新石器时代的采集点达 126 个。调查中确认了一些此前没有发现的早期新石器时代时期（也许还有前新石器时代）的遗址，而部分遗址人工遗物分布密度较高，表现出当时人类活动已具有一定的强度。调查中还发现并记录了大量的细石器和一般石器，这是在此前中国东北地区系统性田野考古调查中从未做过的工作（表 1－1）①。

表 1－1　查海遗址东部各时代采集点和陶片数量统计表

文化时代	采集点数量	陶片数量	面积/公顷
小河西	15	288	6.724
兴隆洼	72	1033	32.103
赵宝沟	24	561	12.197
红山	15	324	5.679
小河沿	0	0	0
夏家店下层	105	2366	60.809
高台山	1101	21442	599.616
凌河	41	843	26.489
战国—汉	3	16	2.680
合计	1152	26873	746.3

①资料来源：滕铭予、Gideon shelach、万雄飞等《辽宁阜新地区区域性考古调查阶段性报告（2012—2013）》，《北方文物》，2014 年第 3 期，第 3～10 页。

第三节　区位优势促进了查海文化的传播

新石器时代人类对聚落定居地的选址，反映出人类在征服自然和改造自然过程中对自然环境的逐步认识和利用的过程。查海原始先民对于聚落居住地的选址就充分表现出这一过程。智慧的查海先民在长期的生产和生活中积累了丰富的经验，知识量的增大使他们认识自然、适应自然和征服自然的能力大大提高，充分地利用了查海当地的自然条件，选择居住地在河道比较稳定的绕阳河支流的两岸山间台地，靠近河流，并且遗址下临一支出水量极大的优质山泉，现称为“玉龙泉”。查海遗址这里阳光充足，地势较高又相对平缓，干燥防止潮湿伤身，又可有效防范外族侵扰和水灾，沙质土壤疏松有利于石器农耕。查海先民对居住地的选择首先考虑的是靠近水源的问题，这种选择不仅是出于生产和生活用水的需要，而且还是依河流出行交通便利的重要需求。

一、依山而居　临水而行

查海遗址位于辽宁省阜蒙县沙拉镇查海村西南约2.5千米处，地处辽河水系的重要支流绕阳河源地，辽西丘陵地带，北纬42度左右，遗址位于自然坡度5度~7度的漫丘阳坡上，地势开阔，四周山峦绵亘，沟壑纵横，向北可遥望查海（察哈尔）山。查海遗址东、西两侧各有一条河流经遗址两侧，向南流向最终汇入辽河的支流绕阳河。查海遗址这里是蒙古草原和辽河平原中间的过渡地带，属辽西低山丘陵区，南为邻近渤海的辽西走廊，东西沟通松花江流域和大凌河流域，独特的地理环境使查海遗址成为辽河流域新石器时代文化的生长点和交汇带。

河流是文明的孕育者，又是文明的传播者。从世界范围来看远古文明都起源于河流附近或靠近天然泉水的地方，河流孕育了人类文明。查海文化也不例外，不仅靠近河流，而且还靠近泉水。在遗址南侧，临近一处水量极大的优质泉水，水质极佳，人们至今仍在饮用，也是现在查海遗址的保护机构阜新查海遗址博物馆的唯一生活饮用水源。查海先民邻近河流居住不但能够在河中渔猎获取食物，而且方便生产和生活，解决了农业用水和生活用水。另外最重要的一点就是易于出行，河流及河谷是最好的交通出行之路，且可顺利通向比较遥远的地方，扩大了对外交流和物品交换。恩格斯说："自从有了这种新的食物（鱼类）以后，这时人们便不受气候和地域的限制了；他们沿着河流和海岸，甚至在蒙昧状态中也可以散布在大部分地面上。"① 查海文化时代陆地上是森林茂盛，杂草丛生，无路可走，而河流谷地经常受河水特别是洪水的冲刷没有植被或者植被低矮稀疏，易于"自己走出去"和"外人走进来"，如果河水较大还可以乘木筏等水上交通工具，提高了先民相互往来交流的出行速度，增加了物品的携带量，促进了查海文化的对外交流和传播，加大了文明前进的步伐。

二、查海文化的传播影响

邻水而居，逐水而行的生活方式促进了查海文化的传播。查海文化是目前发现的东北地区年代最早的一支新石器时代考古学文化，查海遗址所在地

①资料来源：恩格斯《家庭、私有制和国家的起源》，《马克思恩格斯选集》第四卷，人民出版社，1995 年，第 19 页。

辽西地区特殊的地理位置使其成为古文化的生长点和交汇带，查海文化就是以查海遗址为中心依河流向四周辐射的，其分布甚广，对周围地区的影响也较为明显。

查海先民可以依居住地东边的河谷沿河流向东、向南进入绕阳河等辽河流域水系流经的地方，可到达沈阳新乐遗址、新民偏堡子遗址等，到达已发现多处新石器时代遗址的辽东、辽南甚至松花江流域，现已研究表明新乐文化应源于查海文化①。查海先民蹚过定居地西边的河流，翻过一道山冈，这个山冈乃是医巫闾山山脉向北延伸的余脉，也是辽河流域和大凌河流域的一个分水岭，所以向西进入细河，向北进入牤牛河等大凌河、西辽河流域水系流经的各个地方，可到达胡头沟、兴隆洼等地。

查海文化对周边文化的影响。与查海文化类型相同，而且同处燕山南北和辽西一带的一种以素面陶为特征的文化，如新井②、榆树山③、白音长汗④等，其主要陶器为素面筒形罐，此种器类多与查海文化的直腹罐十分形似，反映了查海文化与周边文化最密切的交流影响。

查海文化向西南的传播影响。查海遗址的西南有锦县山神庙遗址、葫芦岛杨家洼遗址等，这些遗址都早于红山文化，年代在7000年以上，从陶器、石器的形制和制作方法上看，应是源于查海文化。继续向西南，1985年秋，山东大学历史系对山东省邹平县苑城遗址进行了多次调查，采集到大量早期新石器时代文化的遗物，有石器、陶片、骨角器、红烧土块、动物骨骼等。

①资料来源：周阳生《新乐文化源流及其相关问题》，《辽河寻根 文明溯源——中华文明起源学术研讨会论文集》，文物出版社，2012年，第35页。

②资料来源：刘晋祥《翁牛特旗大新井新石器时代遗址》，《中国考古学年鉴（1989）》，文物出版社，1990年，第149页。

③资料来源：杨虎《敖汉旗榆树山、西梁遗址》，《中国考古学年鉴（1989）》，文物出版社，1990年，第149~150页。

④资料来源：内蒙古自治区文物考古研究所《白音长汗——新石器时代遗址发掘报告》，科学出版社，2004年，第15~16页。

特别是此遗址发现的夹砂陶片纹饰以各种刻划（压划）纹、附加堆纹最多，还常见“篦纹”[①]。虽说在这里活跃的是北辛文化，但这些类似查海文化陶器纹饰的压印纹夹砂陶片，极有可能是受到南下查海文化传播的影响。

查海文化对东北地区的影响。查海文化对东北的传播影响面较大，比查海文化稍晚的下辽河流域的新乐文化和伊通河流域的左家山一期遗存[②]，都有“之”字纹筒形罐为主体的典型陶器，可见是受到查海文化传播影响的反映。

查海文化向西北传播影响。查海文化遗址的下层发掘的年代较早的陶器，其中部分陶器和石器与兴隆洼文化有些相似，这似乎表明兴隆洼文化受到查海文化的影响。近年来，俄罗斯学者在西伯利亚的勒拿河流域的乌斯季·卡拉坎遗址的下层发掘到年代较早的“之”字纹陶器和锄形石器，与查海文化相似，表现出查海文化一直向北传播影响到东西伯利亚的趋势[③]。

查海文化自身所在的辽河流域，后来兴起的赵宝沟文化、富河文化和红山文化，它们的主体文化成分都是“之”字纹筒形罐，可见查海文化是产生这几种文化的主要源流。所以说，查海遗址附近地区的文化是受到查海文化传播影响的，因此周边发现的同类型遗址的规模一般都不大，处于次要的地位，查海文化则起着主导的作用。

北京山顶洞人遗址出土有磨孔的海蚶壳做的装饰品，这种海蚶产于渤海湾一带，说明1万多年前当时人们的活动范围之大，活动能力相当强，和自然做斗争的本领大大提高，就已经能够到达渤海边[④]。由此可知，查海遗址

①资料来源：山东大学历史系考古专业《山东邹平县苑城早期新石器时代文化遗址调查》，《考古》，1989年第6期，第489~496页。

②资料来源：陈雍《左家山新石器时代遗存分析》，《考古》，1992年第11期，第1033~1038页。

③资料来源：徐光冀，朱延平《辽西区古文化（新石器至青铜时代）综论》，《苏秉琦与当代中国考古学》，科学出版社，2001年，第86~87页。

④资料来源：郭沫若《中国史稿》第一册，人民出版社，1962年，第17~18页。

独特的地理环境使其成为文化交流的枢纽，既有利于文化的成长，又有利于文化的传播。查海先民也能顺辽河、大凌河到达渤海边，沿海岸线和入海河流而走向全国和世界各地，这或许就是最早的“海上丝绸之路”类型的文化传播线路。

查海先民逐水而行的生活方式促进了查海文化的传播，这就能够解决查海玉器的来源途径和来源地之谜。查海遗址出土的玉器全部为透闪石、阳起石软玉，即真玉，查海遗址所在地阜新地区不产此类玉石，在遗址附近也没有发现玉器制作的遗迹和废料遗物，查海玉器都是加工好的装饰品和工具，证明是先民从其他地区迁徙携带而来或是对外物品交流而来。

查海先民逐水而行的生活方式同样解决了查海遗址石器的来源途径和产地问题。查海遗址截至目前已经发掘了7次，先后发掘出各种石制品2411件①，其中制作大型石器石铲的灰绿色和深灰色页岩遗址附近根本没有，也没有发现石器加工制作的遗迹和废料堆积物。经过深入实地对查海遗址周边地区的石材和石料进行考察发现，这样的页岩产自遗址东南大约10千米的沙拉勿束山，再经研究查海遗址地理环境可知，查海遗址东侧的河流向南约6千米就向东汇入八道河，沙拉勿束山就在八道河畔。先民应是顺着河谷、河滩很容易地顺着河道抵达这里，为减轻背负石料的负担，聪明的查海先民就在这里打制好石铲等石器，然后才将这些“成品”沿着河流运回查海居住地使用的。石斧的制作则是在河道采集那些大小合适，扁圆，坚硬材质的河卵石，因河卵石已经较为浑圆，大大减少了石斧的磨制时间。又因为查海先民是在这里的河滩、河谷等河流旁边就地打制的这些石器，那些打制石器过程中残留的碎石、碎料等历经8000年的河流改道、冲刷早已经被河流吞噬得无影无踪，这解决了查海遗址出土了大量石器而没有石器加工作坊等遗迹

①资料来源：辽宁省文物考古研究所《查海新石器时代聚落遗址发掘报告（中）》，文物出版社，2012年，第607页。

的重大悬疑。

经过对查海遗址周边多年的调查，2017 年春，我和辽宁大学历史学院的王闯老师对查海遗址南沙拉勿束山河道进行实地考察，采集到查海文化石器类型的石料，并在河道内就地取材现场复原打制了查海文化类型的束腰石铲（图 1－3）。

2019 年春，调查又有重大发现，在查海遗址西南海棠山的磨石沟一面山坡发现了大量制作查海黑色石铲、石斧和石凿等的黑色页岩，彻底揭开了查海石器石料的来源地之谜（图 1－4）。

图 1－3　沙拉勿束河道内石料和打制的石铲（2017 年）

三、查海遗址周边的文化遗存

查海文化是辽河流域新石器时代的代表性文化，具有独特的地域文化特色，奠定了辽河流域与黄河流域新石器时代文化的平行展开又相互影响的历史地位。辽河流域新石器时代古人类活动活跃，目前发现的主要有小河西文化、兴隆洼文化、查海文化、赵宝沟文化、富河文化、红山文化、小河沿文化等人类活动的典型文化。查海文化在西起洵河，东至医巫闾山，北抵乌尔

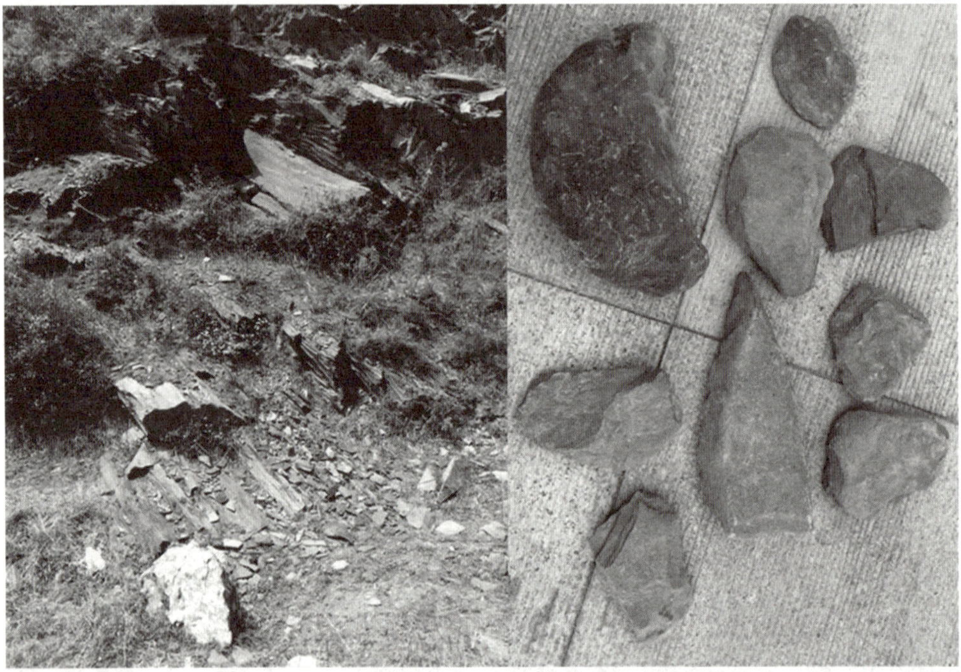

图 1－4　磨石沟页岩和采集的标本（2019 年）

吉木伦河，南迄渤海北岸的广大范围内建起了多个居住点，并在上述地区生存了 1200 余年（前 6200 ~ 前 5000 年）①。对于查海周边的文化再具体一点说，查海文化的北界至少可以分布到大兴安岭南部，西起潮白河流域，东至西辽河下游一带，南面直抵渤海岸边，但泰山以北仍可见到该文化的一些分布。在这广阔的地域内，查海文化的表现并不一致，西拉木伦河的西辽河流域一带始终是其重心地区，在这里该文化从早到晚有着完整的发展序列，遗址分布的也较为密集。东面的松花江流域、南面的辽西走廊、西南面的滦河和潮白河流域则都有着一些各自特点分布的查海文化类型遗址。

以查海遗址为中心，周边具有代表性的查海文化类型遗址主要有，

①资料来源：周连科《辽宁文化记忆·物质文化遗产》，辽宁人民出版社，2014 年，第 54 页。

1983～1993年内蒙古自治区敖汉旗文化馆发现了位于该旗东南边的兴隆洼遗址①，中国社会科学院考古研究所对其进行了全面揭露，将该遗址年代最早的新石器时代遗存命名为兴隆洼文化。随后，在河北省迁西县东寨②和西寨③、内蒙古自治区林西县白音长汗等遗址发掘的基础上，对查海文化的时空框架又有了深入的了解，尤其是兴隆洼和白音长汗两处遗址，不仅保存条件较好，那里的查海文化聚落也得到了大规模的揭露，从而为探究查海文化的聚落布局和社会发展状况提供了考古学实物资料。目前发现其他较为重要的还有内蒙古自治区巴林左旗金龟山④、克什克腾旗南台子⑤、敖汉旗兴隆沟⑥、巴林右旗古日古勒台⑦，河北省承德市岔沟门⑧，北京市平谷上宅⑨，

---

①资料来源：中国社会科学院考古研究所内蒙古工作队《内蒙古敖汉旗兴隆洼遗址发据简报》，《考古》，1985年第10期，第865～874页；《内蒙古敖汉旗兴隆洼聚落遗址1992年发掘简报》，《考古》，1997年第1期，第1～26页。

②资料来源：河北省文物研究所《河北省迁西县东寨遗址发掘简报》，《文物春秋》，1992年第Z1期，第128～140页。

③资料来源：河北省文物研究所、唐山市文物管理处、迁西县文物管理所《迁西西寨遗址1988年发掘报告》，《文物春秋》，1992年Z1期，第144～169页。

④资料来源：徐光冀《乌尔吉木伦河流域的三种史前文化》；李逸友、魏坚《内蒙古文物考古文集》第一辑，中国大百科全书出版社，1994年，第83～86页。

⑤资料来源：内蒙古文物考古研究所《克什克腾旗南台子遗址发掘简报》；李逸友、魏坚《内蒙古文物考古文集》第一辑，中国大百科全书出版社，1994年，第87～95页；内蒙古自治区文物考古研究所《克什克腾旗南台子遗址》；魏坚《内蒙古文物考古文集》第二辑，中国大百科全书出版社，1997年，第53～77页。

⑥资料来源：巴林右旗博物馆《巴林右旗古日古勒台新石器时代遗址调查简报》，《草原文物》，1992年第Z1期，第67～75页。

⑦资料来源：中国社会科学院考古研究所内蒙古工作队、敖汉旗博物馆《内蒙古敖汉旗兴隆沟新石器时代遗址调查》，《考古》，2000年第9期，第30～48页；中国社会科学院考古研究所内蒙古第一工作队《内蒙古赤峰市兴隆沟聚落遗址2002—2003年的发掘》，《考古》，2004年第7期，第3～8页。

⑧资料来源：承德县文物保护管理所《河北省承德县新石器时代遗址调查》，《考古》，1992年第6期，第481～488页。

⑨资料来源：北京市文物研究所、北京市平谷县文物管理所上宅考古队《北京平谷上宅新石器时代遗址发掘简报》，《文物》，1989年第8期，第1～8页。

沈阳的新乐①等遗址（图 1－5）。

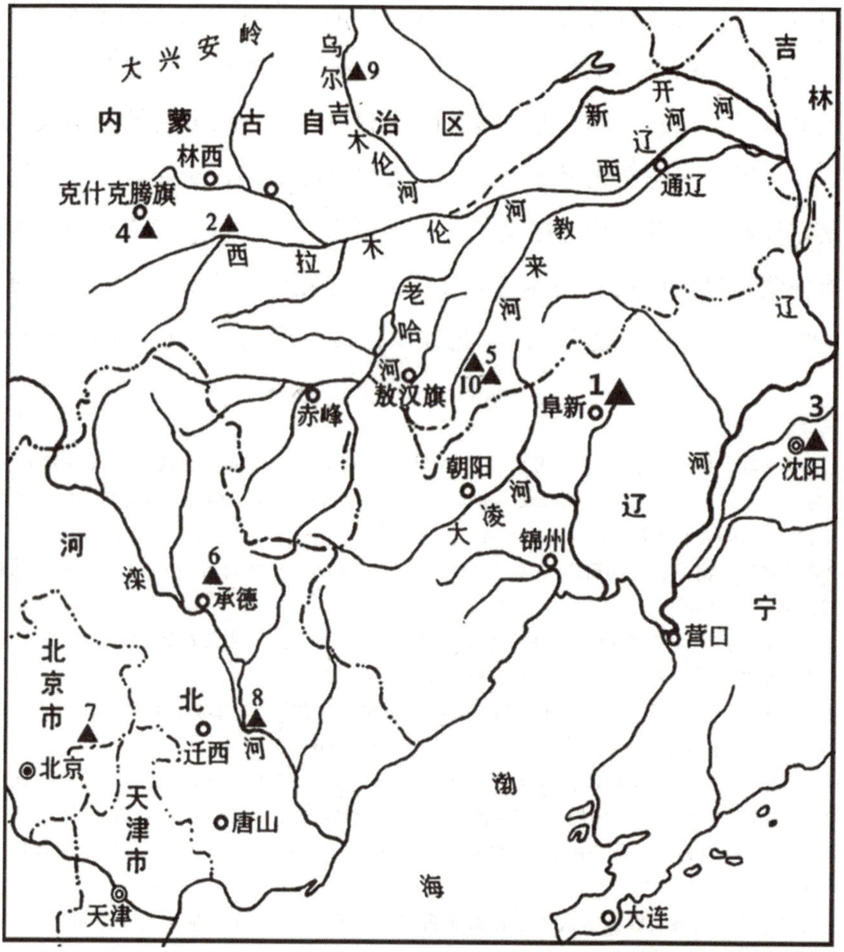

1. 阜新查海；2. 林西白音长汗；3. 沈阳新乐；4. 克什克腾旗南台子；5. 敖汉旗兴隆洼；6. 承德岔沟门；7. 平谷上宅；8. 迁西东寨；9. 巴林左旗金龟山；10. 敖汉旗兴隆沟

图 1－5　查海文化主要遗址分布示意图

①资料来源：沈阳市文物管理办公室《沈阳新乐遗址试掘报告》，《考古学报》，1978 年 4 期，第 449～466 页；李晓钟《沈阳新乐遗址 1982—1988 年发掘报告》，《辽海文物学刊》，1990 年第 1 期，第 7～24 页。

查海文化类型的这些遗址，尽管最远者距离不下千里之遥，遗存面貌自然会显示出一些差异，但习俗保持着相当的一致性，至于是否一定要划成不同的文化类型以及如何进行划分，目前还都没有比较成熟的共识。

阜新具有悠久的历史和深厚的文化底蕴，保存于地上、地下丰富多彩的文物，是阜新悠久历史和灿烂文化的见证，是进行科学研究的重要实物资料，大量文物和众多古迹的真实性和形象性深刻地教育、帮助阜新人民认识自己家乡的历史，这是阜新人强而有力的文化自信，大大地增强了我们的民族自信心和自豪感。查海遗址的考古发现证明早在8000年前就有查海人生活繁衍在阜新这块沃土之上，以查海遗址为代表的这一文化类型遗址在查海遗址周边都有发现，如阜新市细河区四合镇的冠山沟遗址、太平沟遗址、沙拉镇五天地遗址。此外在阜新蒙古族自治县的旧庙镇、福兴地镇等众多乡镇都亦有发现，都有着重要的考古价值。阜新地区近些年发现较为典型的新石器时代遗址有：

2006年，在铁（岭）朝（阳）高速公路修建的考古调查中，在阜新蒙古族自治县紫都台乡毛德村发现了哈达梁新石器时代遗址①，遗址东西长100米，南北宽50米，地势也是北高南低，中部被西北—东南走向的冲沟分为东、西两个部分。遗址清理出半地穴式房址3座，灰坑13个。遗址出土了许多细石叶、小石片，另外还出土了很多有特色的遗物——陶棒，推测其应为烧烤东西所用的支架，类似灶箅的作用。

2010年，全国第三次文物普查时，在阜新蒙古族自治县招束沟镇新发现了程家梁新石器时代遗址②，考古队员在这里发现了大量的石器，如石磨盘、

---

①资料来源：辽宁省文物考古研究所《辽海记忆——辽宁考古六十年重要发现（1954—2014）》，辽宁人民出版社，2014年，第31～32页。

②资料来源：刘殊同、李丹《阜新考古又现程家梁新石器时代遗址》，《辽沈晚报·阜新版》，2010年12月28日，第A7版。

石斧、石锄等，还有“之”字纹陶片，数量很大，证明程家梁遗址是新石器时代阜新以农业为主的先民的生活部落，有重要的考古价值。程家梁遗址西距查海遗址大约15千米，属于查海文化类型。

2017年5~10月，辽宁省文物考古研究所和辽宁大学对查海遗址东南距离约8千米的他尺西沟新石器时代遗址进行了考古发掘，发掘面积1008平方米，清理房址12座，壕沟2条。房址均为半地穴式，平面呈圆角方形或长方形，出土遗物近2500件。其中陶器400余件，均为夹砂陶，有红褐色、灰褐色两种，器形较单一，大多数陶器器表有纹饰，主要为“之”字纹、弦纹、附加堆纹和几何纹等；大型石器600余件，器形有石斧、石铲、磨盘、磨棒等；细石器1450余件，器形有细石核、细石叶和石片等；玉器8件，器形只有玉斧一种，可确认他尺西沟遗址的文化性质与附近的查海遗址相同。

在阜新东部的彰武县同样发现了较多的新石器时代遗址，如1988年春季的考古调查就发现了典型的新石器时代遗址（表1-2）①。

阜新市截至目前发现的文化遗址、遗迹共1500余处，其中古墓葬315处，古遗址615处，古城址105处，古长城遗址30处，碑志7处，古寺庙遗址46处，古窑遗址17处，古塔及塔址16处，古生物化石遗址8处，以及其他类的一些遗址。可以说，阜新大地众多查海文化类型新石器时代遗址的发现进一步证明，早在8000年前新石器时代，阜新大地就已经有以查海先民为代表的众多农业为主的农耕定居生活部落，在这块肥沃的土地上升起了袅袅炊烟。

查海遗址不仅具有极高的考古及学术价值，也是中华民族宝贵的文化遗产，遗址保存完整，文化内涵丰富，研究、保护和利用好这一优秀的历史文

①资料来源：辽宁省考古研究所、吉林大学考古系《辽宁彰武县考古复查纪略》，《考古》，1991年第8期，第673~683页。

化资源，对阜新地域文化的大发展、大繁荣起到了不可替代的作用，证明了辽河流域的阜新大地同样是中华文明的发源地之一。

表 1－2　彰武县考古复查新石器时代遗址

编号	名称	位置	时代	面积/平方米	文化内涵
1	小北沟水库遗址	冯家镇侯贝营子村小北沟屯西北 300 米沙坨岗	新石器时代	18000	H1 为代表，内出土“之”字纹陶、红衣黑彩陶、石器、兽骨等
2	下巴堆子西坨子遗址	冯家镇王家村下巴堆子屯西南 400 米	新石器时代	250	“之”字纹陶、红衣黑彩陶、细石器等
3	新房子东坨子遗址	四合镇新房子村东南 1.5 千米沙坨岗	新石器时代	1000	“之”字纹陶、红衣黑彩陶、细石器等
4	新房子赶牛道遗址	四合镇新房子村西 250 米沙坨岗	新石器时代	6400	“之”字纹灰褐陶、褐陶、石镞、细石器
5	李家窝堡村水库遗址	四合镇新房子村西 800 米平坦地表	新石器时代	40000	“之”字纹灰褐陶、石镞、石环、细石器
6	王家遗址	五峰镇高山台村王家屯以北台地	新石器时代至青铜时代	6000	“之”字纹灰陶，甲类Ⅰ组甗、豆、鬲、石斧等
7	罗锅粱遗址	四堡子镇东朝阳沟村东南 500 米	新石器时代至青铜时代	83000	“之”字纹褐陶，甲类Ⅰ组甗、瓮、纺轮、石器等
8	侯贝营子遗址	冯家镇侯贝营子村北 1 千米沙坨岗	新石器时代至青铜时代	45000	长颈壶、双孔石刀、石斧、磨盘、磨棒等

第二章　万年文化　源远流长
——查海遗址与查海文化研究

第一节　查海遗址的发现与发掘

一、遗址的发现

1982年，第二次全国文物普查在全国各地紧张有序地进行着，辽宁省阜新地区经文物普查，共发现新石器时代的各种遗迹110多处，这其中最重要的是阜新市博物馆赵振生副研究员发现的查海遗址。

1982年5月，赵振生同志负责阜新蒙古族自治县沙拉乡的文物普查工作。这一天，他从沙拉乡查海村返回沙拉乡政府，途中经过查海村西边的一个山沟，他敏锐地发现在西沟的断崖处有很厚的文化层堆积，赶紧停下来进行仔细地探查，在此处采集了大量带有压印纹饰的陶片。经仔细观察，专业的敏感性使他意识到这是多年来初次见到的特殊陶片，他认为非常重要，极有可能是一个新的文化类型的发现，当即采集了一标准袋，并认真地对附近冲沟进行了初步踏查，又采集到有肩石铲一枚。就这样，查海遗址在这荒烟蔓草间静静地沉睡了8000多年，终在1982年全国文物普查时被发现，而且随着她神秘面纱的被掀开，注定了她的发现会震惊世界（图2－1）。

图2－1　查海遗址鸟瞰（南—北，2011年）

阜新市这次普查在查海村西沟的重大发现，得到了阜新市文化和文物部门的高度重视，很快就将这些陶片和石铲标本送到了辽宁省考古研究所，请专家鉴定。经过辽宁省文物专家的进一步鉴定，专家们都对这一发现感到震惊，认为这是辽宁省首次发现的新石器早期文化的遗物，深刻地意识到查海这里应是一种新的考古学文化遗存。在引起了辽宁省专家的特别关注之后不久，阜新市文物普查人员又在这一带发现了两处类似查海遗址的遗存，经过对这3处遗存进行对比分析，发现有以下共同点：①房址都是半地穴式；②房址都直接开凿在花岗片麻岩的基岩上；③以有肩石铲和“之”字纹饰的直腹陶器为突出特征。

1982年秋季，在辽宁省康平县召开的全省文物普查工作总结会议上，与会专家对查海遗存的性质与命名问题进行了讨论，查海的发现即刻引起了与会专家学者的广泛关注。

1983 年，辽宁省考古研究所的孙守道、马沙和魏凡等专家对查海遗址进行了复查，更进一步地认识到了此遗址的深刻内涵和重要地位，给出了查海是距今 7000 多年前新石器时代聚落遗址的判断。

1985 年 9 月，我国著名考古学家北京大学的苏秉琦教授察看了查海遗址采集的遗物，在研究了陶片上的压印、刻划纹饰的变化规律后指出，查海遗址的陶器纹饰将可能解决“之”字纹饰的起源问题，查海文化类型当是红山文化主源之一，并提出了先红山文化的观点①。

二、遗址的考古发掘

我国著名考古学家苏秉琦先生非常重视查海遗址的发现，1985 年在研究、鉴定了查海遗址采集的文物标本后，为了揭开查海文化的内涵，全面地了解查海文化类型，他明确地提出了查海遗址发掘的建议。

1986 年 7 月 11 ~ 26 日，由辽宁省考古研究所的李宇峰和顾玉才两位同志主持，对查海遗址进行了试掘②。通过此次试掘，加深了我们对于查海这类遗存的了解和认识，为我国东北部地区新石器时代较早阶段的研究增加了新资料，查海一类遗存即应是红山文化的前身和西辽河流域“之”字纹陶的发源地，确定了遗址的年代距今为（6925 ± 95 年），经树轮校正距今约为 7600 年。这是一批全新的考古学材料，查海这一考古学文化的时代虽然很早，却具有相当的进步性。

1987 年、1988 年和 1990 年，辽宁省文物考古研究所对查海遗址进行了

①资料来源：郭大顺《苏秉琦先生与辽宁文物考古工作》，《辽海文物学刊》，1989 第 2 期，第 135 页。
②资料来源：辽宁省文物考古研究所《阜新查海新石器时代遗址试掘简报》，《辽海文物学刊》，1988 年第 1 期，第 11 ~ 16 页。

3 次正式发掘①。查海遗址正式发掘的意义十分重要，这 3 次发掘揭露的遗迹主要有大、中、小 3 种房址 13 座，灰坑 7 个，小孩居室墓葬 1 座，在房址间的空地处发现了 3 堆陶器。同时遗址出土了大量的石器、陶器和玉器等遗物，经年代测定距今（7360 ± 150 年）（未经树轮校正），系我国新石器时期的较早遗址之一。通过对查海遗址的大面积正式发掘，使我们可以比较全面地掌握它的内涵特征，它将启发我们去分析、认识我国东北地区距今 7000 ~ 8000 年的社会发展状况、查海遗存内涵特征和性质，并为研究这一考古学文化与相当于这一阶段的其他考古学文化之间的关系，提供了一批珍贵的基础资料。查海文化的发现充分证明了辽西地区是中国远古文化的重要发祥地。

1992 年(图 2 - 2)、1993 年(彩图四)和 1994 年(彩图五)，由辽宁省考古研究所的辛岩、方殿春同志主持对查海遗址又进行了 3 次发掘②，发掘的遗迹主要有房址 42 座，窖穴(不包括室内窖穴)与灰坑 34 个，室内墓葬 4 座，聚落居住区中心墓地 1 处(包括墓葬 10 座)和大型“龙形堆石”1 处。查海遗址出土了大批的石器、陶器和玉器等珍贵文物，尤其是饰有“蟾蜍”和“蛇衔蟾蜍”的陶罐，还有令人瞩目的“龙形堆石”。遗址出土了以素面陶为主的房址为前几次发掘所未见，这些新的考古资料，为研究查海文化的内涵和分期提供了重要的依据。此次发掘，揭示了查海聚落的布局特征，明确了查海文化的特征，了解了查海遗址的经济形态及社会性质，还有查海玉器的用途及意义，表明查海遗址的发展演变更具完整性。此次发掘明确了查海遗址是一处保存较好，内涵十分丰富，延续时间很长的聚落遗址。查海遗址所揭示出的遗迹和大量的珍贵文物，是辽西乃至东北地区新石器时代较早期考古的重大收获。

---

①资料来源：辽宁省文物考古研究所《辽宁阜新县查海遗址 1987—1990 年三次发掘》，《文物》，1994 年第 11 期，第 4 ~ 19 页。

②资料来源：辛岩、方殿春《查海遗址 1992—1994 年发掘报告》，《辽宁考古文集》，辽宁民族出版社，2003 年，第 12 ~ 43 页。

图 2-2　1992 年发掘现场（南—北）

查海遗址现存 12500 多平方米，从 1986～1994 年先后发掘了 7 次，已发掘面积 7800 多平方米，出土了大量的陶器、石器、玉器、动物遗骨和植物碳化物，以及房址、窖穴、墓葬、祭祀坑、龙形堆石等遗存和遗迹，是典型的中心聚落遗址，文化内涵丰富。目前查海聚落遗址虽未全部揭露，但经过这 7 次不同规模的发掘，陆续搞清了该聚落的布局，内部结构和文化内涵①，依据遗址中具有分期意义的房址之间的打破、叠压关系以及陶器的演变规律，将查海遗存年代划分为早、中、晚 3 期。查海遗址大量的中心聚落考古资料证实，8000 年的查海文化是辽河流域文明重要的起源地之一。

2012 年，由辽宁省文物考古研究所编著的《查海——新石器时代聚落遗址发掘报告》由文物出版社出版，系统地将 1986～1994 年的发掘成果做以

①资料来源：辽宁省文物考古研究所《查海——新石器时代聚落遗址发掘报告（上）》，文物出版社，2012 年，第 6 页。

整理，该报告将考古所获遗迹、遗物及研究成果分上、中、下 3 卷，总计 8 章 24 节，全部发表。《查海——新石器时代聚落遗址发掘报告》是对查海遗址 7 次发掘资料的全面准确整理，并对发掘资料进行了一定分析，是研究查海文化重要的基本考古学资料。

三、发掘轶事

考古发掘工作是由历史及考古等知识和经验丰富的专业人员进行的，考古发掘工作是紧张的、严肃的、科学的，就是在这种科学严谨的考古发掘工作中，国内外在考古发掘过程中发生的许多神秘现象和事件屡见不鲜，就连查海遗址的发掘过程中也是如此。在查海遗址的发掘过程中，曾发生过很多有趣的故事，但是最让人惊奇不解、最富有神秘色彩的事件就是在某些发掘夜晚遗址天空显现“神秘光环”的事，讲述一下，且做一小段轶事来听。

在查海遗址发掘过程中这种带有神秘色彩的事件，第一次是发生在 1988 年的第 3 次发掘过程中。据当地查海村民和当时亲身经历的许多考古队员讲述，当年考古发掘时，8 月的某一个夜晚，因天气比较炎热，考古队员就在户外乘凉休息，突然有人惊奇地发现在遗址上空出现了一个发光的柱状物体，似家庭用的荧光灯大小，闪烁着十分耀眼的光环，在遗址上空徐徐升起。随着发光体的上升，光环也在慢慢地扩大，最后呈半圆状，像雨后彩虹的形状照亮了半个天空。这时，所有看见的人都被震惊了，没人说话，大家全都充满了惊奇和神秘，更在心头平添了几分隐隐的恐惧，害怕突发什么未知的神秘事件，这时全部考古队员和查海村民都开始感到不安，乃至连马这样的大牲畜也开始嘶叫不止，有的还挣脱了缰绳逃出了院门，人们屏住了呼吸，静观事态的发展……大约持续了 10 分钟，这个发光的物体慢慢地消失了，就像天空中被风吹散的白云，悄悄地、静静地远去后消失，山村这个神秘的夜晚也在人们的惊愕回醒之中恢复了往日的宁静。

这次光环事件还在考古队员和村民们神秘不解的津津乐道之中，大约10多天后的一天夜里，神秘光环又一次出现在遗址上空，甚至时间、地点都与上一次完全一致。遗址上空再次出现的光环，震惊了所有的考古队员和村民，他们面对这一神秘现象，众说纷纭，有人说是外星人的飞船，他们曾经在查海遗址这里生活居住过，是来查海探亲的，也有人说是外星人来查海参观的，也有人说这是八千年的一股灵气，甚至有的人下结论说这是玉器在地下发出的光，人们有了众多神秘不解的猜测，不足而论。

如今，当地村民，对查海遗址发掘过程中发生的光环事件仍然津津乐道，当年经历该事件的考古队员如今再次来到查海遗址，都经常会提及此事，毕竟这一光环事件是他们亲身所经历的神秘现象。

第二节　查海文化的确立

1982年查海遗址发现后，就引起了国内外考古学界的重视，特别是1985年苏秉琦先生鉴定了查海遗址出土的文物后指出，查海文化类型当是红山文化主源之一，据此提出了先红山文化的观点。1986年辽宁省文物考古研究所进行了试掘，并提出这是一种新的文化类型：查海文化遗存被认为是红山文化的前身和西辽河流域“之”字纹陶的发源地，与兴隆洼文化①相近但

①资料来源：中国社会科学院考古研究所内蒙古工作队《内蒙古敖汉旗兴隆洼遗址发掘简报》，《考古》，1985年第10期，第865～874页；中国社会科学院考古研究所内蒙古工作队《内蒙古敖汉旗兴隆洼聚落遗址1992年发掘简报》，《考古》，1997年第1期，第1～26页。

二者又有明显区别，是有别于兴隆洼文化的另一种新的文化类型。

1987 年、1988 年和 1990 年查海遗址进行了 3 次发掘，经碳 14 测定年代距今（7360 ± 150 年）（未经树轮校正），此次发掘结论指明了查海文化与兴隆洼文化之间的共性及个性特征，提出了查海文化：查海遗存的内涵特征是很鲜明的，它与处于同一地区、同一时期的兴隆洼遗存之间的差异十分明显。针对查海文化的命名问题，辽宁省考古研究所查海遗址发掘领队方殿春研究员、主要发掘者辛岩研究员指出："鉴于兴隆洼文化业已命名，但它又囊括不了查海的全部遗存，尤其是查海遗址的房址形制和二期内涵，确实与兴隆洼文化差别甚远。所以，我们只将查海二期遗存命名为查海文化。倘若通过工作，把查海一期遗存与兴隆洼文化加以区分，再将查海一期遗存回归为查海文化，也是科学的。"查海遗址考古发掘以来，诸多专家学者经多年的研究，取得的成果客观、科学、准确地概括了查海文化与兴隆洼文化之间的关系，阐述了命名查海文化的必要性，确立了命名查海文化的理论根据。查海文化的发现充分证明了辽西地区是中国远古文化的重要发祥地，而查海文化又是这一起源地中的重要因素之一。

1992 ~ 1994 年查海遗址又进行了 3 次发掘，发掘结论肯定了查海文化：查海遗址的发展演变更具完整性，兴隆洼遗址仅是处于这个文化发展的一个阶段。查海一期和二期早段的遗存内涵，在兴隆洼遗址中几乎看不见。而兴隆洼遗址的陶器特征，似乎与查海遗址二期甚至二期偏晚以后的某些陶器特征相同。这一时期的考古发现，与查海遗址同一时代，面貌相近的文化遗存分布于邻近的内蒙古东南部和河北承德地区以至北京北郊区，著名的主要为敖汉旗兴隆洼遗址，通称为兴隆洼文化。但兴隆洼遗址的陶器以刻划纹为主，作为查海遗址主要特征的压印"之"字纹和栉目纹等文化因素少见，它们应该是同时代、同一文化区两个并存、相互依存的文化类型，以查海文化为代表的遗存可称为“查海文化”①。

由此，查海文化确立了其在我国的考古学中的重要地位，它的典型代表是玉文化和龙文化，又称“玉龙文化”。1988 年 12 月 20 日，查海遗址被辽宁省政府公布为“辽宁省第四批省级文物保护单位”，并公布了保护范围和界线，使查海遗址得到了更好的保护和利用。

阜新市人民政府非常重视查海遗址的发现与保护，1991 年阜新市人民政府对查海遗址本体和保护范围进行了征地保护。1992 年 9 月 4 日建成阜新查海遗址博物馆并对外开放，同期从国道 101 线至博物馆 3 千米的参观旅游专线公路修筑完毕并正式通车。同时，在阜新查海遗址博物馆开馆之际阜新市政府举办了第二届玉龙文化节。

辽宁省人民政府非常重视查海遗址的保护，1994 年，为了进一步加强对查海遗址的重点保护力度，省市文物部门认真地整理汇总了查海遗址信息资料，积极上报国家文物局，全力争取将查海遗址申报为全国重点文物保护单位。1996 年 11 月 20 日，国务院公布文化部提出的第四批全国重点文物保护单位（国发〔1996〕47 号）名单，查海遗址被列为第四批全国重点文物保护单位。

第三节　查海与兴隆洼文化

辽河流域及相邻大凌河流域同属一个古文化区，目前这一地区发现的新

①资料来源：郭大顺《文明发端 玉龙故乡》，《中国文物报》，1993 年 1 月 31 日，第 4 版。

石器时代遗址主要有查海遗址，以及大凌河流域1983年发现的敖汉旗兴隆洼遗址，后被命名为兴隆洼文化。兴隆洼遗址虽与查海遗址属同一区域、同一时代，但就其文化内涵而言，却还是存在着差异，各有特色。辽宁省考古研究所在发掘查海遗址的同时，中国社会科学院考古研究所内蒙古工作队，正在内蒙古敖汉旗宝国吐乡兴隆洼遗址进行大规模的发掘工作。之后通过对两处遗址内涵的比较，可以说二者在时代、文化特征、体系方面很一致，有着十分密切的关系，但同时又存在一定的差异。据此，根据查海遗址和兴隆洼遗址发掘的遗迹和遗物所表现出的文化内涵，总结众多专家近年来对两处遗址的综合研究做以对比分析，我们就可梳理出二者的关系：

一、房屋建造形式区别

从遗址聚落布局及房屋的建造方式看，共同点体现在聚落居住区外围都有壕沟，房屋基本都是东西成排，南北成行，具有一定的规划性，房屋的建造方法、形制、规模等都基本相同，都存在室内窖穴和居室墓这一特殊现象。在这一方面两个遗址还是存在着很大的差异，主要表现在查海遗址一、二期的一些房址南面东端有半圆体突出，聚落中心有中心墓葬区，最大房址F46位于聚落中心偏北；在聚落选址上，“查海人”选择在花岗岩、片麻岩构成的基岩山坡建造房屋，借助于基岩而下掘，增强了房屋的稳固性、保暖性。兴隆洼遗址从一期至三期无一座有外突半圆体式的房址，聚落中心无墓地，最大房址位于聚落中心，虽也有类似查海的地貌和地质环境，但房址却选择在风沙形成的土山坡地构建，特别是房址形状存在着差别。

两个遗址从房屋建筑形式上看，“查海人”的房址柱洞分布有序，一般分为内外两圈，居址面积一般为20～150平方米，兴隆洼遗址的房址柱洞处于无序状态，表现出更大的随意性。柱洞是房屋建筑结构留下的痕迹，说明二者的房屋格局、形状都有着极大的不同。

查海、兴隆洼遗址的房址、窖穴、墓葬和灰坑内都发现了大量猪骨。由此可见，猪是查海、兴隆洼先民生活中主要的肉食来源，同时猪又被作为主要的祭品之一，都应具有宗教等方面的意义。

二、遗物种类区别

查海、兴隆洼遗址墓葬中都发现有玉玦、玉匕等真玉制品。研究可知，这些玉器在选料、器型、工艺等诸多方面都存在着相似性，由此可知当时两地的先民都已经能识别、加工和使用真玉，并在玉器实用属性基础之上也赋予了审美属性，着力赋予着某些特定的思想意识，是中国博大精深玉文化的渊源。

查海遗址的考古发掘中没有发现骨器、牙饰和蚌饰品，也许是与当地土质有关难以保存，但这又不是主要因素。兴隆洼遗址考古发掘中则发现了骨锥、鱼镖、骨针等许多骨器，有用野猪獠牙制作的牙饰，还有用大蚌壳磨制的蚌饰品。在石器种类、造型和制作方法上两者无大的区别，一般铲型器为打制，石斧为磨制，石磨盘、磨棒为琢制。查海遗址中的双孔圆形石器及束腰形石铲独具特色，在兴隆洼遗址中则没有发现。

三、墓葬形式区别

查海遗址中墓葬分为“中心”墓地的居址葬（墓葬位于居住区但在房址外）和居室葬（墓葬位于房址内），而在兴隆洼遗址中仅见居室葬，二者在居室葬的墓葬形制上基本相同，但查海居室葬全部为儿童葬，而兴隆洼居室葬则为成人葬。

四、陶器纹饰区别

查海遗址出土的陶器中有陶塑浮雕的“龙纹陶片”和“蛇衔蟾蜍陶罐”等带有浮雕手法的陶器，并在遗址中央揭露出一长达19.7米的龙形堆石，可见查海人已经有了非常成熟的以龙崇拜为代表的崇拜现象，而在兴隆洼遗址中不见诸如龙崇拜等精神思想方面的崇拜痕迹。

在遗址的年代分期方面，查海一期A型素身斜腹罐和B型素身直腹罐，在兴隆洼遗址中不见。查海二期B型Ⅲ式、三期B型Ⅳ式陶器，与兴隆洼一期陶器相似，但兴隆洼一、二期流行的短斜线纹饰与查海二期流行的主体纹饰显然存在一定区别，纹样在查海二期存在，三期也有，且不作为主体纹饰，它的陶质、陶色更接近于查海三期。查海遗址的陶器多为敞口筒形罐，虽然有多种纹饰，但以压印“之”字纹为主，其他纹饰处于辅助地位；而兴隆洼遗址的陶器多为敛口筒形罐，是以划花、交叉线纹、席纹为主。二者这些不同纹饰的形成，正是当时人类不同理念，不同审美观念的反映。

通过对查海和兴隆洼遗址的对比研究可知，查海遗址的发展演变更具完整性，兴隆洼遗址仅是处于这个文化发展中的一个阶段，查海遗址为我国新石器时代早期的文化遗存，在这个过程中，既有扬弃，又有继承和创新。所以说，新的文化因素的出现，可能是外部原因之影响。严文明先生指出：“文化是发展的，是自己的创造。而类型学研究的任务之一，就是要通过广泛的比较，确认出它究竟属何种性质。”查海遗址先后经过7次发掘，出土了大量的考古资料，通过众多专家学者的深入研究，科学地阐明了查海文化时期社会形态及发展的一般规律，使它成为辽河流域较有影响的考古学文化。

第四节 查海与红山文化

首先需要讲清楚一个重要问题，这是源于到查海遗址参观的游客，更重要的是还有一些专业人士和文化学者，在参观阜新查海遗址博物馆和查海遗址发掘现场时会说查海遗址是红山文化，这是一种严重的错误认识。简单地从年代上说，查海文化距今约8000年，红山文化距今5000～6000年，二者相差近2000多年，2000年的时代距离是今天的我们和秦始皇生活在秦朝的年代差距。查海文化与红山文化的区别用我国著名考古学家苏秉琦先生的一句话来简单明了地阐述一下，查海与红山文化的关系："红山文化与查海文化是渊源关系，查海文化是红山文化的源头，是红山文化根系之一。"

一、红山文化

红山文化是20世纪初在中国北方发现的一种考古学文化。红山文化的最初发现，是1908年日本人类学家鸟居龙藏在热河省调查时，曾到内蒙古东南部的赤峰市（原属热河省）红山地区采集文物，于1911年出版了《蒙古旅行》① 一书。1914年，鸟居龙藏和妻子鸟居君子又在东京帝国大学《科学杂志》上用法文又发表了《东蒙的原始居民》② 一文。这两个著述都描述

①资料来源：（日）鸟居龙藏《蒙古旅行》，戴玥、郑春颖译，商务印书馆，2018年。
②资料来源：（日）鸟居龙藏、鸟居君子《东蒙的原始居民》，《科学杂志》，1914年。

了红山周围的历史遗迹和采集的文物标本，并指出了这一地域在史前时代的重要地位。

1947 年，中国考古学家裴文中经过对长城内外彩陶文化的研究，提出了长城附近史前存在一种新文化，他在《中国细石器文化概说》中说：“长城附近为彩陶文化与细石器文化混合之地带，彩陶文化由南方（黄河流域）传布至长城附近，与细石器文化相遇，二者混合，而成为一种新文化。”① 这一观点为红山文化的确认奠定了坚实的基础。

1955 年，中国考古学家尹达（刘耀）在他的专著《中国新石器时代》中专门列出一章撰写“红山文化”，文章题目是《关于赤峰红山后的新石器时代遗址》②，他指出红山后遗址：“就这一新石器时代遗址（赤峰红山后）陶器的特征加以分析，可以看出这种新石器的文化遗存含有长城以北新石器时代细石器文化在陶器上的特点，同时，也含有长城以南新石器时代的仰韶文化中的着色陶器的特点。因之，我们可以说，这种文化似应为长城南北两种新石器时代文化相互影响之后的新型文化遗存。”并随之建议称为“红山文化”，这是首次提出“红山文化”这一名称。

1956 年，北京大学教授吕遵谔率北京大学历史系考古专业学生在赤峰红山后遗址进行了发掘，采集和发掘到彩陶和饰压印“之”字纹的陶器，还有饰篦点“之”字纹的泥质红陶以及石耜、细石器石片。吕遵谔据此发表了《内蒙古赤峰红山考古调查报告》③，这是首次由中国学者自己主持的发掘工作，并在报告中第一次正式使用了“红山文化”的名称。

20 世纪 60 ~ 80 年代初，在中国考古区系考古理论的指导下，红山文化

①资料来源：裴文中《中国细石器文化概说》，《燕京学报》，1947 年第 33 期，第 1 ~ 6 页。

②资料来源：尹达《关于赤峰红山后的新石器时代遗址》，《中国新石器时代》，生活・读书・新知三联书店，1955 年，第 143 ~ 145 页。

③资料来源：吕遵谔《内蒙赤峰红山考古调查报告》，《考古学报》，1958 年第 3 期，第 25 ~ 40 页。

的发掘研究工作取得了重大突破，连续发现并发掘了一批具有原生地层的、性质明晰的、意义重大的红山文化遗址。

二、红山文化的年代

红山文化的分期尚在探索过程中，虽然专家对具体结论还不尽相同，但大体顺序还是一致的。综合专家意见，红山文化可分为与仰韶文化大体相对应的两大期。即早期相当于仰韶文化的后岗一期类型，包括内蒙古赤峰市兴隆洼遗址和西水泉遗址的早期；晚期相当于仰韶文化的庙底沟类型，包括辽宁省朝阳市东山嘴和牛河梁遗址。红山文化的早期超过距今 6000 年，晚期不超过距今 5000 年，主要部分的年代跨度在距今 6000 ~ 5000 年。

三、红山文化的分布

经过多年的考古调查，红山文化的分布范围基本是：其北界越过西拉木伦河，并有继续向蒙古草原深入的趋势；东界越医巫闾山，到达下辽河西岸；南界东段达渤海沿岸，南界西段越燕山山脉到达华北平原；西界在河北省张家口地区桑干河上游。从分布的密度和文化面貌的典型程度看，辽宁省西部和内蒙古东南部为主要分布区域，以老哈河中、上游到大凌河中、上游之间最为集中，这两河流域应是红山文化的中心区。8000 年前的查海文化及与其相似的兴隆洼文化、赵宝沟文化、小河沿文化也大部分分布在该区域。

查海文化是红山文化的源头，是先红山文化。红山文化类型的遗址在西辽河流域、大凌河流域的阜新广泛分布，在阜新蒙古族自治县的大巴、沙拉、大板、旧庙、福兴地、七家子、紫都台、化石戈等乡镇都有发现，此外在彰武县的四合城、平安、兴隆山、冯家等镇均有分布。辽西发掘较早并且具有代表意义的典型红山文化遗址是1972年发掘的阜蒙县西北部化石戈镇胡头沟遗址①。这些新石器时代的古遗址反映出早在5000年前阜新就已经进入到较高的文明阶段，尤其是胡头沟祭坛遗址，充分展现出了中华文明的曙光。

四、查海与红山文化的关系

红山文化从何而来，又去向何方，这是人们十分关注的问题。近年学界已基本形成共识，在红山文化分布范围内，包括其中心范围内陆续发现了一些与红山文化有密切关系的新石器时代文化。它们之中有早于红山文化的，称为“先红山文化”；有晚于红山文化的，称为“后红山文化”；有大约与红山文化相近并与红山文化并行发展和相互影响的考古文化，称为“红山诸文化”。因为查海文化属于“先红山文化”，所以可知红山文化与查海文化的关系为查海文化为红山文化的源头。：

先红山文化是指早于红山文化的文化类型，其分布范围与红山文化分布范围重合而更为广阔。查海文化年代距今8000年，是先红山文化，所以苏秉琦先生称这一时期为中国上万年文明的起步：“七八千年前的阜新查海和赤峰地区兴隆洼文化所反映的社会发展已到了氏族向国家进化的转折点，所以文明起步超过万年。”② 苏秉琦先生提出文明起源的3种方式，头一种类型是裂变，裂变的又一例是辽西古文化中“前红山文化”与红山文化前期之间发生的裂变与发展，前者以阜新查海遗址下层为代表，后者以赵宝沟、小山

①资料来源：方殿春、刘葆华《辽宁阜新县胡头沟红山文化玉器墓的发现》，《文物》，1984年第6期，第1～5页。

②资料来源：苏秉琦《中国文明起源新探》，辽宁人民出版社，2009年，第99～101页。

等遗址和阜新查海上层为代表①。

查海和红山这两个文化时期的陶器和纹饰有一定的继承性。红山文化中的无底筒形器和查海文化的鼓腹罐，在器型和风格上存在着继承关系。压印“之”字纹饰是查海文化陶器纹饰的突出特征，到了红山文化时期，经过二三千年的发展和演变，“之”字纹饰虽然没有查海文化时期的规整，但仍是红山文化陶器的主要纹饰。

查海与红山文化的房屋、墓葬选址上具有相似性。查海遗址的房址和墓葬皆开凿在比较疏松的花岗岩、片麻岩的基岩上，红山文化遗址也大多数保留着这种特殊的生活习惯和埋葬风俗。如著名的牛河梁红山文化遗址，几乎全部选择在这种地质构造的山坡上，修建的半地穴式居室和建造的积石冢墓穴坑，均开凿在风化的变质岩上，二者在房屋建造和墓葬的选址上存在着一致性。

查海文化与红山文化随葬玉器与玉器的形制存在着形似性。查海遗址墓葬中有随葬玉器和部分生产、生活用具的习俗，特别是有儿童居室墓随葬玉器，成年男性随葬石器，女性墓葬随葬少量陶器的习俗。胡头沟和牛河梁红山文化的墓葬发展成为只随葬玉器，不见其他器物，重要墓葬的陶器变成为无底筒形器置放在墓葬周围。查海遗址出土的玉器中有7件为玉玦，这种在玉环件上开一个切口的玉玦与红山玉器墓葬中出土的有开口的大型玉镯十分形似，又与红山文化时期具有动物形态的头尾间开有切口的玉猪龙非常相近。二者的这种相似与相近，蕴含着查海文化和红山文化的发展和继承关系。

查海与红山文化在一些石制工具的形制方面有着基本相同之处。如二者都有带孔的石镰，通体磨光的石斧，还有石磨盘和磨棒等。查海文化与红山文化时期的器型没有多大区别，如查海遗址出土有磨制扁圆体、正锋刃、两

①资料来源：苏秉琦《中国文明起源新探》，辽宁人民出版社，2009年，第101～102页。

侧有平棱的石斧，在红山文化遗址中也发现有这种石斧，两侧也常见有平磨的直棱，制作的技法保留着查海文化时期的传统。

查海和红山文化都有龙崇拜，又都与猪的关系密切。查海龙纹陶片和龙形堆石是我国最早的龙崇拜，是我国博大精深的龙文化的渊源地，同时从已经发掘出的55座房址中的53座中发现了猪骨的遗存，灰坑、房址、墓葬和地层中都有猪骨发现，可见查海先民与猪的关系密切，猪不仅是主要的肉食来源，还应具有某些宗教方面的意义。红山文化遗址也出土了大量的猪骨，同样有着龙崇拜，并将崇拜物——龙用真玉制成精美的玉猪龙。查海和红山文化二者的龙和猪都应是具有宗教方面的意义。

查海遗址用石块摆塑大型部族象征物龙的“大型工程”理念，延续、影响到红山文化时期的石砌大型祭坛和积石冢。查海先民在聚落中央用红褐色自然石块堆砌摆塑长达19.7米，宽约3米，厚约0.2米的大型部族象征物“龙形堆石”，作为聚落重要的宗教信仰拜祭性神祇，并将部族重要首领等人物死后随葬玉器或石器等葬在龙形堆石的下方，这种传统一直延续、影响到后来的红山文化。如阜新胡头沟红山文化遗址大型祭坛是用石块分3层围筑而成，基层长达26米，内有随葬大量精美玉器的积石冢。在朝阳牛河梁红山文化遗址出土的大型石堆砌的祭坛、女神庙和中心大墓的积石冢，还有大量的随葬玉器出土等。

第五节　苏秉琦先生与查海遗址

苏秉琦（1909～1997年）是我国现代考古学的泰斗、一代宗师，中国考古事业的奠基人和开拓者，他在考古理论研究和大量实践中，创立了考古学上许多具有指导意义的学说和考古学基础理论。苏秉琦先生提出的考古学“文化区系类型理论”找到了中国文明起源“破密”的钥匙，理清了中华民族的形成道路，阐明了中国文化的形成过程。苏秉琦先生对类型学的坚持和突破，是前辈和同辈学人筚路蓝缕、开疆拓土的启发和思考（他的许多理论的提出与植物学、地质学、生物学等研究者的探索分不开），最终形成了他提出的一系列重建古史的理论，其主要可以概括为3个方面：

一是以考古学文化区系类型理论为核心内容的“文化谱系论”，亦可简称“文化论”。

二是中国国家起源问题可概括为“古文化、古城、古国”三阶段，“古国、方国、帝国”三部曲，“原生型、次生型、续生型”三模式为核心内容的“中国文明起源、形成与发展道路理论”，亦可简称为“文明论”①。

三是民族文化传统问题：超百万年的文化传统根系、上万年的文明起步、国家起源的3种模式涵盖了中华民族多元一体格局形成的历史。

苏秉琦先生非常重视查海遗址的发现，指出查海文化类型当是红山文化主源之一，提出了查海是“先红山文化”的学术观点。查海遗址的重大考古发现和其丰富的文化内涵，表明其是由氏族向国家发展的转折点，宏观上勾勒出我国北方辽河流域原始文化的发展脉络，为苏秉琦先生创建自己的学说体系，从考古学角度研究中国史前史，全面构建中国古史框架，创立且完善中国文明起源、形成与发展道路核心理论“文明论”，提供了科学的考古实证和理论基础。苏秉琦先生关于中国国家起源与发展阶段的三部曲和发展模式的三类型学术思想，也充分彰显出查海文化博大精深的文化内涵。

①资料来源：苏恺之《我的父亲苏秉琦：一个考古学家和他的时代》，生活·读书·新知三联书店，2015年，第254页。

一、建议查海遗址发掘

1982年，查海遗址被发现后，就引起了国内外考古界的普遍关注。1985年10月，苏秉琦先生参加了在辽宁兴城召开的“古文化、古城、古国”座谈会，并做了“辽西古文化、古城、古国”的讲话。在兴城期间，应辽宁省文物部门的请求，他非常仔细、认真地察看了查海遗址采集的遗物，在研究了陶片上的压印、刻划纹饰的演变规律后，他敏感地意识到这是一个非常重要的发现，充满激情地预言查海遗址的陶器纹饰将可能解决“之”字纹饰的起源问题，并指出查海文化类型当是红山文化主源之一，提出了“先红山文化”的观点。20世纪80年代，辽河文明随着北方红山文化等一系列重大考古发现已经被人们认识，说明辽河流域同样是中华文明重要的起源地之一，红山文化的深刻内涵也就更加成为研究探讨的热点，红山文化的源流则是研究的重点问题之一。苏秉琦先生关于查海遗址是“先红山文化”这一观点的提出，明确了查海遗址的文化属性，是红山文化的源头，回答了红山文化的来源问题，也就是解决了辽河文明的起源问题，让人们进一步认识到查海遗址的重要性，更为查海遗址下一步工作指明了方向。

1986年7月，在苏秉琦教授的建议下，由辽宁省文物考古研究所的李宇峰和顾玉才两位同志主持，对遗址进行了试掘，并提出这是一种新的文化类型：查海文化遗存被认为是红山文化的前身和西辽河流域“之”字纹陶的发源地，与兴隆洼文化相近但二者又有明显区别，是有别于兴隆洼文化的另一种新的文化类型。

1986～1994年，查海遗址先后经过7次不同规模的发掘，已经明确了该聚落的布局和结构，考古发掘以来的研究成果，客观、科学、准确地概括了查海文化丰富的内涵，它的典型代表是玉文化和龙文化，又称玉龙文化。苏秉琦先生特别关注8000年前查海玉器的用途及意义，以及“之”字纹陶和龙崇拜，指出了查海文化的内涵特征、经济形态和社会性质，说明它的发展演变更具有完整性，代表了我国东北地区辽河流域距今7000～8000年的社会发展状况。查海遗址的考古发现为苏秉琦先生研究我国北方这一考古学文化与相当于这一阶段的其他考古学文化之间的关系，提供了一批珍贵的基础资料，为他关于中国文明起源方式和发展阶段这一中华文明起源重大课题的阐述，提供了考古学证据和理论基础。查海遗址的发现充分证明了辽西地区是中国远古文明的重要发祥地，而查海文化又是这一起源地中的强劲因素之一。

二、谈查海文化内涵

1991年8月20～21日，为筹办阜新市首届玉龙文化节，辽宁省文化厅副厅长郭大顺、辽宁省文物研究所副所长方殿春、阜新市副市长马洁、阜新市文化局局长纪兵等携带着阜新查海遗址出土的文物专程到北京拜见已经82岁高龄的苏秉琦教授（彩图三）。苏秉琦先生热情地接待了大家，非常认真地查看、鉴定了查海遗址出土的龙纹陶片、玉器、石器和陶器，对查海遗址的文化内涵及这一考古发现的重大意义做了高度的评价，他的谈话明确了查海今后的工作方向和工作重点，对查海遗址以后长期的发展起到了高瞻远瞩的作用。苏秉琦先生就阜新保护、利用好查海遗址，办好玉龙文化节，深入研究好查海文化内涵等方面，高屋建瓴地谈了以下几个方面①：

（1）阜新市重视查海遗址，为突出本土文化特色，搞玉龙文化节，以此

①资料来源：苏秉琦《文明发端 玉龙故乡——谈查海遗址》，《华人·龙的传人·中国人——考古寻根记》，辽宁大学出版社，1994年，第127页；纪兵《苏秉琦教授谈查海遗址》，《阜新辽金史研究》第一辑特载，新天出版社，1992年，第4～7页。

推动经济发展，这个想法很好。人类文明主要是城市文明，每个城市都有特性和个性，个性就是文化，是谁也不能代替的，这是历史和自然的选择，发掘本土文化的现代生命力，并内化为人民群众的意愿，就会形成总体文化形象。苏先生又以山东省 20 多个市、沈阳市、北京市为例，注重个性化城市文化建设为例，指出阜新可以查海为市标，因为查海有“之”字纹陶器和最早的玉器，又有距今 5000 年的胡头沟红山文化墓地，可以和牛河梁红山文化联系上。中国有 500 多个市，一个城市要有特征，有了特征就有了招牌。一个市要会做生意，就要先做文化，阜新在打造城市特色时，以查海做标志创造知名度是有眼光的，发展经济，就要先做文化。

（2）阜新查海是红山文化的根系之一，特征有两条，一是龙和玉，二是“之”字纹。这是过硬的东西，是拳头产品。查海遗址出土的玉器都是真玉，说明当时对玉的认识、鉴别已有相当高的水平，玉的加工是高级加工，玉的使用超越了作为工具和装饰品而赋予社会意义，所以古人把玉作为道德标准、价值标准，把对玉的认识转化到人际关系上，道德修养上。

（3）阜新查海为什么非贴红山文化不可，因为红山文化是关于文明起源的问题，七八千年的查海是红山文化的前身，是根系，本身特征是别处不能代替的。阜新胡头沟就是红山文化，红山的老根是你们，你们是红山的嫡系。赤峰红山文化、牛河梁红山文化、赵宝沟文化、后洼文化都是枝系。

（4）农业起源是万年左右的时间，查海这地方最重要，农牧业接替渔猎业是从这里开始的，是从这里先走了一步。红山是农牧业，正是因为先走了一步，也就沙化了，就世界而言，文明古国都沙化了，这是世界性的问题，生态平衡遭到破坏，阜新在这一点上处于前线。查海是中国走向世界，走向未来的橱窗。

（5）查海的“之”字纹陶器跟什么挂钩呢？它是和人类文明起源挂钩的，它是红山文化的根系。现在提出要重建中国史前史的问题，就是要回答中国从氏族到国家是怎么过来的。氏族到国家的转变条件是社会分工、技术进步和社会发展这3个条件。从氏族的发展繁荣到超越氏族而出现初期国家，经过了约2000年的时间，红山文化就是这一段。查海的“之”字纹是氏族发展、繁荣的标志，而超越了氏族产生了国家，国家产生就是这一段，关键的是从7000～5000年这一段，中国文明起源，在北方是先迈了一步，查海七八千年的玉器就是证明。

（6）查海的玉器解决了3个问题，一是对玉的认识，二是对玉的加工，三是对玉的专用。如果说这7000～5000年是氏族繁荣到国家的出现，那么对玉的认识在这之前还有一段时间。古人认为玉是神器，以后发展成把玉作为道德标准、价值标准，这就是文明，把对玉的认识物化到对人的关系上和道德关系上了。社会分工导致社会分化，所以是文明的起步。

（7）阜新查海有最早的龙纹陶片，最早的玉器，是红山文化的根系。玉器是咱的，玉又是最早的；“之”字纹是咱的，别处没有。阜新知道本市的个性，重视查海文化是有远见的，文物怎么搞活？举办玉和龙故乡的文物展览是有想法的、是高水平的，这是发掘了本土文化的特征。

三、为查海遗址题词

1991年8月21日上午，苏秉琦先生又在北京办公室接受了辽宁省文物专家和阜新市有关部门领导一行人的拜访，针对查海遗址距今约8000年的历史，丰富的文化内涵，出土了中华第一龙和世界第一真玉，苏先生接受了辽宁一行人为阜新市首届玉龙文化节题词的请求，随即欣然为查海遗址题词“玉龙故乡，文明发端”（图2－3）①。

①资料来源：胡健《苏秉琦先生为查海遗址题词经过》，《阜新日报》，2003年7月10日。

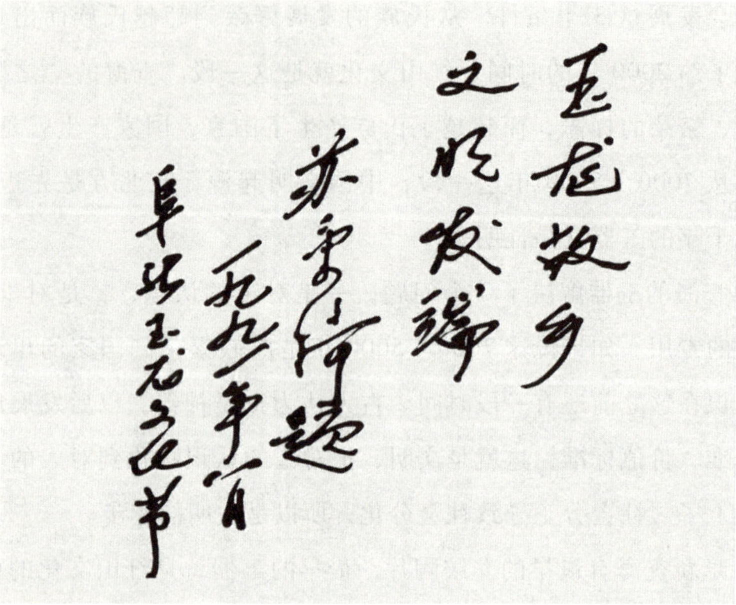

图 2－3　苏秉琦为查海遗址题词（1991 年）

苏秉琦先生为查海遗址含义深刻的这 8 个字题词，阜新因此而得玉龙故乡的美誉，不仅是对阜新源远流长的 8000 年查海文化给予的肯定，还是对查海文化博大精深的玉和龙文化内涵的高度概括，更是对查海文化在辽河文明乃至中国文明起源中重要地位的高度评价，明确了内涵深刻的查海文化在中华文明起源中发端的地位和作用。

四、学术思想中的查海文化

查海遗址的发现为苏秉琦先生学术思想提供了重要的考古学实物资料，对查海 8000 年文化内涵的研究为他的学术思想提供了宝贵的理论依据。苏秉琦的学术思想肯定了查海文化在中国文明起源中毋庸置疑的发端地位和龙头作用，特别是在关于重建中国史前史、中国国家起源与发展阶段的三部曲和发展模式3类型学术思想中，查海文化为苏秉琦先生对中华文明起源这一重大课题的阐述提供了重要的考古学资料和理论依据。

1.考古学文化六大区系理论中的查海文化

1981年，针对中华民族的形成与中国文化传统组合的问题，苏秉琦先生正式提出了考古学文化6大区系理论①。这6大区系不是地理的划分，而是以文化类型之间的渊源发展特点为区分，各区系的发展是有主有次的，各个文化区系相对稳定，而之间又相互交汇、撞击，相互影响又相互作用，为中国文明起源理论研究拓展了新的思路。

1991年，随着一些全新考古学资料的发现，6大区系理论臻于完善②。苏秉琦先生认为从新石器时代文化发展的时空上看，考古发现黄河流域的中原地区文明起源不是最早的，更不是在此向周围发展扩散，而应是黄河流域晚于海河流域，海河流域晚于辽河流域。查海遗址位于辽河流域，属于6大区系之一的“以燕山南北、长城地带为重心的北方地区”。苏秉琦以查海文化为重要一点，指出：远自距今8000年以来的查海、兴隆洼—赵宝沟类型到距今2000余年的燕下都，上下5000年，在燕山南北地区，由于一个“凌源—建平—喀左”小三角的发现，使我们不能不刮目相看，它涉及中国历史上两大课题：中国五千年文明连绵不断的奥秘和轨迹及中国统一多民族的国家是如何形成的。意义重大，不可不认真对待，花大力气，搞个水落石出。这个小三角地理范围东侧是大凌河流域的阜新、朝阳两市，西侧是老哈河流域的赤峰市，小三角内的查海、兴隆洼—红山—赵宝沟文化解决了中国北方

①资料来源：苏秉琦、殷玮璋《关于考古学文化的区系类型问题》，《文物》，1981年第5期，第10～17页。

②资料来源：苏秉琦《关于重建中国史前史的思考》，《考古》，1991年12期，第1115页。

辽河流域文明的发展和形成轨迹①。

苏秉琦先生又以辽河流域查海出土的玉器做以证明："旧石器时代晚期，以辽河流域为中心的这一片，文化发展走在前列，从而为辽河流域新石器时代文化的前导地位奠定了基础。8000年前的查海玉器以及其后红山文化'坛、庙、冢'的发现，是辽河流域前导地位最有力的证明。在中原地区与之相当的时期，还未发现具有类似规模和水平的遗迹。"② 这也是苏秉琦先生的"辽西一带的社会分化早于中原"理论观点的来源，6大文化区系的文化在发展中交流，在相互渗透中吸收融合，开启文明之源，最终形成多元一统的中国文明。

2. 关于重建中国史前史问题中的查海文化

1991年，苏秉琦先生关于重建中国史前史问题的研究取得了突破性的进展，在《关于重建中国史前史的思考》一文中表明，重建中国史前史重点研究的是中国从氏族社会到国家出现的历史。苏秉琦以玉器的起源作为文明的起步，并以查海玉器的社会意义作为论证："阜新查海玉器距今8000年左右，全是真玉（软玉），对玉料的鉴别已达到相当高的水平。玉器的社会功能已超越一般装饰品，附加上社会意识，成为统治者或上层人物"德"的象征。没有社会分工生产不出玉器，没有社会分工也不需要礼制性的玉器。因此，辽西一带的社会分化早于中原。"③ 苏秉琦先生主要就是以查海遗址出土的距今8000年的玉器作为实物证据，深入研究其文化内涵，将查海遗址的玉器作为从氏族社会向国家发展的转折证据，"七八千年的阜新查海和赤峰地区兴隆洼文化反映的社会发展已到了氏族向国家进化的转折点，所以文明起步超过万年。特别是查海、兴隆洼遗址都发现了选用真玉精制的玉器，

①资料来源：苏秉琦《中国文明起源新探》，商务印书馆香港有限公司，1997年，第95～96页。

②资料来源：苏秉琦《关于重建中国史前史的思考》，《考古》，1991年12期，第1115页。

③资料来源：苏秉琦《关于重建中国史前史的思考》，《考古》，1991年12期，第1114页。

它绝非氏族成员人人可以佩戴的一般饰物，正是从这一时期起，玉已被赋予社会意识，被人格化了”。① 这也是民族文化传统问题“上万年的文明起步”的重要依据之一。

1991 年 8 月，苏秉琦在阜新举办玉龙文化节前期接受了辽宁省文物专家和阜新市有关部门的拜访，谈论了查海遗址在重建中国史前史中的重要地位。苏先生重点谈了重建中国史前史问题：重建中国史前史就是要回答中国从氏族到国家是怎么走过来的，转变的条件是什么，社会分工、技术进步和社会发展水平都是条件。氏族从发展到繁荣到超越氏族出现初期国家，经过了大约 2000 年的时间，就是从七八千年到五六千年，趋势是由北向南推进，海河以北是前段，海河以南是后段，查海属于前段。查海“之”字纹陶器的演变序列与这一段历史文化发展有关系。中国文明起源从氏族到国家，在中原地区主要看仰韶文化的彩陶，在北方就是看“之”字纹陶器的演变。苏秉琦先生认为重建中国史前史，就是要回答中国新石器时代从氏族到国家是怎么走过来的，在内容和时空框架上，以查海遗址为代表的北方辽河流域社会分化早于中原，是文明之源。

3. 国家起源发展阶段三部曲中的查海文化

苏秉琦先生对中国国家起源问题概括为发展阶段三部曲和发展模式三类型：发展阶段三部曲是“古国、方国、帝国”，发展模式三类型是“原生型、次生型、续生型”。这是中国万年以来历史发展的总趋势，是关于中国文明起源和古国家形成的一个系统概念。

关于古国时代，要从古文化、古城、古国的最早提出谈起，最早是 1985 年 10 月在辽西提出来的②。古文化指原始文化，辽西地区源于大凌河流域的红山文化前身曾有两个支系，其一是产生“之”字形压印纹筒形罐的母体查

①资料来源：苏秉琦《中国文明起源新探》，商务印书馆香港有限公司，1997 年，第 110 ~ 113 页。

②资料来源：苏秉琦《辽西古文化古城古国》，《辽海文物学刊》，1986 年第 1 期，第 2 ~ 5 页。

海类型，其二是产生篦纹压印纹筒形罐的母体兴隆洼类型。史前时代，这里的社会发展曾居于领先地位，七八千年的阜新查海和赤峰地区兴隆洼文化反映的社会发展已到了氏族向国家进化的转折点，所以文明起步超过万年。特别是查海、兴隆洼遗址都发现了选用真玉精制的玉器，它绝非氏族成员人人可以佩戴的一般饰物，正是从这一时期起，玉已被赋予社会意识，被人格化了。制玉成为特殊的生产部门、石制工具的专业化、制陶技术明显改进、彩陶开始出现等，都说明社会大分工已经形成，社会大分化已经开始①。赵宝沟文化和同属于辽西古文化范围的同时代的古文化，如上宅遗址、后洼遗址都有体现社会分化的文物出土。

苏秉琦将辽西地区由氏族向国家发展的转折点的时间定在距今七八千年，比中原地区的转折点早一二千年，也和他坚持认为辽河流域的社会发展比中原地区早的思想有关。在这种思想指导下，他对辽西红山文化后期的社会性质也就形成了新的认识。查海是由氏族向国家进化的转折点，国家起源与发展三部曲之一。辽西一带的社会分化早于中原，辽河文明在中国文明起源与国家形成中具有典型性②，苏秉琦先生在关于国家起源原生型、次生型、续生型的“三模式”中，将辽河流域作为“原生型”国家起源模式的理由。同样从辽河流域查海遗址起，查海文化在玉器制作的专门化到玉器使用的专一化方面，就已反映出由社会分工到社会分化的变革过程，为继之而起的红山文化社会变革的飞跃准备了条件。

4. 中国文明起源三种形式中的查海文化

1986 年 10 月，苏秉琦先生就文化与文明问题，如何在实践中、在历史与考古的结合中加深对文明起源的认识，文明不是一天出现的，根据现有考

①资料来源：苏秉琦《中国文明起源新探》，商务印书馆香港有限公司，1997 年，第 110 页。

②资料来源：郭大顺《苏秉琦的学术遗产与辽河文明的研究》，《中国文物报》，2006 年 5 月 19 日，第 7 版。

古资料研究，提出了中华文明起源的三种形式：第一种文明起源的形式是裂变，第二种形式是撞击，第三种形式是融合①。文化是在不断地交流、碰撞、融合中发展的，各文化区系也是同样的过程。

对于第一种文明起源的形式裂变，因当时考古学资料所限，苏先生只以中原地区的仰韶文化前期裂变为半坡、庙底沟类型为例。到了1987年4月，苏秉琦先生在《给青年人的话》一文中就中国文明起源的第一种形式裂变发展举了两个例子：例一是仰韶文化前后期中间阶段发生的裂变与发展；例二是辽西古文化“前红山文化”与红山文化前期之间发生的裂变与发展，是最近二、三年间的考古新发现。前者以阜新查海遗址下层为代表，后者以赵宝沟、小山等遗址和阜新查海上层为代表②。

1997年在《中国文明起源新探》一书中，苏秉琦先生再次以8000年查海文化为代表的几处文化为例，提出在五六千年和四五千年间，中华大地文明起源的过程有三种形式，即“裂变、撞击、融合”。第一种文明起源的类型是裂变，中原地区是以仰韶文化为代表，在长城以北地区裂变的又一例是辽西古文化中前红山文化与红山文化前期之间发生的裂变与发展，前者以阜新查海遗址下层为代表，后者以赵宝沟、小山等遗址和阜新查海上层为代表，比如查海文化裂变产生了赵宝沟类型，出现猪头龙、鹿头麟等刻画神兽图案，具有了“神器”性质，是有更多附加值的宗教信念的祭器，足见此时社会已发展到了一个新的阶段③。

5.民族文化传统问题“上万年的文明起步”中的查海文化

苏秉琦先生学术思想中提出了国史的核心问题，一是国家起源（文明起

①资料来源：苏秉琦《文化与文明》，《辽海文物学刊》，1990年第1期，第4～5页。

②资料来源：苏秉琦《给青年人的话》，《文物天地》，1987年第4期，第7页。

③资料来源：苏秉琦《中国文明起源新探》，商务印书馆香港有限公司，1997年，第101～102页。

源），二是民族文化传统①。民族文化传统问题的“上万年的文明启步”理论思想，也是古史研究框架中的重要内容之一。“上万年的文明启步”理论是苏秉琦先生以查海文化为基础经过反复的认识过程才最终形成的。

理论萌芽。1991 年 8 月，阜新为举办首届玉龙文化节，辽宁和阜新的有关领导和专家专程拜访了苏秉琦先生，苏先生在谈查海遗址时已有初步的思想表述，在对查海 8000 年玉器的表述中可见其理论萌芽：“查海玉器已解决了三个问题，一是对玉材的认识，二是对玉的专业化加工，三是对玉的专用。社会分工导致社会分化，所以是文明起步。”8000 年的查海玉器体现的是社会分工和社会分化，是文明起步。

理论提出。1991 年 12 月，在《关于重建中国史前史的思考》一文中苏秉琦先生再次以查海遗址出土的 8000 年玉器表述文明起步的思想：“没有社会分工生产不出玉器，没有社会分工也不需要礼制性的玉器。因此，辽西一带的社会分化早于中原。”

理论形成。1992 年 9 月，苏秉琦先生在接受邵望平、汪遵国的访谈时，根据“农业的出现就是文明的根，文明的起源”，并以河北徐水南庄头的文化堆积为例，明确提出“上万年的文明起步”理论②。

理论确立。1994 年 1 月，苏秉琦先生在为“海峡两岸考古学与历史学学术交流研讨会”撰写《国家起源与民族文化传统（提纲）》时，就民族文化传统问题，提出“玉器是绝不亚于青铜器的礼器③。8000 年前的玉器已发现多处，它们的源始应不下万年，它们的形制，有的直接延续到商周。”仍然是以 8000 年的玉器为例，包括查海玉器为物化标志，将玉器作为礼器来看

①资料来源：苏秉琦《国家起源与民族文化传统（提纲）》，《华人·龙的传人·中国人——考古寻根记》，辽宁大学出版社，1994 年，第 132 页。

②资料来源：邵望平、汪遵国《迎接中国考古学的新世纪》，《东南文化》，1993 年第 1 期，第 11 页。

③资料来源：苏秉琦《国家起源与民族文化传统（提纲）》，《华人·龙的传人·中国人——考古寻根记》，辽宁大学出版社，1994 年。

待，正式确立了“上万年的文明起步”思想。1997 年苏秉琦先生在《中国文明起源新探》一书中又进一步阐述了查海玉器的功用：“七、八千年的阜新查海和赤峰地区兴隆洼文化反映的社会发展已到了氏族向国家进化的转折点，所以文明启步超过万年。特别是查海、兴隆洼遗址都发现了选用真玉精制的玉器，它绝非氏族成员人人可以佩戴的一般饰物，正是从这一时期起，玉已被赋予社会意识，被人格化了”。苏秉琦是将玉器作为礼器来看待的，并推测玉器起源于距今万年左右，将玉器的出现作为上万年文明起步的标志，形成了“上万年的文明起步”理论。

苏秉琦先生对中国文明起源和中华民族形成这一历史性课题，坚持在实践中、在历史和考古的结合中进行研究和总结，最终形成了自己的关于中国文明起源、形成与发展道路的学说思想体系，其间辽河流域查海遗址的重大考古发现为苏先生提供了考古实证和理论来源，这也充分体现出查海文化在辽河文明乃至中国文明起源中的发端地位。我们应继承发扬苏秉琦先生考古研究开疆拓土的思想，深入研究、发掘查海文化内涵，探索辽河文明起源进程，开启中华民族文明之源。

第三章　定居农耕　聚落繁荣

——查海遗址聚落形态研究

人类社会发展进入到新石器时代，开始制造和使用磨制石器，发明了陶器，进行农业耕种和家畜饲养，开始了真正较为稳定的定居生活。此时先民建造了房屋，重视丧葬，使用石器、玉器和陶器等精心制作的各种生活用具，先进的生产工具促使由依赖自然的采集渔猎经济跃进到改造自然的生产经济，原始农耕经济出现并逐渐繁荣，出现了聚族而居的村落，氏族制度社会逐渐形成。新石器时代定居聚落基本由居住址、窑址和公墓 3 部分组成，聚落的规模也逐渐由小变大，以居住房址为中心布局十分严谨，聚落功能不断完善，促进了原始社会的发展。原始定居聚落是以血缘为基础的家庭构成家族，逐渐发展形成以家庭为基础的社会结构——氏族，随着氏族制度日渐严密，出现了社会分工，等级出现了，社会也开始了分化。中国的新石器时代是原始社会氏族公社由全盛到衰落的一个历史阶段，这是定居农耕经济成熟发展的必然，加速了原始人类社会的文明进程。

第一节 查海聚落的遗迹

查海新石器时代的聚落，人们在结束了风雨中的漂泊以后，在自己营造的聚落中创造出灿烂的农耕文化，也为文明的形成打下了坚实的根基。查海遗址从1986~1994年先后发掘了7次，已经揭露的面积近7800平方米，揭露出大量的石器、陶器和玉器等生产、生活用具。查海遗址外围挖有壕沟，中心为龙形堆石，房址东西成排，南北成行，整个布局井然有序，室外窖穴和“中心墓地”是经过人们精心选址的。查海聚落房址之间存在打破关系，可知延续时间较长，小型房址是只能居住三四个人的一个“家庭”，且没有居室窖穴，居室窖穴都出自大、中型房址。从查海遗址出土的大量遗物和揭露的各种遗迹可知查海是一处大型中心聚落遗址（图3－1）。

一、聚落房址

聚落的居民建筑，是当地居民为适应当地的自然环境和便于从当地取得建筑材料而创造出来的，其不仅有明显的时代特征，也有显著的地方色彩。

查海遗址历经7次发掘，已经揭露清理出房址55座，皆为方形抹角半地穴式，平面呈圆角长方形和圆角方形两大类，有无门道不清楚，一些房址南面靠东端向外突出一半圆体，推测有可能是门道。从查海房址的发掘情况来看，遗址房址的整体建筑形式，可分为地上（屋顶）和地下（地穴）两部

图 3－1　查海聚落平面图

分组成，半地穴式房址遗迹就是保存下来的房屋基础部分。从房址室内分布的柱洞来看，房屋地上部分是用树木野草等建筑材料建成的，现早已腐朽成泥不见了。房屋下面的“半地穴”是利用地下地层条件，以生土和岩层为基础，人工凿成，直接利用现有土层做墙壁，屋内地面低于外面地表的房屋形式①。

①资料来源：辽宁省文物考古研究所《查海新石器时代聚落遗址发掘报告（中）》，文物出版社，2012 年，第 661 页。

《东周列国志》载："昔尧、舜在位，茅茨土阶，禹居卑宫，不以为陋。"①茅茨就是只用茅草做的屋顶，土阶就是用土修筑的台阶。《韩非子·五蠹》载："茅茨不翦，采椽不斫。"② 意思是说，居住茅草盖的屋子不加修剪，栎木做的椽子不用砍削。查海这样的半地穴房屋既节省建筑材料又省时省力，冬暖夏凉，是先民因地制宜适应自然、改造自然的一种生存智慧。

查海房址的地面垫有一层厚土，还夹杂着烧灰和红烧土。有的房址中有室内窖穴，有的还有室内墓穴，原始落后。在房屋的每一个室中央都有一个灶坑，还有个别的房屋室内有两个灶坑，有的灶坑底下铺有石块，灶面因经火烧呈暗红色，一般都保存较完好。室内灶坑主要用于烧烤、蒸煮食物，取暖去湿，夜晚照明之用。房址内留有大量的柱洞，痕迹明显，柱洞挖凿在基岩上，洞内积土与基岩洞壁区别明显。每个房址柱洞数量不同，间距不同，但形状基本相同，分布的规律大体相同，一般是两圈，外圈靠近穴壁开凿，里圈柱洞围绕在灶坑外一圈。聚落房址内的柱洞较多，大小不一，深浅不同，分析有些柱洞是居住一段时间后修补时添加的。

查海聚落房址内出土了大量的陶器、石器等生产、生活用具，每个房址内都出土了很多。聚落房址内的这些石器、陶器或规律或随意摆放在室内四周，就像人们当时生活使用的情景，似乎人们刚刚离去，生活用品还在原地放着。查海遗址内的遗物主要是陶器和石器，特别是用于粮食加工的石磨盘和石磨棒，每个房址内都有出土。对于当时查海时代，生产力低下，人们打制、磨制石器和制作这些大小不一，形制不一且数量众多的陶器，在当时的生产力条件下是非常不容易的。这些众多的遗物基本上保持了当初的使用状态在那原地不动，如果是人们不得已舍弃家园离开，也不会不携带而去，这成了查海的一个不解之谜。是天灾还是人祸，让查海人舍弃这些宝贵的财富

①资料来源：（明）冯梦龙、（清）蔡元放《东周列国志》，重庆出版社，2008 年，第 21 页。
②资料来源：陈秉才译注《韩非子·五蠹》，中华书局，2007 年，第 269 页。

而匆忙离开？这也是个令我们值得追寻探讨的课题（图 3－2、图 3－3）。

图 3－2　F27、F28、F37（东—西）

（一）查海聚落的 55 座房址按建筑规模分类，分为小、中、大、特大型 4 种房址①

小型房址，面积在 30 平方米以下，共计 19 座。

中型房址，面积在 30～60 平方米之间，共计 28 座。

①资料来源：辽宁省文物考古研究所《查海新石器时代聚落遗址发掘报告（中）》，文物出版社，2012 年，第 658～661 页。

图 3－3　F30 大小组合灶（东南—西北）

大型房址，面积在 60～100 平方米之间，共计 6 座。

特大型房址，面积在 100 平方米以上，共计 2 座，其中 9 号房址面积为 107 平方米，最大的 46 号房址面积为 157.32 平方米（彩图七）。

（二）查海聚落的 55 座房址依整体形制类型划分，可分为 A 型和 B 型两大类

A 型：圆角方形，共计 20 座。A 型具体可划分的种类及数量：A1 方形型，14 座；A2 南壁局部半圆状外凸型，4 座；A3 室内带有二层台型，2 座。

B 型：圆角长方形，共计 35 座。B 型具体可划分的种类和数量：B1 长方形型，26 座；B2 南壁局部半圆状外凸型，6 座；B3 室内带有二层台型，3 座。

从聚落房址的整体布局来看，早期房址以 A2 型和 B2 型居多，这也能反

映当时的房址形制特征。中期房址开始以B1圆角长方形为主，而A3型和B3型房址则成为这一时期形制的特征。晚期房址则以A1型和B1型为主，其他形制的房址则特征明显减弱。

（三）查海聚落的55座房址根据房址之间的相互打破关系分析、房址内堆积层与活动面之间的相互叠压关系所含陶器特征分析，将聚落房址划分为早、中、晚3期

其中，早期5座，中期15座，晚期35座。

查海聚落早期房址主要集中在居住区的西北部，中部也有零星发现。中期的房址主要集中在这个居住区的中部，并发现有二期房址打破一期房址的现象。晚期房址主要集中在东南部，并发现有三期房址打破二期房址的现象。以上这些现象说明，查海聚落的形成最早是从西北向东南随着漫坡台地逐渐扩大完善的，大体经过了3个发展阶段，经过7次发掘，我们已经理清了聚落房址的分期情况（表3-1）。

表3-1 房址分期和规模统计表

分期	小型	中型	大型	特大型	总计
早期	F29、F35	F26、F34	F50		5座
中期	F19、F24、F28、F38、F41、F42、F51	F22、F25、F32、F33、F40、F43、F49		F9	15座
晚期	F11、F12、F13、F15、F17、F20、F44、F47、F48、F52	F1、F2、F3、F4、F5、F7、F8、F10、F14、F18、F21、F23、F27、F31、F37、F39、F45、F54、F55	F6、F16、F30、F36、F53	F46	35座
总计	19座	28座	6座	2座	55座

二、窖穴（灰坑）

查海遗址经过7次发掘，已清理出室内和室外窖穴共计60个①。查海遗址这些窖穴都在房址附近，按照窖穴对应房址的出土位置分为室内窖穴和室外窖穴，其中室内窖穴23个，室外窖穴37个，编号H1～H37，其中H34和H36是位于“中心”墓地的祭祀坑。查海窖穴的开凿都透过生土层深入基岩里，大小不同，深浅不同，窖穴的边壁、窖底都经人工认真修整过，比较平直。窖穴按内径尺寸分为大、中、小3种（彩图六）。

大型窖穴口径2米以上，其中，室内窖穴1个，为F35J，窖室长0.7～1.1米，宽2.2米；室外窖穴有6座，其中最大的窖穴H2口径3～3.1米，但比较浅，深只有0.26米，或许是因山坡多年水土流失导致。

中型窖穴口径在1～2米，其中室内窖穴9个，室外窖穴24个。

小型窖穴口径在1米以下，室内窖穴13个，最小的是F8J2，长0.4米，深0.38米；室外窖穴7个，最小的窖穴H27，口径在0.8～1米，深0.48米。

查海遗址室内窖穴主要分布于房屋内四周，室外窖穴其中一部分集中在聚落西北部，位于两排房子之间，南北有序地排列。因为这里靠近部落边缘又是部落地势最高的地方，能确保防火和防水，两排房子之间又保证了安全，分析这里应是部落存放主要粮食的地方，应储存的是部落集体的“公粮”，类似今天的国家粮食储备库。可见这时查海先民已开始精心规划存储，科学管理粮食，保证粮食安全（图3－4）。其他的室外窖穴则零散分布在聚落房址的旁边，这一方面就像室内窖穴一样是为了每天取食方便，另一方面

①资料来源：辽宁省文物考古研究所《查海新石器时代聚落遗址发掘报告（上）》，文物出版社，2012年，第492～514页。

像室内窖穴家庭单独使用的私家窖穴一样，这样的室外窖穴也许是聚落内部的一个大家族或一组人存放以家庭为单位“私粮”的地方。

图 3－4　西北成排的窖穴（东北—西南）

（一）查海遗址的室外窖穴有圆形、近圆形和椭圆形3种，共计37个

查海遗址室外窖穴内的堆积土一般为灰黑色，土质松软，窖穴内出土的遗物主要是石器、陶器，有的还有不明种属的动物遗骨和火烧猪骨碎块。遗址室外窖穴中明确发现清理出带有柱洞的有6个，西北H16和H26明确带有灶址。遗址较大的窖穴还有柱洞、台阶和灶址，里面灰黑色的土质还夹杂着红烧土块和烧炭碎粒，应是窖穴上曾经有木架等遮蔽风雨的结构，推断此类窖穴是用作存储粮食等食物之用，或是在此类窖穴内进行过粮食的加工，加

之遗址内大量陶制酒杯的出土，推断应是酿酒遗存。H34 和 H36 窖穴内出土有不明种属动物的遗骨、灰烬和火烧的猪骨碎块，且在墓葬旁，所以应为祭祀时用作祭祀之用的祭祀坑。H35 同处在墓葬区，虽没有遗物出土，或是因为年代太久远，或是内有不易保留至今的物品，推断也应是祭祀坑。此外，还有一部分室外窖穴则是废弃后当做了垃圾坑，但里面仍有陶器和石器等遗物出土。

（二）在查海聚落房址内共清理出室内窖穴 23 个

查海聚落的 55 座房址不是所有的房址都有室内窖穴，有的房址没有室内窖穴，有的房址 1 个，最多的 F9 室内窖穴有 4 个，总共只有 12 个房址内有室内窖穴。这些室内窖穴的大小不一，最大的窖穴 F35 室内窖穴的窖口长 1.56 米，宽 1.02～1.06 米，深达 1.3 米（图 3－5）。可见，从不同房址有无室内窖穴，室内窖穴的数量和大小不同，我们推知当时查海聚落的人们有了食物等财物占有多少的不同，也就是有了贫富分化，有了贫富分化就有了等级地位不同，亦知当时的社会应该已经开始分化了。

食物是保证聚落先民根本生存发展的物质财富，这种从窖穴大小、数量和出土地点所反映的食物分配、占有情况能显现出此时人们已经有了地位等级的区分，表明查海社会已经开始社会分化，这方面就充分地为苏秉琦先生的理论提供了考古学实证：文明起源的 3 种方式，第一种文明起源的类型是裂变。裂变的又一例是辽西古文化中“前红山文化”与“红山文化前期”之间发生的裂变与发展，前者以阜新查海遗址下层为代表。查海是由氏族向国家进化的转折点，国家起源与发展三部曲之一。辽西一带的社会分化早于中原，七八千年的阜新查海和赤峰地区兴隆洼文化反映的社会发展已到了氏

图 3－5 F35 西北角室内窖穴（南—北）

族向国家进化的转折点①。所以说，查海聚落在辽河流域文明起源进程中占有发端的地位。

三、聚落墓葬

现代考古学研究表明，新石器时代聚落遗址一般基本由居住址（房址）、窑址、公墓 3 部分组成，查海遗址虽然已经发掘了 7 次，发掘面积近 7800 平方米，但这仅仅是发掘了整体遗址的一半，余下的一半会有什么遗迹和遗物还是未知的。目前居住址已经发掘清理出 55 座房址，窑址没有发现，也

①资料来源：苏秉琦《中国文明起源新探》，商务印书馆香港有限公司，1997 年，第 108～110 页。

许是在遗址余下未发掘部分，也许是在遗址下方泉水边或河边，因几千年的雨水而冲毁不见。查海遗址发现的墓葬分为“中心”墓地的居址葬和房址内的居室墓两部分，“中心”墓地又称为居址葬，在房屋内的墓葬称为居室葬。所以简单地说，查海遗址墓葬有居址葬和居室葬两种墓葬形式。

（一）查海遗址的居址葬①

查海“中心”墓地的墓葬即为居址葬，是指在人们居住的聚落房址外边，但位于聚落内的墓葬。查海居址葬有着自身的特征：

位置：位于查海聚落中央，在众多的房址之中，龙形堆石的南侧（下方），方向与房址方向一致（图3－6）。

图3－6　中心墓地居址葬（西南—东北）

①资料来源：辽宁省文物考古研究所《查海新石器时代聚落遗址发掘报告（中）》，文物出版社，2012年，第525～535页。

数量：共清理出墓葬10座，墓葬编号依次为M1～M10。

葬式：墓葬形式为仰身直肢，头朝北脚向南，面部向西侧。墓葬密集地葬在此地，部分墓葬有相互间的叠压打破关系，整体看表现为M2→M1，M3→M4，M9→M7。墓坑都在厚为15～20厘米的表土层下面，墓坑底部开凿在基岩层中，全为土坑竖穴墓，呈长方形，墓坑基本长1.6～3米，宽0.5～0.9米，墓穴从0.2米到0.88米深浅不等。

墓主性别、年龄：这10座墓葬可以鉴定性别的为男性2人，女性4人，墓主年纪都较轻，在25～40岁。M7是一座一成年女性和一小孩的合葬墓，疑为母子合葬，其余全都是单人葬。10座墓葬中有2座墓葬人骨已经腐朽全无，只有8座墓葬仍存有遗骨，其中M8遗骨保存得比较好。

随葬品："中心"墓地出土有随葬品的只有M2和M8。M2为一成年女性单人葬，随葬品有2件夹砂红褐陶直腹罐，另在填土中混杂有鹿骨碎块。M8为一成年男性单人葬，约40岁，随葬品较多，在墓主人脚下陪葬了23件石器，主要有石斧5件，石刀、石凿、石球、砾石、石饼形器和研磨器等，在填土中还有少量的陶片、鹿骨碎块和残石斧1件。

祭祀坑："中心"墓地有祭祀坑2个，编号分别为H34和H36，分别在"中心"墓地的南北两侧。H34出土了陶器5件，石器5件，A型玉凿1件，另有大量的炭灰和火烧过的猪骨碎块。H36只有灰烬和经火烧过的猪骨碎块。

（二）查海遗址的居室葬①

居室葬是指人类有意识地将死者埋葬在居住房屋地面下的墓葬形式。居室葬是人类比较古老的埋葬死者的风俗之一，居室葬在人类旧石器时代就已

①资料来源：辽宁省文物考古研究所《查海新石器时代聚落遗址发掘报告（中）》，文物出版社，2012年，第539～547页。

经出现，作为埋葬死者的一种方式，一直延续到近代的一些少数民族的丧葬习俗。

位置：居室葬全都位于房屋室内西北角靠近西壁或北壁一边，有的紧贴墙壁，墓坑在室内地面垫土层的下面。

数量：查海聚落居室墓目前已发现了6座，全为土坑墓，分别位于F7、F16、F18、F19、F21、F43房址地面之下。

葬式：墓葬全都为圆角长方形，墓口长1.2~2.1米不等，宽0.25~0.9米不等，深0.25－0.72米不等。2座墓中尸骨已全部朽无，葬式不清，其余4座从腐蚀残存的牙齿推测皆为儿童单人葬，头北足南。

墓主年龄：6座墓之中的2座墓中尸骨已全部朽无，其余4座从腐蚀残存的牙齿推测皆为儿童单人葬。

随葬品：6座居室墓发现随葬品的只有3座墓葬，分别是F7M、F21M、F43M，随葬品主要是陶器、石器和珍贵的玉器。

F7M：7号房址内的居室墓内清理出一颗儿童臼齿，但齿骨腐蚀严重，推测为儿童单人葬。在此墓中仅仅随葬了玉器，是器型单一的玉匕，但数量较多，从墓葬内的痕迹可分析出是位于儿童的颈、腰和脚3个部位，分别出土了大、中、小3对共计6件玉匕。玉匕全都为长条形，通体磨光，一面内凹，另一面对称外凸，上端平直圆角，靠近顶端有一单孔，下端呈圆弧形。玉匕颈部一对较小，为浅绿色，长为6.48厘米和3.96厘米；腰部一对最大，为乳白色，长10厘米和9.59厘米；脚部一对最小，为乳白色，长2.6厘米和3.45厘米（图3－7）。

F21M：21号房址的居室墓内尸骨朽无，墓内随葬了2件夹砂红陶小直腹罐和1件夹砂灰褐陶直腹罐。

F43M：43号房址居室墓内尸骨朽无，墓底南端出土了7件小陶器，2件石料，墓底北端出土了2件白色玉玦，两玦间距很近，通体磨光。根据随葬

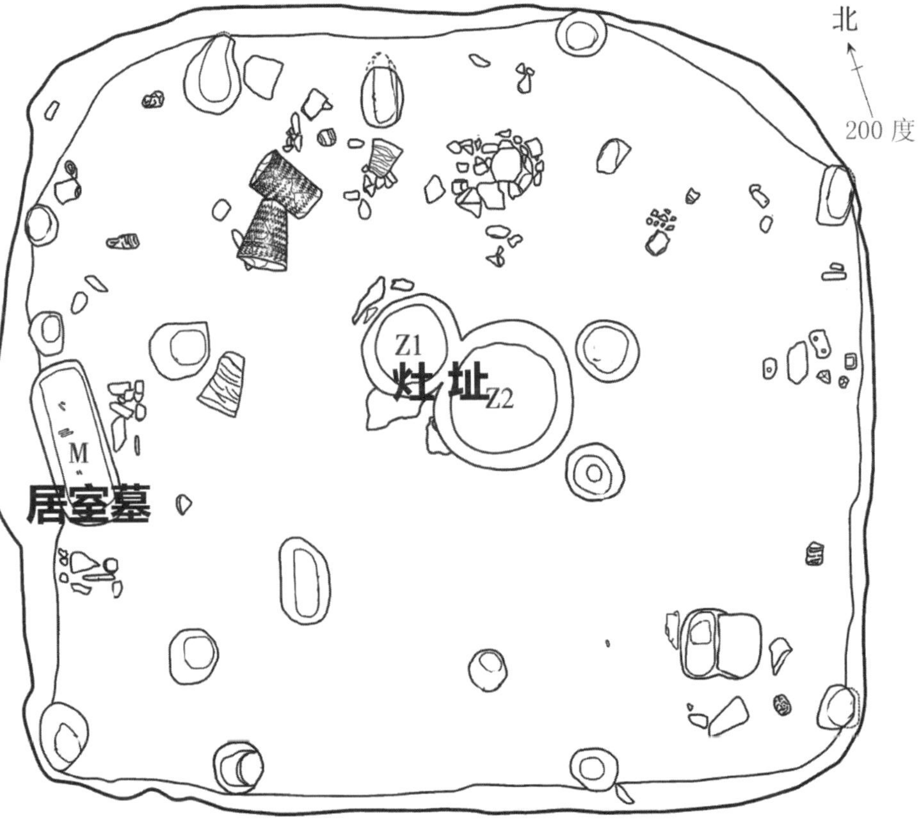

图 3－7 F7M 居室墓平面图

品出土的位置，推断为单人墓，头北足南，两件玉玦应在头骨两侧，应是一种耳饰。

查海遗址这些特殊的居址葬和居室葬一经发现，就引起了中外学术界的广泛关注。6 座居室葬有 4 座葬的是儿童，其余两座虽已人骨朽无，但据墓葬形制推测也应为儿童墓，明确地表达出死者特殊的社会地位或是特殊死因。死后被埋在房屋居室内，这种特殊的埋葬方式，带有原始的野蛮性与落后性，体现了生者对死者厚重的亲情和怀念，更表现出了查海先民基于亲情已经产生了灵魂（鬼神）观念（表3－2）。

表3－2 居室墓一览表

墓葬编号	出土房址	房址中平面位置	开口层位	墓葬形制	葬式	头向	性别、年龄	随葬品
F7M	F7	西侧中部，西侧紧靠房穴西壁	开口于居住面垫踏土层下	长方形土坑竖穴墓	单人葬	头北足南	儿童	3对大、中、小型6件玉匕，分别在儿童的颈、腰、脚部位
F16M	F16	靠近西壁偏北的二层台下	开口于居住面垫踏土层下	长方形土坑竖穴墓	单人葬	头北足南	儿童	无
F18M	F18	室内西北角，西侧紧靠房穴西壁	开口于居住面垫踏土层下	长方形土坑竖穴墓	单人葬	头北足南	儿童	无
F19M	F19	西北角，距房穴西壁1米	开口于居住面垫踏土层下	长方形土坑竖穴墓	单人葬	头北足南	儿童	无
F21M	F21	西侧中部	开口于居住面垫踏土层下	长方形土坑竖穴墓	尸骨朽无,葬式不清	尸骨朽无头向不清	尸骨朽无性别、年龄不清	1大2小直腹罐套放在一起
F43M	F43	西北角，南端边缘被室内中心灶址叠压	开口于居住面垫踏土层下	长方形土坑竖穴墓	尸骨朽无,葬式不清	尸骨朽无头向不清	尸骨朽无性别、年龄不清	玉玦2件，陶器6件，石料2件

查海遗址共发掘出10座居址葬和6座居室葬，这比较多的数量更充分地

表达了查海先民的精神思想发展高度，已有了灵魂观念，相信人死后灵魂会到另一个世界得到永生，死者灵魂仍然和活人生活在一起。灵魂观念的产生进而促使查海人产生了祭祀思想，有了祭祀行为，并逐渐形成了规范祭祀活动的礼仪，祭祀活动又产生了祭祀场所和祭祀崇拜物，这样，原始宗教随之这一系列行为产生并发展起来。

四、龙形堆石

查海遗址的龙形堆石遗迹位于聚落“中心”墓地北边约 3.5 米的显著位置①，全长 19.7 米，横伏在山坡之上。从山坡由下向上观看，龙首昂向西南，尾部向东北甩去，它被众多房址环绕，从龙头下方开始按顺时针方向依次是 F20、F22、F23、F31、F36、F54、F46、F43、F48，龙尾部上方是查海遗址最大的 F46 房址，面积约 157 平方米，足见龙形堆石的显耀地位（图 3 –8）。

龙形堆石属于石块摆塑型龙，是查海先民采集当地大然石块堆砌摆放出来的，石块呈红褐色，大小均匀，多为 8 ~ 12 厘米，龙底部摆在基岩脉上方。由坡下向上（东南—西北）观看全貌，龙头昂首朝向西南，石块摆放宽约 3.8 米，石块厚度约 0. 12 米，龙颈部宽约 2. 85 米，石块厚约 0. 38 米，龙身宽约 2. 2 米，厚约 0. 16 米，尾部向东北甩去，石块渐少、渐薄、渐细而隐去。龙头、龙颈、龙体、龙鳞、龙尾、龙爪等摆放分明，石块从头到尾排列有序，龙的前身较宽大，石块堆积较多、较厚，身体前部下方石块堆砌出像足又像云雾的衬托物，由龙头、身体向尾部石块逐渐变薄、变少，尾部更加松散细小。龙形堆石总体上观看是头向西南，爪向东南，尾部甩向东

①资料来源：辽宁省文物考古研究所《查海新石器时代聚落遗址发掘报告（中）》，文物出版社，2012 年，第 539 页。

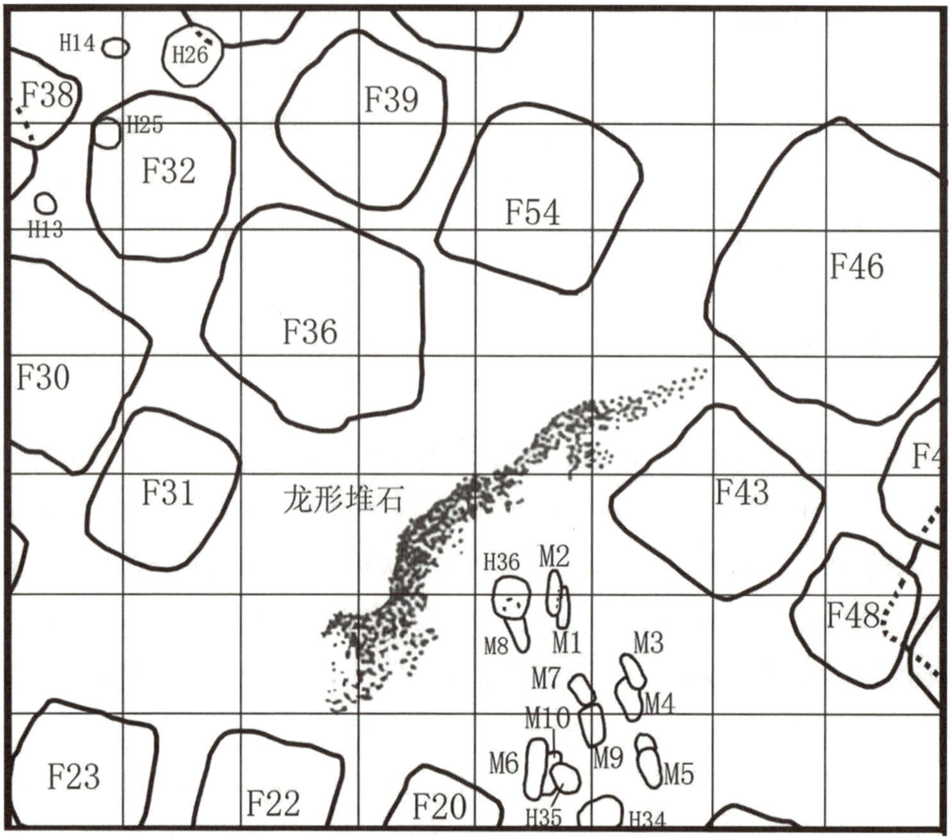

图 3-8　龙形堆石和中心墓地平面图（南—北）

北，昂头张口，红褐色石块似片片龙鳞，身体呈弯弓状，往尾部渐近变细上翘，摇摆甩向东北方向，若隐若现，展现给人们的是一种巨龙就要腾空飞舞的态势，龙的形象逼真，栩栩如生。查海遗址的龙形堆石是迄今为止我国新石器时代考古发现距今年代最早、形体最大的龙形象，堪称“中华第一龙”（彩图十）。

查海龙形堆石是石块与大地的结合，龙纹陶片和蟾蜍陶罐是崇龙之情与生产、生活的结合，这种现实与无限遐想的结合让人震撼而心驰神往那个久远的年代，充分体现了查海先民的社会意识和审美情趣。龙形堆石的设计、选址、堆塑采取以大见小、小中显大的方法，蕴含了查海先民对心目中崇拜的龙的感知、认识、观察、展示能力。查海整个聚落遗址地处一山间台地阳坡之上，龙形堆石在遗址中央，头南尾北横在山坡上，龙形堆石虽体长近20米，但是无论人身位置处于龙体的上、下、左、右哪个角度，或远、或近驻足观看，都能保证视线开阔，一览全貌，充分展现出龙的威严态势，带给人们强大且又神秘的精神震撼。

龙形堆石在部落中央，且下临“中心”墓地，身后又是聚落最大的46号房址，位置重要又突出展现，据此，可以说明此处是查海部落先民集会或祭祀场所，原始宗教色彩浓郁。所以说，中国8000年的龙崇拜起始于阜新查海文化，阜新是龙的故乡，是中国博大精深龙文化的渊源地。

五、外围壕沟

从新石器时代聚落遗址的考古发现来看，许多遗址的外围都挖有壕沟，用来保护聚落安全，壕沟也就成了遗址布局的重要组成部分，也是确定一个遗址范围的重要依据。

查海遗址截至目前已经发掘了7次，遗址的全貌尚未全部揭露出来，仅在东北角发现并清理出两段交叉会合的外围壕沟，壕沟编号G1和G2（图3－9）①。两段壕沟挖透土层开凿在基岩上，壕沟为上宽下窄的倒梯形，上宽1.4～2米，沟底宽约0.8米，沟深0.45～0.55米。G1为南北走向，已经由东北交叉点向南清理了30米，余下的延伸部分未做发掘清理。G2东西走向，由交汇点向西清理了7米，余下的延伸部分没有清理发掘。在两段壕沟里清理出的遗物主要有陶器残片，石器有石铲、石斧、石磨盘、石磨棒、石

①资料来源：辽宁省文物考古研究所《查海新石器时代聚落遗址发掘报告（中）》，文物出版社，2012年，第548～549页。

饼、石球，动物遗骨主要是猪的残碎骨块。

查海遗址壕沟 G1 和 G2 的发现和清理，明确了查海遗址东北角的界限。根据壕沟 G1 东段打破了早期房址 F50 的关系，对比房址早、中、晚的分期，分析聚落的外围壕沟应是早期以后的遗迹。

图 3－9　壕沟 G1（南—北）

六、陶器堆和石块堆

（一）陶器堆[①]

查海遗址在聚落中央房址间的空地活动面上有4堆陶器堆放的遗迹，编号为D1～D4，4堆陶器共计14件，数量分别是3件、4件、4件、3件。其中D1、D2、D4堆在F1与F22之间的空地上，南北排列，而D3堆在F2北侧的空地上，另外还有两个石磨棒。这些陶器从摆放的形态看应是当年查海先民所放，有的小件陶器还放在大件陶器之中。这些陶器基本都能复原，据此分析这4堆陶器也许是新烧制出来的，或许是暂时闲置未使用的“库存”，堆放在这里等待给部落成员分发使用的。据此又可推知聚落的陶器制作应是有专人负责的，聚落的生产已经有了社会分工，社会分工逐渐产生贫富分化而产生地位和等级，导致了社会分化，这也验证了苏秉琦先生关于中国国家起源问题发展三类型之一的原生型，查海这是关于中国文明起源和古国家形成的一个裂变发展期。

（二）石块堆[②]

查海聚落的石块堆积遗迹共有两处，编号为S1和S2，位于西北角成排窖穴的外侧，在F35、F34、F26之间（图3－10）。S1近长方形，南北长2.5米，东西宽约1米，高约0.35米；S2呈椭圆形，南北长1.7米，东西宽1

①资料来源：辽宁省文物考古研究所《查海新石器时代聚落遗址发掘报告（中）》，文物出版社，2012年，第553页。

②资料来源：辽宁省文物考古研究所《查海新石器时代聚落遗址发掘报告（中）》，文物出版社，2012年，第557页。

米，高约0.43米。这些石块都是质地坚硬的石英岩、花岗岩、玄武岩等，棱角分明，形状近圆形、方形，大小在4～10厘米，数量较多。这些石块堆放在西北角成排的窖穴外侧，这些成排的窖穴储存着查海聚落大量的粮食，这些石块应是为抵御外族入侵抢掠，打击侵略者之用的投掷石块。

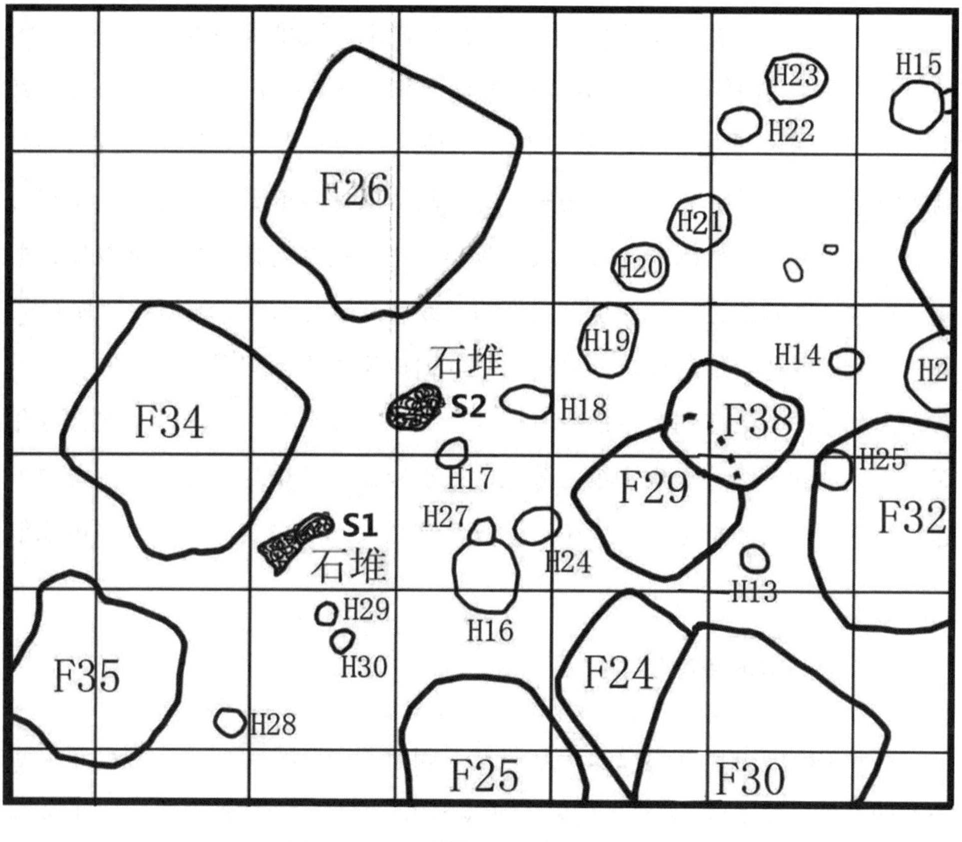

图3－10　石块堆平面图（南—北）

根据这两处堆积的大量石块，对比聚落中心被我们现在称为“龙形堆石”的硕大石块堆，我们还可以对龙形堆石的实际用途来做以大胆推断：这样一大堆石块的用途是“平战结合”，即为闲时用作备战堆塑成崇拜之物龙图腾，战时即可用于打击敌人，这是查海部落为抵御外族入侵而储备下的做以武器投掷打击入侵者的大量石块，可算是一种居安思危的“战备资源”。因为像棍棒等木质武器难以保存下来，正如房址硕大的柱子只留下了柱洞痕迹一样，能够历经8000年保存下来的也只有这么如此一大堆石块了。我们这种大胆猜想也从实用性方面解决了“龙形堆石”的功用问题，那就是为保卫聚落而囤积准备充足的远距离投掷打击入侵者的武器。

恩格斯说：“古代部落对部落的战争，已经开始蜕变为在陆地上和海上为攫夺家畜、奴隶和财宝而不断进行的抢劫，变为一种正常的营生，一句话，财富被当作最高福利而受到赞美和崇敬。”① 查海时代，部落之间为争夺或守卫领地、食物、人口等，时时会发生征战，当时的查海氏族部落先民居安思危，为备战准备如此多的石块，就是最鲜明直接的证据。

第二节　查海聚落的遗物

查海遗址于1982年第二次全国文物普查时发现，遗址现存1万多平方米，从1986～1994年先后发掘了7次，已发掘面积近7800平方米。在遗址的地层、房址、窖穴、祭祀坑、壕沟等遗迹内，出土了大量的陶器、石器、玉器、动物遗骨和植物碳化物，数量众多的遗物反映了查海先民农业定居聚落的生产、生活状况。通过这些分析可知，在农业生产、磨制石器、陶器等

①资料来源：中国人民解放军军事科学院《马克思恩格斯军事文集》第2卷，战士出版社，1981年，第413页。

新石器文化诸要素中，农业是其核心。只有农业的发展，才能促进磨制石器和陶器的发展；只有农业发达的新石器文化，其磨制石器和陶器才比较发达。反之，凡是农业经济不发达而渔猎和采集经济比较发达的新石器文化，其磨制石器和陶器都不发达①。查海聚落先民从事农业生产，磨制各种石器，烧制陶器，制作使用玉器，饲养家畜，是当时社会生产力的集中体现和先民集体智慧的结晶。

一、陶器概述

陶器是新石器时代人们一项伟大的发明，也是人类创造出来的第一个自然界中没有的东西，是新石器时代人们生产最多的物品，陶器的制造和使用改变了人们的生活，促进了社会的发展进步。查海聚落属于新石器时代农耕定居部落，出土了大量的陶器，主要出土于房址内两圈柱子之间，多数房址的陶器都集中放在房屋内的西北部，按原样保留放置在原先的地面上，有的正置，有的倒置，有的小陶器放在大陶器里，都已压碎成陶片堆。这也似乎在向今天的人们表达某种信息，当年查海人似乎突然发生了什么大的变故而离开，匆忙得没来得及带走这些宝贵的陶器，让这些带有精美纹饰隐含他们巨大信息的陶器静静地埋藏等待了8000年（彩图十二）。

（一）陶器数量和出土位置

查海遗址出土的陶器遗物数量众多，根据统计，7次发掘共出土陶器9278件，其中完整陶器、可复原陶器及残器共计1177件，陶片个体共计

①资料来源：张之恒《中国新石器时代考古》，南京大学出版社，2004年，第15页。

8101 件。这些陶器都出土在地层和遗迹内（图 3－11）①。

（1）地层（聚落遗迹外的土层）：出土陶器及标本共计 149 件，陶片个体共计 2604 片。

（2）房址内（居住面和堆积层）：出土陶器 965 件，陶片个体共计 5272 件。

（3）房址间空地堆积：出土陶器 14 件，陶片个体共计 52 件。

（4）窖穴：出土陶器 26 件，陶片个体共计 149 件。

（5）墓葬：出土陶器 11 件，陶片个体共计 17 件。

（6）壕沟：出土陶器 5 件，陶片个体共计 7 件。

（7）采集：采集陶器共计 7 件。

图 3－11　F30 陶器出土情况（东南—西北）

①资料来源：辽宁省文物考古研究所《查海新石器时代聚落遗址发掘报告（中）》，文物出版社，2012 年，第 558 页。

（二）陶器的种类

查海遗址出土的陶器，数量很多，但是陶器类型少，仅有罐、钵、杯和纺轮4大类。陶器是大型的多，小型的少。总的来说，查海遗址出土的陶器数量较大，但是种类单一。根据陶器用途不同，这些陶器可分为生活用具和生产工具两类。

（1）生活用具。这些陶器依类型学划分形式标准，根据陶器的口沿、腹部、纹带和纹饰的变化不同将生活用陶器分为罐、钵和杯3类。

陶罐，共计1014件，分为三类型：A型斜腹罐，共计118件；B型直腹罐，共计788件；C型鼓腹罐，共计108件（彩图十一）。

陶钵（碗），共计77件，根据腹部的不同分为四类型：A型直腹钵，共计5件；B型弧腹钵，共计20件；C型折腹钵，共计25件；D型鼓腹钵，共计6件。另有残陶钵21件。

陶杯，共计30件。根据腹部不同分为三类型：A型斜腹杯，共计11件；B型直腹杯，共计8件；C型弧腹杯，7件。另有残陶杯4件（彩图十四）。

（2）生产工具。陶制的生产工具只有纺轮一种，共计有56件，按选材和制作工艺不同可分为两类（彩图十三）。

A型圆片状，共计52件，是采用陶器的残片制作而成，做工简陋，有的中间已穿孔，有的孔还未穿透，有的还未穿孔。这种采用陶器残片做成纺轮的方法，一是残陶片就地取材方便，制作容易，二是可以废物利用，体现了节约意识。

B型圆珠状，共计4件，是用火烧制而成，为夹砂红褐陶，截面为椭圆形，中间有透孔。

（三）陶器制作工艺

查海遗址出土的陶器数量众多，均为泥质夹砂陶，以粗砂较多，细砂少，因烧制时的火候不同而深浅颜色不同，分为红褐陶和灰褐陶两大类。红褐陶烧制时火候较低，质地较疏松，器表易磨损，个别因烧制时口沿处的温度较高而呈灰色，此类陶器共计705件，陶片单体5642片。灰褐陶烧制时火候高于红褐陶，质地较红褐陶坚硬，颜色由底部红褐色向口沿渐变为灰色，此类陶器共计472件，陶片单体2459片。

关于查海陶器制作方法的探讨。

（1）泥条盘接法、泥饼套接法和捏塑法①。查海发掘报告认为，陶器均为手工制作，制陶方法为泥条盘接法、泥饼套接法和捏塑法，这种方法是人类早期制陶中应用的较简单原始的方法。但从查海出土的各种陶器的形制规范，比例协调，纹饰精美，制作工艺成熟等诸多因素来看，查海陶器制作工艺绝非是处于人类初期的简单为制作一个能够使用的陶制容器那样简单。

（2）轮制法。查海这些陶器造型简洁、古朴、大方，形制标准规范，纹饰富于对比变化，毫无粗制滥造之处，时至今日仍可称为是新石器时代陶器的精品之作，可见查海制陶人已经熟练地掌握了当地泥土的特征，已有选土、拌砂料、和泥、制胎、晾干、烧制等一系列的制陶工艺流程，可知应是有了专门的制陶匠人，有了制造陶器的专门社会分工。

查海时代的农耕定居生活，人与人的劳动经验、知识技能得到交流加强，大大地提高了生产效率，促进了生产力的发展。遗址大量的制作规范精美的陶器表明查海人已经掌握了新的制陶工艺，那就是轮制技术，因为查海遗址所有的陶器都没有泥条盘接方法制作的痕迹，陶器口沿为标准圆形，器身薄厚均匀，器底或平或凹，整个陶器整体造型匀称协调，只有轮制制陶才能做出如此规范标准的陶器。

查海遗址出土了一些圆饼形石器，中间的孔洞四周被磨得光滑细腻，通

①资料来源：辽宁省文物考古研究所《查海新石器时代聚落遗址发掘报告（中）》，文物出版社，2012年，第559页。

过研究可知这是一种轮轴器械的主要部件，只有经长期的被作为转轴使用，中间的孔洞才会被磨得如此光滑。查海遗址出土了56件纺轮，还有大量的玛瑙和树化石钻头，可知先民已经对旋转、惯性等原理有了深刻的认识和掌握。再有从遗址出土的大量规范标准钻孔的陶器、石器和玉器来看，其工艺非简单，直接的手工能完成，查海人应是已经熟练地掌握了轮轴旋转等技术。这方面将在后面玉器制作工艺方面进行详细的研究。

（四）陶器的纹饰①

查海遗址出土的完整陶器、可修复陶器和陶器残片共计9278件，可分为素面陶器和施纹陶器两大类，并以此划分陶器的纹饰包括素面纹共计16种：窝点纹、斜线纹、“人”字纹、弦纹、交叉纹、贴塑纹、短线纹、网格纹、菱格纹、席纹、“之”字纹、附加堆纹带、针枝叶纹、几何纹、指压纹（图3－12）。

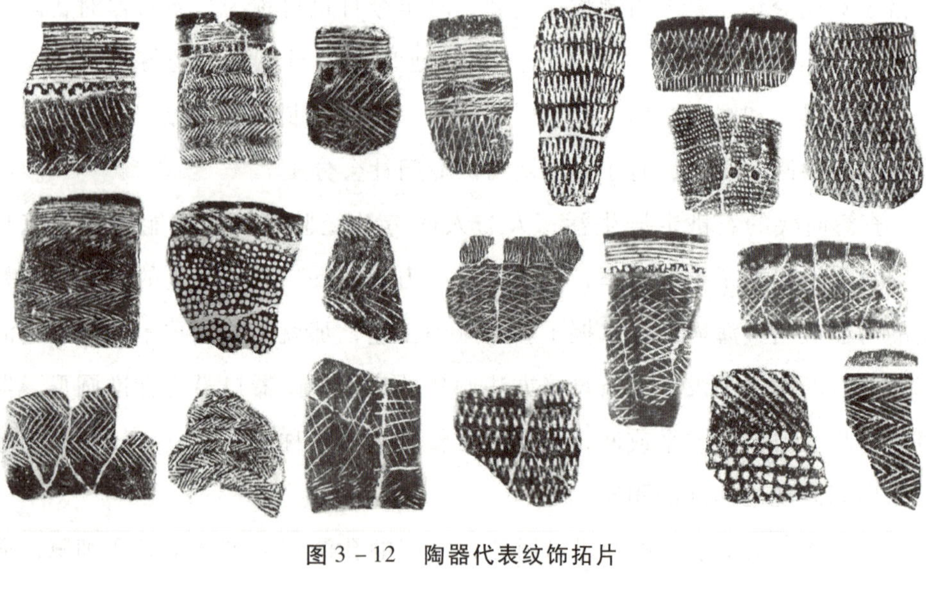

图3－12　陶器代表纹饰拓片

①资料来源：辽宁省文物考古研究所《查海新石器时代聚落遗址发掘报告（中）》，文物出版社，2012年，第576～605页。

查海陶器表面的施纹方法，主要为压划、压印、草划、指压、戳压、附贴、贴塑等方法，而且陶器施纹手法娴熟，纹饰有序规整，富于对比变化，美观实用。

（1）素面陶器，约占陶器总数的13.2%，主要是聚落早期制作的陶器，颜色以红褐色为主。素面陶器又分为两类：

一类是纯素面陶，即陶器表面从口沿到器底没有纹饰。

一类是素身陶器，陶器口沿部有圈纹饰，器身是素面没有纹饰。

（2）施纹陶器，又可分为单一施纹陶器和复合施纹陶器两类。

单一施纹陶器。这种陶器约占陶器总数的8.6%，以早、中期的红褐色陶器为主。早期纹饰主要为窝点纹，中期为左斜线纹、网格纹、弦纹、交叉纹、“人”字纹，晚期则主要流行的是“之”字纹。

复合施纹陶器。这种陶器数量较多，占陶器总数的78.2%，以直腹罐为多，器身以不同的纹带分隔而形成颈、带、腹三部分，纹饰富于对比，变化多样，美观实用，给人一种赏心悦目之感，让人赞叹。

（五）陶器纹饰的特征

（1）陶器纹饰的“之”字纹、几何纹、附加堆纹带是查海遗址出土陶器的典型纹饰。

（2）陶器纹饰的种类众多，达到16种之多。

（3）陶器附加堆纹带是查海遗址早、中、晚期陶器的典型装饰纹饰之一，不仅起到加固陶器的作用，而且这种带面上施有纹饰的附加堆纹带还增加了陶器整体的美感效果。

（4）陶器“之”字纹是中期偏晚到晚期陶器的主要纹饰，主要用在直腹罐之上，到了晚期的“之”字纹非常规整。

（5）陶器几何纹饰仅出现在复合施纹陶器的表面，以鼓腹罐居多，中期开始出现，晚期盛行。特点是压印、压划的直线与斜线、斜线与斜线、横线与竖线相互逆向错施和间隔连线方式，构成各种各样的几何图案。

（6）复合施纹陶器全身施纹，纹饰精美，且富于对比变化，质朴大气，线中有形，形中有律，简洁的线条中透着熟练韵律的美感，引人注目。

（7）陶器的施纹手法娴熟，是有专门制陶的社会分工，应是有审美水平很高的专业熟练的制陶匠人。

（8）陶器的纹饰是由纯素面陶—素身陶—单一施纹陶—复合施纹陶发展的，这是划分查海聚落发展早、中、晚期的根本标准，是与查海社会发展进程相适应的。

二、石器概述①

根据已经发掘的查海遗址聚落考古资料证实，8000 年前在这块土地上，良好的生态环境和气候条件使查海原始农耕经济已经出现并逐渐繁荣。查海遗址出土了大量的石器，这些石器主要在房址内出土，每座房址都出土了数量不等的石器，而且石器的种类比较齐全，似乎是每家准备的生产工具，就像陶器的摆放位置一样随意地放在室内四壁周边。组合使用的石磨盘和石磨棒完整地保存在原处，这些石器随意地摆放在原先的位置上，就像陶器一样，似乎人们刚刚离去，还没有归来，和陶器一样也在隐藏着查海聚落当年废弃的秘密。是什么突然的巨大变故让人们没有来得及带走这些必要的生产工具和生活用具？对于查海时代当时的生产力水平来说，生产制作这些工具非常不容易，为什么没有带走，或是没有返回来取走？是战争、天灾还是疾病？这些猜想在遗址发掘过程中都未发现蛛丝马迹，成为今天我们一个非常

①资料来源：辽宁省文物考古研究所《查海新石器时代聚落遗址发掘报告（中）》，文物出版社，2012 年，第 605 ~611 页。

值得探究的课题。此外，在遗址的窖穴、墓葬、壕沟中也出土了少量的石器。

查海遗址大量石器、陶器、窖穴的出土表明查海已经进入到原始锄（铲）耕阶段，原始农业已经是重要的产业。查海先民春天开荒用石斧将杂草树木砍掉，用石铲翻土播种粟（谷子），夏天用石铲锄草，秋天用石刀收割，将这些收获的粮食用陶罐盛装或窖穴存储。农闲和冬天时他们用磨盘、磨棒加工粮食，用陶罐炊煮食用，真正是农业生产的春种，夏锄，秋收，冬储，查海先民已进入到农业生产性经济为主，渔猎、采集等攫取性经济为辅的农业发展繁荣阶段。

（一）石器种类和数量

查海遗址共计出土石制品 2411 件，出土的石器与农业生产、加工有关的工具经统计共计 840 件，占石器总数的 34.8%。与农业、采集加工有关的磨盘共计 139 件，磨棒共计 170 件，分别占石器总数的 5.8%、7.1%。查海遗址出土的石制品主要分为大型石器和细石器。

查海遗址出土的大型石器为多数，共计 2136 件，按照石器的器型和在生产、生活中的功能及用途，可分为砍挖工具、加工工具、敲砸器和其他用途工具（图 3－13）。

1.砍挖工具的种类和数量

石铲，共计 349 件，是查海遗址最具特色的典型石器，数量多，通体打制，多种样式。如双孔圆盘状石铲上有左右对称的大小规范的圆或椭圆形的对钻双孔，除此之外的都为束腰石铲，因束腰程度不同显现出不同特点，又可分为不同的几类。石铲的刃部有明显的使用痕迹，有的已经断裂（彩图十七）。

石斧，共计 146 件，分为磨制和打制两种。大小不一，通体磨光，刃部弧形，较锋利，有的刃部和顶端有明显的使用崩痕，石斧可分为扁圆宽体、窄体和扁平长体3种类型。

石凿，共计22件，通体磨光，制作得比较精美，器型较小，扁平，偏锋，刃部锋利。依据形制分为窄扁平体和宽扁平体两种。

石刀，共计36件，打制和磨制，多数为石斧和石铲残器二次加工制作，刃部使用痕迹明显。形制可分为长椭圆形扁薄弧形、弧背直刃、直背弧刃和有型自然薄石片型4种（彩图十八）。

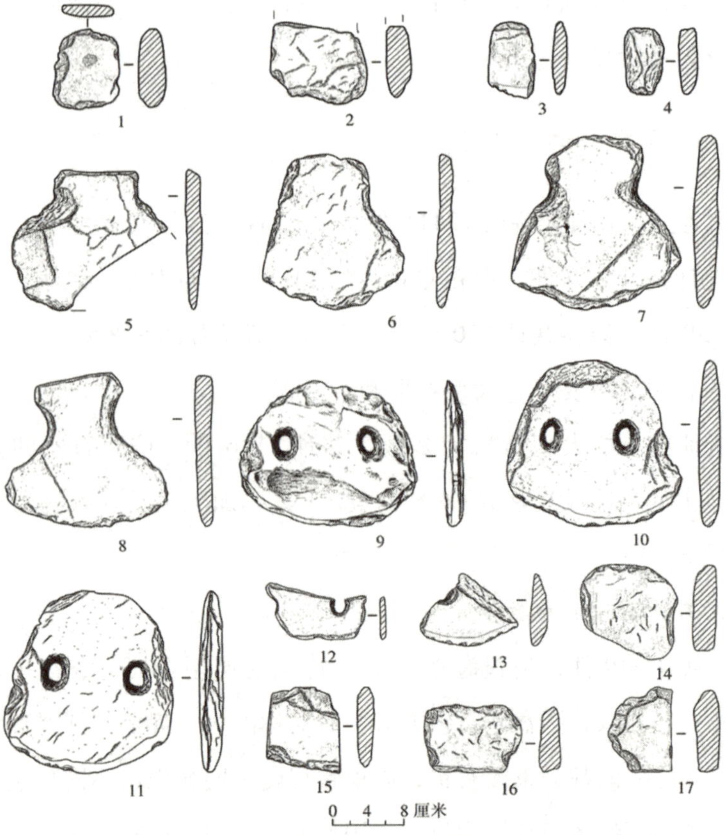

1～4. 石斧残段；5～8. 石铲；9～11. 双孔石铲；12～17. 石铲残片

图3－13　F33出土的石器

2. 加工工具的种类和数量

石磨盘和石磨棒（图 3－14），分别为 139 件和 170 件，二者组合使用（彩图十五、十六）。磨盘琢磨而成，扁体圆角长方形，底面四周缘呈圆弧状，磨面因长时间使用下凹而呈两端上翘，依据磨面有无圆臼窝分为有圆臼窝和无圆臼窝两个类型。磨棒皆是圆柱体，因长时间使用形成 4～6 个磨面，有的磨棒是磨和杵两用，依使用后的形状分为圆柱体、方柱体、多棱体和椭圆体 4 个类型。

图 3－14　出土的 F26 磨盘、磨棒和斜腹罐

研磨器，共计 35 件，用途不一，分为圆形、椭圆形、圆角方形和圆角长方形 4 种。

砾石，共计 194 件，没有加工直接使用，使用的磨痕明显，分单磨面和双磨面两类。

沟槽器，共计 13 件，一面有 1 ~ 3 条凹槽，有的一端有系孔，用途不明。

3. 敲砸器

敲砸器，共计 562 件，是数量最多的石器，打制而成，使用棱角敲击，直接使用。

4. 其他的大型石器

饼形石器，共计 61 件，分为有孔和无孔饼形器两类。

石球 32 件，大石坠 3 件，有窝石器 10 件，尖状器 7 件，石钻 6 件，石环 2 件，条形器 2 件，石块和石片 347 件。

5. 细石器

查海遗址共出土细石器 275 件，这是我国北方较为流行的一种细石器文化，查海遗址是较为重要的文化遗址之一。查海遗址细石器石料的选择多为沉积岩、燧石、玛瑙（彩图二十三），均压削、打制，台面、打击点、疤痕、波状线、放射线清晰。查海细石器主要有石核 33 件，石叶 95 件，刮削器 139 件，小尖状器 7 件，石镞 1 件。

（二）石料材质、制作方法和来源

新石器时代石器的制作和使用体现了当时的生产力发展水平，同时也能反映出当时的生产关系。查海遗址出土石器的石料主要是比较坚硬的花岗岩、玄武岩、石英岩、页岩、油质岩、石灰岩等，不同的石器采用不同的岩石，可见查海人已经掌握了不同岩石的物理特征，有选择地选取不同的岩石制造不同的石器。查海人根据不同岩石的特性，对不同石器的制作会选用不同的且又合适的石料，有针对性地采用不同的制作方法。查海人制作石器的方法基本上是打、压、琢、磨和有选择地直接使用自然石块，有的石器上为方便使用还带有钻孔，这种钻孔技术熟练，系采用专业的钻孔工具从两侧对钻而成。

1. 查海各种石器的石料和制作方法

铲形石器：制作的石料为灰色页岩、黑灰色页岩、绿色细砂岩、浅红褐色花岗岩等。制作方法为通体打制，有的还采用对钻技术钻有标准的圆形或椭圆形左右对称的双孔，不同形制的束腰石铲都薄厚均匀，柄、肩和身左右对称，美观实用。

石斧：制作的石料为灰色页岩、灰白色花岗岩等。制作方法为打制和磨制两种，打制石斧有的虽周身经过简单磨制，但留有打制留下的凹痕，刃部磨制得十分锋利；磨制的石斧通体磨光，有的侧面有平棱。石斧虽大小不一，但尺寸大小匀称，弧形刃部磨制得都非常锋利，有的刃部和顶部有较大的使用崩痕。

石凿：制作的石料为黑灰色油质岩、浅灰色泥质页岩、细壁角斑质页岩等。制作方法均为磨制，通体磨光，器身较石斧窄、扁、长、小，刃部磨制得比较锋利，一般侧面隐现平棱，顶部和刃部使用痕迹明显。

臼磨盘和石磨棒：磨盘器型较大，磨棒较长，石料均选用的是浅黄色的花岗岩。磨盘的制作一种是经磨制而成，选取长方形扁体石料，将宽边两侧磨成圆弧，底面四周缘呈圆弧状，磨面两端上翘；另一种是采用天然的近长方形石板，在一面磨平使用。磨棒为磨制的长圆柱体、短圆柱体、长方柱体、长多棱柱体、椭圆体等。

细石器：细石器选料多为玛瑙、燧石、沉积岩，由石核经过打制、压制、压削、点打击等制作方法剥落石叶等的细石器，石叶剥落后留下清晰的波状线、放射线等（图 3－15）。

2. 关于查海遗址制作各种石器的石料来源

通过对查海遗址周边的调查已得到了结论，有一部分是采自遗址附近山间的花岗岩、石英岩、玛瑙等，还有采自河滩的石英岩、砾石等石材。制作

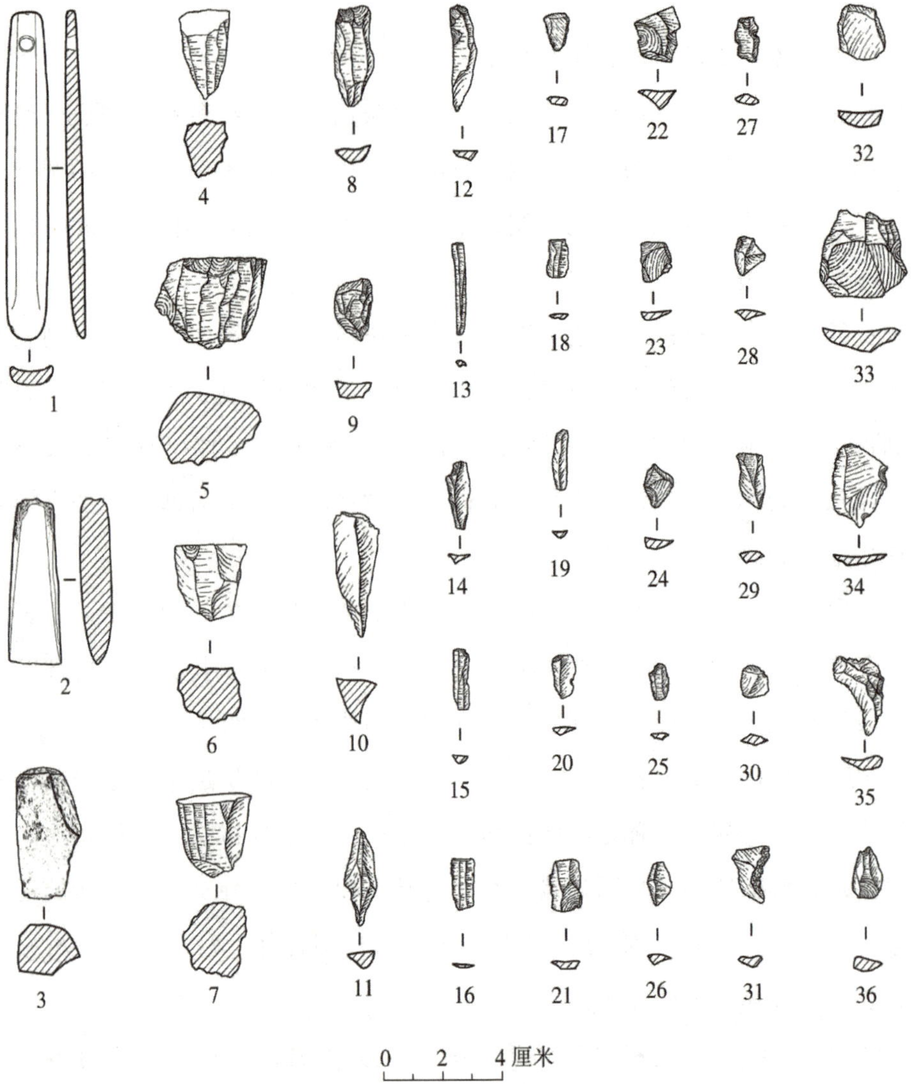

1. 玉匕；2. 玉凿；3. 石料；4～7. 石核；8、10～12、17. 小尖状器；9、13～16、18、19. 刮削器；20～36. 石叶

图 3－15　F46 出土的玉器、细石器

大型石铲的石料为灰色页岩、黑灰色页岩、绿色细砂岩、浅红褐色花岗岩等，是查海先民采自查海遗址东南的沙拉勿朿山和西南的海棠山，这里出产

大量的此类片状石料页岩，易于制作此类石质工具，查海先民顺着查海聚落东边和西边向南流淌的河流形成的河谷很容易就能到达这里采集石料制作石器（第一章关于查海文化的传播已做论述）。

三、玉器概述①

中国人是崇玉尚玉的民族，绵延不断的玉文化是中国文明的标志，从8000年前查海文化就可见渊源。查海遗址经7次发掘，已经出土了玉器44件，这些珍贵的玉器分别出土于不同的遗迹内，出土地点比较分散，没有发现玉器加工地点和玉料废弃物。

（一）玉器出土的位置、数量

玉器的出土位置是研究玉器的基本条件之一，查海遗址玉器出土的位置为：

（1）房址内共计出土玉器21件。房址内出土玉斧5件，分别出土于F17、F18、F27、F36、F38；玉凿3件，分别出土于F14、F20、F46；玉玦1件，出土于F43；玉匕5件，分别出土于F16、F43、F46、F54（两件）；玉管4件，出土于F36、F41（两件）、F43；玉料1件，出土于F46；玉器残片2件，标本出土于F11和F50。

（2）文化堆积层出土玉器11件。其中玉斧1件，玉凿1件，玉玦4件，玉匕2件，小玉环1件，玉管2件。

（3）居室墓出土玉器8件。其中玉匕6件，都出土于F7M；玉玦2件，都出土于F43M。

①资料来源：辽宁省文物考古研究所《查海新石器时代聚落遗址发掘报告（中）》，文物出版社，2012年，第615～624页。

（4）祭祀坑出土玉器1件。为1件玉凿，出土于H34。

（5）采集玉器3件。分别为玉斧1件，玉凿2件。

查海遗址共计出土玉器44件，其中玉斧7件，玉玦7件，玉凿7件，玉匕13件，玉管6件，小玉环1件，玉料1件，玉器残片2件。

（二）玉器的玉质鉴定

界定玉质，是研究玉器起源的前提和基础，1989年，查海玉器经中国地质科学院地质研究所鉴定，得到了举世瞩目的结论①："迄今，全世界已知最早的真玉器，系出土自我国早期新石器时代遗址之一，公元前第6个千纪年的辽宁阜新查海。共出土8件玉器，经研究全是真玉，其中7件（4件玦，1件管状玦，2件匕）是透闪石软玉，另外1件凿是阳起石软玉。以上8件全是真玉，而且明显地出自不只一块玉料，说明查海玉人鉴别玉料已达到相当高的水平，已经脱离了用玉初期真假玉混杂鉴别不清的阶段。"

查海玉器的玉料是软玉，即"真玉"，可见查海人识别真玉之早，能力之强，因此，距今约8000年的查海玉器被称为"世界第一真玉"。

（三）玉器的基本功用

查海遗址出土的这些玉器的基本功用，根据其基本造型可划分为3类：

（1）生产工具，有玉斧、玉凿。软玉质地坚硬，磨氏硬度为6～6.5，所以用它制成玉斧、玉凿等坚硬实用的工具，在它们的上端顶部及刃口均留有不同程度的崩痕，有的刃口还残缺，可见是一种经常使用的实用工具。

（2）装饰品，有玉玦、玉管、小玉环。在43号房址居室墓内出土了一对玉玦，从出土位置看应是在死者头部两侧，综合其他遗址玉玦的出土地

①资料来源：闻广《中国古玉的研究》，《建材地质》，1990年第2期，第7页。

点，分析玉玦是一种耳饰。玉质本身温润光泽，颜色美丽，惹人喜爱，人们因为审美而佩戴，或佩戴做以身份等级的标志。玉管和小玉环则是用绳穿串，佩戴在身体的某一部位，如脖颈、手腕或脚腕等处。

（3）特殊用途，主要是玉匕。出土的13件玉器，其中有6件分3对在7号房址小孩居室墓内出土，分别位于死者颈、腰和脚部，分析有可能是作为一种佩饰而佩戴，也可能是一种随葬品。

四、动物和植物遗存

辽宁省文物考古研究所于1986年对查海遗址进行了试掘，这是查海遗址的第一次发掘。1987年、1988年和1990年，查海遗址进行了3次正式发掘，这3次发掘揭露的遗迹主要有房址13座，灰坑7个，小孩居室墓葬1座。1992年、1993年和1994年，辽宁省考古研究所对查海遗址又进行了3次发掘，发掘的遗迹主要有房址42座，窖穴（不包括室内窖穴）与灰坑34个，室内墓葬4座，聚落居住区中心墓地1处（包括墓葬10座）和大型“龙形堆石”1处。

查海遗址经过先后7次发掘，已发掘面积近7800平方米，在遗址的地层、房址、窖穴、祭祀坑、壕沟等遗迹内，出土了大量的陶器、石器、玉器、动物遗骨和植物碳化物，数量众多的遗物反映了查海先民农业定居聚落的生产、生活状况。这里仅以查海遗址1992年、1993年和1994年考古发掘出土的动物和植物遗存进行分析鉴定。

（一）动物遗存与鉴定①

山东大学东方考古研究中心和辽宁省文物考古研究所对查海遗址动物遗存部分标本进行了整理和鉴定，标本主要是1992年、1993年和1994年3次发掘所获得的动物遗存。全部标本900件，全是哺乳动物遗存，其中可鉴定标本759件，主要是通过动物牙齿和残碎骨骼来鉴定动物的种属，已经鉴定出的动物种属有猪、鹿、马和牛等，代表了至少11个不同年龄段的动物个体。

（1）猪科，猪属，共计482件标本，主要是在房址、墓葬、灰坑和地层中发现的大量牙齿和碎骨残块。鉴定的标本多为房址内出土的大量猪左侧下颌、犬齿、门齿、趾骨和头骨残块，至少代表了8个个体（图3－16）。

图3－16　F36出土的猪牙齿

①资料来源：辽宁省文物考古研究所《查海新石器时代聚落遗址发掘报告（中）》，文物出版社，2012年，第625页。

（2）牛科，只有一件下颌臼齿残块，出自F6，代表了一个个体。

（3）鹿科，共计264件，主要出自房址、墓葬和地层中，大量的牙齿和碎骨残块，但因没有发现典型特征的角或犬齿，所以不能明确属种。

（4）马科，仅在F1发现一块左侧下颌，能够代表一个个体。

（5）其他，不明种属的哺乳动物骨骼残块141件，有的表面或通体被火烧过。

根据对查海遗址出土动物遗骨数量最多和频率最高的482件猪骨的鉴定与分析，死亡的猪是以成年猪为主，2岁以上的约占一半，1～2岁的约占一半，未见1岁以下的幼年个体，从死亡的年龄结构上看，查海遗址出土的猪骨以成年猪为主。从房址出土的大量猪骨看，猪应是查海人主要的肉食来源，作为祭祀用的灰坑内也出土了大量火烧过的猪骨，猪在宗教祭祀时应是有特定意义的祭祀品。总之，查海人在生活中与猪的关系密切，又表现出特殊性，综合各因素分析，此时的猪应是经人工饲养的家猪，不仅是先民主要的肉食来源，还是宗教祭祀的主要祭品之一。

（二）植物遗存与鉴定①

2010年，山东大学第四纪环境与考古实验室对查海遗址1993年发掘采集的碳化植物标本进行了种属鉴定和分析，这些标本包括木炭、碳化种子、果实。此次对查海遗址碳化植物的鉴定与分析，为研究遗址的植被环境和人类植物种植的方式提供了重要的科学实验证据。

（1）木炭标本，分别采自F26、F32、F34和T0511等4个单位。鉴定结果发现4份样品一共发现了8种阔叶树种，主要为麻栎属、榆树属、桦木属、朴树属和3种未知阔叶树（图3－17）。

①资料来源：辽宁省文物考古研究所《查海新石器时代聚落遗址发掘报告（中）》，文物出版社，2012年，第630页。

图 3－17　F26 出土的碳化杏核

图 3－18　F49 出土的狗尾草细部

（2）种子和果实标本，分别为 F16 的一粒碳化果实、F49 的一个土样和若干碳化果实。鉴定结果发现了 10 种植物的果实和种子，有山杏内果皮及种子、榛子的果壳、豆科种子、禾本科大狗尾草、狗尾草（图 3－18）和马唐属的颖果等，另有未知种类的果实和种子。

通过查海遗址及其周围考古出土的植物遗存、木炭、种子和果实分析结果显示，距今 7000 年前后，聚落周围普遍生长着包括麻栎属、桦木属、杨属、榆树属、朴树属在内的阔叶树属，反映出 7000aB. P. 年后比现在更加温暖湿润，中国全新世气候变迁研究也显示了类似的趋势，查海时代的生业方式已出现植物栽培和动物驯化①。根据已经发掘的查海遗址聚落考古资料证实，8000 年前在这块土地上，良好的生态环境和气候条件使查海原始农耕经济已经出现并逐渐繁荣。

五、遗址年代测定

查海遗址属于我国北方辽河流域一处典型的新石器时代聚落遗址，8000 年来，遗址没有受到外来的扰乱，房址、窖穴等各种遗迹都保存完好，出土了石器、陶器等大量的生产和生活遗物。按照房址叠压层次、陶器纹饰等，根据房址之间相互打破关系，房址内堆积层与活动面之间的相互叠压关系，所含陶器的特征分析，将聚落房址划分为早、中、晚三期。查海遗址对发掘出土的碳化物标本一共进行了 3 次碳 14 年代测定②：

第一次，对晚期 1 号房址木炭标本的测定。1987 年，中国地质科学院考

①资料来源：王育茜、吴文婉、辛岩《辽宁阜新查海遗址碳化植物遗存研究》，《北方文物》，2012 年第 4 期，第 17 页。

②资料来源：辽宁省文物考古研究所《查海新石器时代聚落遗址发掘报告（中）》，文物出版社，2012 年，第 654～655 页。

古研究所技术室对查海1号房址所采集的木炭进行了测定，确定了遗址的年代距今（6925±95年），经树轮校正为距今7600年，即公元前5600年。

第二次，根据北京大学考古系年代测定报告书，编号BA93001，再次确定年代距今（7360±150年），即公元前（5367±195）年。

第三次，2011年11月，北京大学加速质谱实验室、第四纪年代测定实验室进行了加速质谱（AMS）碳14测试，鉴定了房址内出土的炭块标本。

一次是对1993年发掘的26号早期房址木炭标本的测定，样品编号BA110725，第26号房址炭块测定后距今（6925±35）年，加树轮校正后年代为5890aB. C.，即是公元前5890年，就是距今（1950年）约7890年。

二是对1993年发掘的32号中期房址两份木炭标本的测定，样品编号分别为BA110726和BA110727，测定分别距今为（6785±35）年和（6820±40）年，加树轮校正后年代为5730aB. C.，即是公元前5730年，就是距今（1950年）约7730年。

据此，查海遗址通过对早期26号房址木炭标本的碳14年代测定，并加树轮年代校正，最远年代距今（1950年）约7890年，所以被称为8000年查海文化。

第三节　查海聚落的形态特征

聚落是最早人类聚居和生活的场所，是人类有意识开发利用和改造自然而创造出来的生存聚居地的总称。查海遗址经过7次发掘，已经清楚地知道了查海聚落的布局，聚落居住址反映出当时查海先民过着长期稳定的定居生活，从事着原始的农业生产，熟练掌握了石器加工、陶器制作等原始手工业技术，已经有了社会分工，出现了专门的手工业者。采集、狩猎仍然是查海先民生活中不可缺少的重要组成部分。从聚落中心区的龙形堆石、墓葬和最大型房址可知，这里是聚落组织最高首领的居室，是供氏族部落先民们在这里集会、议事、祭祀、庆祝等使用的，这也再现出了一幅 8000 年前查海人繁荣的原始聚落生活景象。

一、查海聚落的基本形态

（一）查海聚落规模较大，存续时间较长

查海遗址是一处新石器时代氏族社会时期的文化遗址，人们以血缘关系组成比较固定的社会群体成为查海氏族聚落。查海聚落居住区面积现存 12000 多平方米，先后经过 7 次发掘，已经发掘揭露出大、中、小型房址 55 座。聚落中面积 100 平方米以上的特大型房址共计 2 座，分别是 F9 为 107 平方米，内有 4 个室内窖穴，最大的 46 号房址面积为 157.32 平方米。聚落内发现的室内和室外窖穴共计 60 个。“中心”墓地共清理出居址墓葬 10 座，还在 6 座房址内清理出居室墓葬 6 座。聚落中心墓地上方摆塑有一条 19.7 米长的龙形堆石。查海聚落外围挖有壕沟，房址规模较大，以居住建筑房址为中心的聚落布局及功能完善。

根据查海聚落 55 座房址之间的相互打破关系，加之房址内堆积层与活动面之间的相互叠压关系，所含陶器的特征分析，将聚落房址划分为早、中、晚三期，其中早期 5 座，中期 15 座，晚期 35 座。聚落早期房址主要集中在居住区的西北部，中部也有零星发现。中期的房址主要集中在聚落居住区的中部，并发现有二期房址打破一期房址的现象。晚期房址主要集中在聚

落东南部，并发现有三期房址打破二期房址的现象。以上这些现象说明，查海聚落的形成最早是从西北向东南随着漫坡台地逐渐扩大完善的，存续时间较长，大体经过了早、中、晚3个发展阶段。经过7次发掘，我们已经理清了聚落房址的分期情况，最终呈现出今天我们通过发掘所看到的聚落布局情况。

根据查海聚落陶器的演变规律，依类型学、器型学可将聚落出土的陶器分为早、中、晚3期，其中较为典型的就是依据陶器纹饰将查海聚落分为早、中、晚3期①。早期陶器是以斜腹罐为主的素面陶器，还包括一些只在器口施有附加堆纹带的陶器，这些堆纹带面为斜线纹，少有窝点纹；中期是以直腹罐为主，陶器纹饰有交叉纹、窝点纹、短斜线纹、弦纹、附加堆纹带等，纹饰一般以复合施纹表现，少见贴附乳丁、錾耳等装饰，但有贴塑蟾蜍、类龙纹等形式；晚期主要是直腹罐和鼓腹罐，且以大量的鼓腹罐为主，同时在晚期出现了大量的陶杯，这时期纹饰规范多见“之”字纹、短斜线纹、菱格纹、几何纹等，且均以复合施纹形式为主，陶器的制作更加精致美观。

从查海聚落中心墓地出土的陶器和叠压打破关系来看，此墓地属于早、中期阶段，并一直延续到晚期。墓地西北侧属于早期房址，南侧属于晚期房址，从打破关系看（M2→M1，M3→M4，M9→M7，M6→M10），M1早于M2，M4稍早于M3，M7早于M9，M10稍早于M6。这是因为从M2出土的2件夹砂红褐陶罐来看，应属于中期，从M2打破M1来推定，凡被打破的M1、M4、M7、M10、M8可划定为早期，M2、M3、M6、M9可划定为中期。该墓地的出现应是在早、中期，并一直延续到晚期②。

查海遗址截至目前已经发掘了7次，遗址的全貌尚未全部揭露出来，仅

①资料来源：辽宁省文物考古研究所《查海新石器时代聚落遗址发掘报告（中）》，文物出版社，2012年，第652页。

②资料来源：辽宁省文物考古研究所《查海新石器时代聚落遗址发掘报告（中）》，文物出版社，2012年，第655页。

在东北角发现并清理出两段交叉会合的外围壕沟，壕沟编号为G1和G2，壕沟是遗址布局的重要组成部分，也是确定一个遗址范围的重要依据，明确了查海遗址东北角的界限。根据壕沟G1东段打破了早期房址F50的关系，对比房址早、中、晚的分期，分析聚落的外围壕沟应是早期以后的遗迹。

（二）查海聚落总体布局严整合理，是有一定规划性的中心聚落

人们聚族而居，结束了风雨中的漂泊，较为稳定的定居生活出现了村落。村落在发展中逐渐有了一定的布局，真正意义的聚落出现了，这与农耕文化的成熟有着密切关系。人类在自己营造的聚落中创造出灿烂的居住文化，也为文明的形成发展打下了坚实的根基。

查海人选择的聚落定居地不仅充分考虑到依山傍水，地势平缓，地理位置和自然资源优越的地理环境，同时在聚落的营建过程中也有着一定的规划设计，已经发展到了一个比较完善的形式。查海聚落由壕沟、房址、窖穴、墓地、祭祀址等组成，从早期的房址到晚期的房址营建得井然有序。查海聚落的房址排列十分密集，基本东西成排、南北成行建造，附近一般都建造有储藏食物的窖穴。每座房址内都有配套的生活用品和生产工具，排列有序，表现出每个生活、生产单元的相对独立性。查海人的家庭形态可能还是对偶制家庭，它表明以血缘为基础的群体氏族的形成，在聚落内明确表现出了家庭的本体社会结构。

查海聚落是人类有意识的开发利用和改造自然而创造出来的生存环境，这种宜居环境聚落的区位优势，其中蕴含着查海先民的人居智慧，不仅有明显的时代特征，也有显著的北方色彩。查海聚落作为人类适应、利用自然的产物，是人类文明的结晶，非常值得我们进行深入挖掘、弘扬和保护。

（三）构成查海聚落的遗迹丰富，出土遗物众多

查海聚落它不仅是房屋建筑的集合体，经过7次发掘还揭露出了壕沟、

窖穴、墓地、龙形堆石等众多遗迹，这些是与农耕定居生活紧密联系的必要生活设施和生产设施，为我们了解查海聚落布局，还原查海先民聚落生产、生活提供了第一手考古学实物资料。查海聚落还出土了大量的石器、陶器、玉器、植物碳化物和动物遗骨等实物资料，但是数量多，类型却较少。

查海聚落出土的石器共2411件，与农业生产、加工有关的工具经统计共计840件，占石器总数的34.8%，其中铲形器最多，是查海遗址中最典型的石器。出土有石铲349件，石斧146件，石刀36件，分别占石器总数的14.5%、6.1%、1.5%。与农业、采集加工有关的磨盘共计139件，磨棒共计170件，分别占石器总数的5.8%、7.1%。

查海遗址出土陶器的总数为9278件，其中完整陶器、复原陶器及残器共计1177件，大型器多，小型器少，器形主要有罐、钵、杯、纺轮4类，其中罐为大宗，占陶器群的86.2%，钵和杯器形小，数量少，陶钵占陶器群总数的6.5%，杯占陶器群总数的2.5%，纺轮占陶器群总数的4.8%。罐、钵、杯主要是生活用具，用于先民日常生活的盛水、装粮食、炊煮食物等，纺轮为纺线之用的生产工具。

查海遗址出土了玉器44件，主要有玉斧、玉锛、玉玦、玉匕、玉珠等。

查海遗址仅1992年、1993年和1994年3次考古发掘所获得的动物遗存，全部标本900件，全是哺乳动物遗存。山东大学东方考古研究中心和辽宁省文物考古研究所对其进行了鉴定，其中可鉴定标本759件，主要是动物牙齿和残碎骨骼，已经鉴定出的动物种属有猪、鹿、马和牛等，代表了至少11个不同年龄段的动物个体，其中猪属共计482件标本，鹿科共计264件标本，主要是在房址、墓葬、灰坑和地层中发现的大量牙齿和碎骨残块。另有少量的牛科、马科，其他不明种属的哺乳动物骨骼残块141件。

山东大学第四纪环境与考古实验室对查海遗址1993年发掘采集的碳化植物标本进行了种属鉴定和分析，这些标本包括木炭、碳化种子、果实。木炭标本主要为麻栎属、榆树属、桦木属、朴树属和3种未知阔叶树。通过对种子和果实标本进行鉴定，鉴定结果发现了10种植物的果实和种子，有山杏内果皮和种子、榛子的果壳、豆科种子、禾本科大狗尾草、狗尾草和马唐属的颖果等，另有未知果实和种子。此次对查海遗址碳化植物的鉴定与分析，为研究遗址的植被环境和人类植物种植的方式提供了重要的证据。

（四）查海聚落蕴含着丰富的中国优秀传统文化精髓，影响深远

目前，以查海遗址为代表的文化被称为查海文化，其内涵丰富，最主要的是包含了中国传统文化中博大精深的龙文化、玉文化和酒文化。

1. 龙文化

查海龙文化主要代表是龙纹陶片、龙形堆石和蛇衔蟾蜍陶罐的文化内涵。

龙纹陶片是查海遗址23号房址中出土的两块类龙纹陶片，一片为蜷曲的尾部，似行状，另一片为盘旋的龙体，似蟠状。这两块陶片皆为夹砂红褐陶，浮雕手法饰窝点纹为鳞状纹饰，都表现出了中国古代龙形象的基本特征。

龙形堆石在查海遗址聚落的中央显著位置，全长19.7米，头部宽约3.8米，颈部宽约2.85米，龙身宽约2.2米。龙形堆石总体上观看是头向西南，昂头张口，红褐色石块似片片龙鳞，身体呈弯弓状，往尾部渐近变细上翘，摇摆甩向东北方向，若隐若现，给人一种巨龙就要腾空飞舞的态势，龙的形象逼真，栩栩如生。这是迄今为止我国新石器时代考古发现年代最早、形体最大的龙形象，堪称“中华第一龙”。

蛇衔蟾蜍陶罐是在39号房址内出土的，陶罐虽残，但是罐身底部两侧的图案保存比较完整，近底部两侧对称有一凸起的蟾蜍纹饰，陶罐腹部两侧有浮雕的蟾蜍、蛇衔蟾蜍动物图案。一侧的单体蟾蜍雕塑成大小与真的一

样，栩栩如生。另一侧浮雕贴塑“蛇衔蟾蜍”，蟾蜍四肢展开，做扑状，蛇衔其右下肢，尾部下甩。龙为大蛇，蛇即为小龙，蛇衔蟾蜍陶罐虽残，但是罐身底部两侧的图案保存比较完整，这种饰有蟾蜍及蛇衔蛙（蟾蜍）浮雕图案的陶罐，目前在我国新石器时代的考古中尚属首次发现。

2. 玉文化

查海玉文化主要是指出土的真玉器。查海遗址发掘出土了人类加工和使用最早的真玉器，是我国博大精深玉文化重要的发源地。查海聚落内的文化堆积层、房址、居室墓、祭祀坑等遗迹内截至目前共计出土玉器 40 件，玉料 1 件，另外还采集到 3 件玉器，共计 44 件。这些玉器依造型不同，可以分为玉斧、玉凿、玉玦、玉匕、玉管、小玉环、玉器残片，另外还有玉料一块。查海玉器全部是透闪石、阳起石软玉，即真玉，这是目前全世界考古发掘发现的人类识别、制作、使用最早的真玉器，被公认为“世界第一真玉”。

3. 酒文化

查海酒文化的见证物是出土的鼓腹罐和陶杯。谷物酿酒的起源必须具备酿酒所需的社会经济基础、酿酒技术、酿酒容器、酿酒发酵的介质等物质与精神方面的综合条件，而最根本的还是要有稳定并且能够持续的经济基础作为支撑，这个稳定的经济基础就是农业的出现和发展，如果没有农业的出现，就不可能有谷物酿酒的起源，农业是谷物酿酒形成最重要的前提条件。

查海聚落具备了谷物酿酒的条件，定居生活是谷物酿酒起源的基础，繁荣的农耕经济为谷物酿酒提供了原料，发达的制陶业，为查海酒酿造和传播奠定了物质基础。查海先民在长期的农业劳动过程中发现和使用了曲糵，特别是查海遗址出土的鼓腹罐和陶杯就说明查海先民已经和酒发生了关系，可视为利用谷物酿酒起源的表现和饮酒并形成饮酒习俗的物证。查海遗址是我国谷物酿酒和酒文化的起源地，这是查海先民在长期的农业劳动过程中观察和实践的经验总结，是集体智慧的结晶。

二、查海聚落的经济形态

（一）查海聚落原始农耕经济繁荣

2010年，山东大学第四纪环境与考古实验室，对查海部分房址出土的木炭标本和植物碳化种子进行了鉴定和分析。4份木炭样品发现8种阔叶树种属，有桦木属、麻栎属、杨属、榆树属、朴树属和3种未知的阔叶树。碳化种子和果实鉴定结果共发现10种植物的果实和种子，有山杏内果皮、榛子的果壳、豆科种子、禾本科大狗尾草、狗尾草、马唐的颖果等，其中狗尾草属和马唐属种子最多①。通过对查海遗址及其周围考古出土的植物遗存、木炭、种子和果实分析结果显示，7000aB.P.年后比现在更加温暖湿润，中国全新世气候变迁研究也显示了形似的趋势，查海时代的生业方式已出现植物栽培和动物驯化。

8000年前查海文化时代正处于中国全新世气候大暖期，良好的生态环境和气候条件使原始农耕经济逐渐繁荣，查海遗址出土了与农业生产、加工有关的石器工具共计840件，其中典型器石铲最多为349件，石斧146件，石磨盘139件，石磨棒170件，石刀36件。石磨盘和石磨棒是农业、采集加工的生产工具，有孔和无孔的石铲最多，其中双孔石铲是遗址出土中比较典型的石器。石铲是直接用于农业生产春种夏锄的主要工具，而且数量较多，不仅是原始农耕经济生产技术的进步标志，还是确定原始农业出现和农耕水平的重要依据，表明查海已经进入到原始锄耕时代。

查海遗址发掘出室内窖穴23个，主要是作为储藏食物之用；发现室外

①资料来源：辽宁省文物考古研究所《查海新石器时代聚落遗址发掘报告（中）》，文物出版社，2012年，第630~647页。

窖穴 34 个，都挖凿到了基岩层内，深浅不一，大小不一，直径在 1～2 米，窖穴的壁和底部经过修整，比较规范。大的窖穴内还有柱洞、台阶和灶址，穴内土为黑灰色，土质松软，有的还含有红烧土块和炭屑，根据窖穴形制和柱洞可知这些窖穴上部应有木架结构，其用途应为储藏粮食，少部分废弃后被用作垃圾坑。根据已经发掘的查海遗址聚落考古资料证实，8000 年前在这块土地上，良好的生态环境和气候条件使先民聚落定居生活已进入到农业生产性经济为主的农业经济时代。

（二）以家猪饲养为代表的家畜饲养业出现

山东大学东方考古研究中心和辽宁省文物考古研究所对查海遗址动物遗存部分标本进行了整理和鉴定，标本主要是 1992～1994 年 3 次发掘所获得的动物遗存。全部标本 900 件，全是哺乳动物遗存，其中可鉴定标本 759 件，主要是通过动物牙齿和残碎骨骼来鉴定动物的种属，已经鉴定出的动物种属有猪、鹿、马和牛等，代表了至少 11 个不同年龄段的动物个体①。

根据对查海遗址出土动物遗骨数量最多和频率最高的 482 件猪骨的鉴定与分析，死亡的猪是以成年猪为主，2 岁以上的占一半以上，未见 1 岁以下的幼年个体。从死亡的年龄结构上看，查海遗址出土的猪骨以成年猪为主。从房址出土的大量猪骨看，猪应是查海人主要的肉食来源，作为祭祀用的灰坑内也出土了大量火烧过的猪骨，猪在宗教祭祀时应是有特定意义的祭祀品。总之，查海人生活中与猪的关系密切，又表现出特殊性，综合因素分析此时的猪应是经人工饲养的家猪。查海聚落先民真正进入到种植谷物、饲养家猪等农业生产性经济为主，渔猎、采集等攫取性经济为辅的农业发展繁荣阶段。

①资料来源：辽宁省文物考古研究所《查海新石器时代聚落遗址发掘报告（中）》，文物出版社，2012 年，第 625 页。

（三）原始手工业

手工业的发展需要相应的社会条件和技术条件，原始农业同原始手工业是互相结合、互相促进的，发展手工业需要农业生产的发展为物质基础和条件，原始手工业在相当长的时期内依附于采集、渔猎业或农业。查海聚落反映出当时查海先民过着长期稳定的定居生活，随着农业生产的繁荣发展，需要大量的生产工具和生活用具，所以非常需要手工业的支持，这样便促使一部分掌握专门手工技术的人不去耕种和狩猎，或是较少从事耕种和狩猎，而专门从事手工业制造。出现了专门制作各种生产工具和生活用具的人，他们逐渐与农业相分离，成为专门从事手工业的匠人，这种社会分工的形成，促进了生产力的发展，是社会发展的必然。查海聚落的手工业主要有：

1. 石器制作

石器制作是原始手工业最先发生的一个部门，它最早开始于旧石器时代的打制石器。发展到新石器时代，石器制作中磨制和钻孔技术被广泛应用，开始出现了磨制的石刀、石斧等，这样就提高了生产效率。查海石器钻孔技术主要表现在石铲的制作上，典型的就是双孔石铲的出现，这样可以将石铲用绳索捆扎在木棒之上，做成一种组合复合工具，进而能大大提高生产效率。

通过对查海遗址出土的石器进行分类研究，发现当时人们对石料的选择非常严格，制作工具通常选用坚硬的页岩、花岗岩、玄武岩，根据不同的石材分别制作特定的生产工具，如制作铲形器，主要选择灰色页岩，磨盘、磨棒选用的是花岗岩、玄武岩，石斧选用的是油质岩、花岗岩。

新石器时代的考古研究表明，石器是当时人们生产和生活必不可少的重要工具，石器数量的多少以及石器的种类、石料的选择、加工制作的水平都能反映出当时的社会生产力发展水平。查海遗址发掘区域出土的石器数量非常多，有2411件，主要出土于房址内，但是考古人员注意到，除了特定的石器，如石磨盘、石磨棒等有比较固定的摆放位置，多数石器都是随意、零散地放在室内的四周，甚至在火灶下方铺垫的河卵石中也混有石器，这种情况也反映了查海时代的石器加工、使用已经相当成熟和普及，成为生产、生活中一种比较普通的工具了。

2. 陶器制作

查海文化制陶业已臻成熟，出土了大量的陶器，这些陶器均为泥质夹砂陶，因烧制的火候较低，烧制得不均匀，颜色呈红褐色和灰褐色。陶制的器型种类较少，但是数量众多，主要是罐、碗、钵、杯等。陶器制作规范，表面均施有纹饰，施纹手法娴熟，应是用轮制方法制作的陶器，可见是由专业的匠人制作完成的。

3. 玉器制作

查海遗址出土了大小玉器和玉料等共计44件，主要有玉斧、玉锛、玉玦、玉匕、玉管等。这些玉器均为透闪石和阳起石软玉，硬度较高，所以，玉器的加工制作比一般的石器加工制作技术难度大得多。比如一件玉玦不仅需要艰难的切割、琢磨、钻孔，更需要的是精心的设计和构思，因此制玉技术是在石器制作技术高度发展的水准上出现的，可见当时查海先民加工、制玉能力之强和制玉技术水平之高，这是查海聚落生产力发展水平和先民艺术审美的充分展现。

4. 纺织技术

当人类脱离动物界之后，为了防热御寒，保护身体，很早就披上了树叶和兽皮，但仅仅如此是不能适应自然界变化的。人类在大自然的威逼下，在长期的生产实践过程中，渐渐地学会了对兽皮及植物纤维的加工利用。纺织业在工艺上渊源于编织，在经济上与农业的发生发展相联。纺织是解决人类穿衣问题的一个重要手工业部门，它包括“纺”和“织”两项内容。纺是指把纤维加捻成为纱、线和绳；织是指把各种纱、线、绳织成布。结合查海遗址出土的大量纺织生产工具陶纺轮，表明当时纺织业已达到相当高的水平。

5. 房屋建造

查海遗址已经揭露出大小房址 55 座，大小不一，从 20 多平方米到 150 多平方米，全都是方形圆角半地穴式，根据这半地穴式遗迹和房址中遗留柱洞的位置、大小、多少、间距、分布规律、深浅程度等，可知查海人的房屋建造技术已经相当的成熟。查海半地穴式房屋的基本建造过程：首先是在地面上开挖一个地穴，在南部留一个半圆的门道，然后立柱构顶，屋内立柱基本分为内外两圈，外圈较多，主要集中在穴壁四角，里圈柱洞多为 4 个，形成一个长方形的中心框架支点，并添加若干支柱作为辅助部分来承载屋顶的重量。从查海聚落众多的房址和柱洞来看，查海先民已经掌握了比较成熟的房屋建造技术（图 3－19）

图 3－19　F54 复原图

6. 谷物酿酒

查海文化时期，人们已经开始定居生活，农业生产逐渐繁荣，谷物粮食产量大幅提高，在收储、保管这些粮食的过程中，因当时的生产力水平低下，保管方法简单，设施简陋，所以谷物会发霉发芽。这些发霉的发芽的谷物淋雨成酒现象经常发生，人类的天性会被此吸引，醉人的酒香使人迷恋，所以，随着人们对此现象认识的加深，逐渐明白了谷物成酒的原理，并在实践中逐步掌握了谷物酿酒技术，开始人工主动酿酒，进入到了真正的人工谷物酿酒时代。陶器是查海农耕定居生活先民制造最多的物品，在遗址中发现了众多的陶制酒器——鼓腹罐和陶杯，有了酒，才会有专用的酒器，反之，有了酒器，也就证明有了酒。这些酒器说明查海先民就已经和酒发生了关系，已经掌握了酿酒技术，饮酒之风开始盛行。

三、查海聚落的意识形态

社会意识形态又称观念形态或意识形态，包括政治、法律、道德、哲学、艺术、宗教等各种社会观念的总和。社会意识形态对社会存在有相对独立性，并对社会存在有巨大的反作用，是上层建筑的组成部分，也是一定社会存在的反映，并随社会存在的变化而或迟或早地发生变化。原始意识是指原始人在生活和生产劳动中产生的关于自然、社会、人以及它们之间关系的人类最初级的认识（感觉）。这种认识（感觉），主要是直观的、具体的、习惯的、经验的，富于猜测、幻想、随意性、神秘性，也带有最简单的类比、联想、概括、抽象等特点。而作为主观的意识，它主要通过口头传说、神话、史诗等形式表现出来，内涵为原始道德、原始艺术、原始崇拜、原始神话等方面。这些方面相互影响、相互渗透，既有错综复杂的联系，又浑然一体于原始意识之中，进入阶级社会后原始意识才分化出来，成为独立的学科。哲学就是关于世界观的学问，就思想渊源上说，也是从原始意识中萌生、分化、综合、发展而来的①。查海聚落人群与之经济基础适应的上层建筑，就是查海人的意识，包括原始宗教思想、图腾崇拜、原始艺术等，这些特殊方式的社会意识，从不同侧面反映了查海聚落的社会生活，它们相互联系、相互制约，构成了查海聚落意识形态的有机整体。

（一）原始宗教思想

原始宗教思想来源于灵魂观念的产生，这种观念从查海聚落的墓葬形式上得以充分反映。查海聚落墓葬形式分为两种，即居室葬和居址葬，这两种丧葬习俗代表了一种特殊的埋葬制度，具有浓厚的宗教祭祀色彩。

居室葬全是被埋葬在室内的儿童死者，应是被生者思念、疼爱、守护的未成年人，是特殊死因而需安葬在室内的孩子。特别是F7M经鉴定是一个儿童墓葬，墓内还随葬有珍贵的3对6件玉匕，更能反映出查海人的灵魂观念，原始宗教色彩浓郁。

居址葬的葬式均为土坑竖穴墓，没有葬具，头南足北，仰身直肢，面向西方，墓葬还有叠压现象，说明死者不是同一时期埋葬的。墓区的祭祀坑内留有猪骨残骸，说明这是祭祀这些重要先人后留下的，猪是主要的祭祀品之一，是后世用猪祭祀并成为主要祭品的历史渊源。居址葬成为聚落中心墓地，葬在聚落中心，而且是龙形堆石下方，可见死者身份的特殊性，他们应是查海聚落内德高望重的部落首领、部落英雄、部落巫觋等地位和身份崇高之人，死后依然是被部落成员怀念、崇拜，成为祭祀的对象，部落的守护神，宗教思想凸现。

查海聚落墓葬已经开始有玉器、陶器、石器等随葬品的出现，这时查海

①资料来源：肖万源《哲学与原始意识》，《社会科学辑刊》，1991年第2期，第5页。

人已经开始相信人死之后，在阴间仍然过着类似阳间的生活，对待死者应该“事死如事生”，因而墓里随葬品均是世间生产、生活用的玉器、陶器或石器。这种事死如事生的丧葬行为，更与查海先民的宗教观念有关，是他们寄托哀思，对逝者留恋崇拜的原始宗教心理所在。

（二）图腾崇拜

对查海人来说，图腾崇拜不仅是一种部落的标志，而且还是一种神灵庇护，所以会把部落的图腾描绘在身上或生活中的器物上，得以时时刻刻的直观的感知与体会。先民留在身体表面或服饰上的图腾崇拜印记无法保留下来，但那些留在陶器上的图腾崇拜图案，确得以保留数千年，给予了我们与查海人对话的无限空间。

查海遗址出土了龙纹陶片、龙形堆石和蛇衔蟾蜍陶罐，探究其文化内涵，这是查海人的一种龙文化的图腾崇拜，是中国博大精深龙文化的渊源。

（三）原始艺术

1. 装饰艺术

原始装饰是人类最早的装饰艺术，包括原始人的装饰品、服饰和生活中的器物装饰。查海原始装饰是先民为适应社会物质生活与精神需求所做的自我修饰和装扮，同原始人的生产劳动、繁衍、身份、地位、巫术等有密切联系。

陶器装饰。查海陶器装饰应属于陶胎的坯体装饰，各种器型陶器不论大小，表面均施以纹饰，这是在制成陶胎后干燥前压印的，兼有少量的刻划，纹饰的施纹方法和种类繁多，以压印方法和“之”字纹为主，施纹手法娴熟，纹饰有序规整，富于对比变化，美观实用。特别是还有龙纹，其代表就是出土的两块龙纹陶片，弯曲的身体和盘旋的龙体，压印的片状龙鳞给人一种神龙见尾不见首的敬畏神秘之感。

身体装饰。查海人的自身装饰主要是服装和佩戴饰物等，服装应是植物叶片和纤维纺织品，还有动物毛皮等，不仅能用来蔽体和御寒，还具有一定的保护和装饰作用，这些和佩戴的饰物诸如羽毛等有机物，历经8000多年难以保存下来。查海人保留下来的原始装饰实物证据只有佩戴的玉质饰物，如玉玦（耳饰）、玉匕（佩饰）、玉管状珠（项饰）等。查海人佩戴各种样式的装饰品，或是以此为美来炫耀自己，或是展示财产的富有，或是显示身份和地位，或是作为吸引异性的重要手段。

2. 雕塑艺术

雕塑属于造型艺术的一种，是雕、刻、塑3种创制方法的总称。原始雕塑是原始社会雕刻和塑造的总称，指用各种可塑、可雕或可刻的硬质材料，如石头、玉料等，借以展现原始社会生活、生产劳动、宗教崇拜、宗教活动、生育繁衍等。查海人的雕塑艺术主要有：

陶器浮雕。查海遗址出土了大量的带有贴塑的陶片标本，这些陶器贴塑特别是动物形象可能与原始宗教或图腾崇拜有关，最为典型的就是贴塑浮雕手法制作的蛇衔蟾蜍陶罐，是查海原始艺术的精品，代表了查海原始艺术的最高成就。它是将生活实用性，或是宗教思想性与艺术性完美地融为一体的顶级作品，既有生活用品的实用价值，又有赏心悦目的观赏价值，更是蕴含、代表某些思想的雕塑精品。

玉器雕琢。查海人雕琢制作了玉匕、玉玦、玉管等真玉装饰品，选料上乘，色泽美丽，技艺成熟，琢制得温润光洁，古朴大方，时至今日这些玉器也是值得我们欣赏和收藏的玉器艺术精品。

3. 摆塑艺术

查海遗址聚落中央的龙形堆石，是用大量自然石块摆塑出长达19.7米的龙形象，其造型庞大，形象震撼，寓意深刻，是查海人一个伟大的创举，也是原始宗教巨大权威的展现。

4. 房屋建筑艺术

查海遗址已经揭露出大小房址55座，房子皆为半地穴式，东西成排，南北成行，房址面积从几十平方米到150多平方米，室内有大量的柱洞，基本可分成内外两圈。现代按照查海房址遗迹复原出来的F34、F46、F54、F13等房址，充分再现了查海人高超的房屋建筑水平。

（四）查海聚落已经开始社会分化

查海遗址是我国辽河流域新石器时代较早的典型文化遗存，原始农耕定居生活表明以血缘为基础大群体的形成，在聚落内同时也明确表现出了家庭的本体社会结构。聚落中心超大房址F46和F9的出现，说明聚落的建造已经具有了一种向心性，推测是当时部落组织最高首领的居室，并且可供氏族部落酋长集会时使用。尤其是查海遗址中心区域发现的“龙形堆石”和中心墓地，说明在聚落中公共的原始宗教信仰已经出现，而聚落内部原始的公共权力，正是通过这种公共信仰的宗教祭祀活动来得以体现和实施。

在最大房址F46内还发现了一对特大铲形石器，比其他房址出土的铲形石器大1倍，就其重量而言已经不便用于实际生产，刃部也确实没有使用过的痕迹，据此可推测它们很有可能是举行某种仪式的特殊器物，或是可能用于地位的象征和仪式之用的非生产用的特殊器物，是部落首领权力的象征，具有代表礼制王权斧钺的性质，或是这种象征的萌芽和前身。

查海遗址出土了真玉精制的玉器，它绝非氏族成员人人可以佩戴的一般饰物，玉器的社会功能已超越了一般装饰品，附加上社会意识，成为统治者或上层人物“德”的象征。没有社会分工，生产不出玉器，没有社会分化，也不需要礼器性的玉器，因此，辽西一带的社会分化早于中原①。说明查海

①资料来源：苏秉琦《关于重建中国史前史的思考》，《考古》，1991年第12期，第61页。

社会大分工已经形成，社会大分化已经开始，推动了社会的发展和进步。

第四节 查海文化的美学研究

查海遗址是目前我国东北地区发现的时代最早的一处新石器时代人类聚落遗址，遗址现存面积达1万多平方米，迄今为止已进行了7次发掘，发掘面积达7800余平方米，揭露出房址55座，还有灰坑、墓葬、龙形堆石等，在遗址内出土了大量的石器、陶器、玉器以及哺乳动物遗骨、植物种子的碳化物等，这些丰富的遗物都是查海先民劳动和智慧的结晶。查海人长期过着农耕定居生活，氏族部落发展繁荣，手工制造业成熟，原始农业和畜牧业已有很大的发展，丰富的物质基础使查海先民在精神上有了对美的追求，当时人们的审美活动已有很大发展，已冲破了简单的朦胧美感，开始有了审美活动。

查海文化时代的美是原始的、自由的、纯真的、出自本能的，它是随着查海聚落的繁荣由低级向高级，由简单到复杂发展的，并且内涵是不断深化和丰富的。查海先民这种对美的追求是孕育于物质资料生产过程当中的，他们按照自己的审美要求来改造世界，为原始美的创造和发展提供了能力和想象力。查海文化时代是一个孕育、演化美的年代，充分体现了人类社会早期的原始美和人类社会童年的审美活动。

一、实用到审美

美产生的历史进程告诉我们，人们首先要满足物质需要，然后才能满足精神需要，先实用然后才到审美。物质产品的创造与精神产品——审美产品的创造是联系起来的，一切美的萌芽都是为现实服务的，探讨审美意识，需要实物为我们提供线索，美是通过实物的形式表现出来的，因而具有一定的感知性和直观性。人不可能凭空获得美，人和审美对象之间少了一方，便不可能产生美，美必须体现在一定的物质上，审美促进人类社会向前、向美的方向发展进步。查海先民的审美意识是源于生活的，是在创制、改进和使用生产工具的过程中滋长起来的，是产生于劳动生产之中，是与劳动密不可分的。查海先民的思维和双手在长期的生产劳动实践过程中，不断得到锻炼和发展，他们能逐渐区分方和圆、长和短、大和小、直线和弧线、主要和次要等，逐渐形成了形体感、色彩感、均衡感和对称感等人类最初的审美意识。这种审美意识在查海遗址出土的大量生产工具和生活用具上得到充分印证，这些器物也由最初单纯的使用功能逐渐演化为带有审美价值的装饰品，成为查海人的审美对象。

查海遗址属于新石器时代，查海人在漫长的石器工具制造过程中产生了人类最初的审美观念，会产生一种创造的愉快，这以磨制、钻孔技术和极整齐对称的形式成为石器工具发展的高级阶段。查海先民石器的制作和形式是规范的、标准的、对称的，原料是有选择性的，他们会从石器工具的实用形式中意识到自身的智慧与力量，从而引起心理、情感上的某种喜悦和满足。石器的演进是为了适应劳动的需要，查海人在石器制作过程中使得思想观念也逐渐发生了变化，反映了人手的进步和思维能力的发展。查海遗址出土了大量的石制生产工具，主要有石铲、石斧、石刀、石磨盘、石磨棒和细石器等，这些石器经过打、压、琢、钻等工序，形制规范，讲究整齐、平润、均衡，从查海先民的这些劳动工具来看，便是一个从粗糙到精美的发展过程，是一个从实用到审美的过程。这些石器的棱角、圆孔如此规矩、对称，可见在制作使用中已追求了形式美，有意识地把实用和审美属性结合在一起，在实用属性中已添加了审美属性。比如石斧精磨后通体磨光、平滑润泽；圆形或束腰形石铲形制固定，在上面有规范的圆形或椭圆形的两个钻孔，双孔对称均匀，充分讲究了形式美。再从石磨盘的工艺上审视：长条石两边浑圆且翘起，中间因经过长时间使用已经凹陷，外形制作匀称光滑，显现出查海先民识别材料和制作工艺中始终贯穿着审美意识。此外大量细石器的使用也说明产品已有了细加工，使产品完美细致，开始了从实用到审美的演变过程，更加符合审美需要。

查海遗址还出土了大量的生活用陶，主要有直腹罐、斜腹罐、鼓腹罐、杯、碗、钵等，均为泥质夹砂陶，因烧制火候较低多呈黄褐色。从这些陶器造型上看，它们的口径、腹径、底径都不相同，但比例都很协调，达到了实用、美观、大方的标准。这些陶器形制规范，线条流畅，毫无粗制滥造的痕迹，说明当时查海先民能自由地、巧妙地掌握烧陶技术，熟能生巧，巧能生精，因此陶器充分按照了人类审美的要求来制作。这些作为生活用具的陶器表面均装饰有压印纹饰，以“之”字纹为主，另有网格纹、斜线纹、涡点纹、几何纹等，压印的纹饰线条流畅，纹路清晰，富于对比变化，极富美丽的装饰性，且大多数陶器还是复合施纹，如陶器口沿压印为一圈短斜线纹，颈部则压印一圈回纹，器身上则为一圈圈平行压印的“之”字纹。这些不同的纹饰对比搭配统一协调，线条流畅，形式美在陶器造型上表现得充分得当，淋漓尽致。

陶器是人类认识火、认识火与黏土的关系而发明的，陶器的发明是源于生活的需要，使人类的定居更加巩固。而陶器纹饰则是陶器工艺发展到一定阶段的产物，是在陶器初步解决了实用的基础上产生和发展起来的，是有意施加的一种装饰。查海文化这时期的陶器生产不可能是单个人，而是集体创造的，因而找到个人思想烙印比较困难，这种集体劳动更体现出了查海文化的时代特征。查海遗址的陶器纹饰是由低级向高级发展的，是从“无意”到

"有意"发展的，遗址出土陶器的纹饰以压印线条为主，纹饰简单、和谐、鲜明、生动，体现出原始的、朴素的、稚拙的美，给人以美的享受。正如马克思指出："艺术对象创造出懂得艺术和能够欣赏美的大众，……任何其他产品也都是这样，因此，生产不仅为主体生产对象，而且也为对象生产主体。"① 创造和欣赏的关系是一对相互依赖、相互制约又相互促进的矛盾关系，查海先民通过其创造活动赋予石器、陶器作为生产、生活用具的主体属性，这些生产、生活用具又通过查海先民的欣赏活动，促进其不断发展、提高，从而更加精致美观且又实用，既是又带之赋予了审美属性。查海先民的审美意识在陶器制作工艺上突出地表现出来，每一件陶器即使在我们今天看来，也是值得欣赏和收藏的陶制艺术品。

二、精神审美

查海遗址出土的一些遗物的实用属性基本消失，被单一的审美属性所代替，由物质产品变为精神产品，这主要表现为对玉的识别、加工和使用。查海人在玉器制作过程中的劳动技能和造型能力，培养了他们最初的审美观念，多数玉器已不再仅仅是单纯使用的生产工具，而是完全成为满足审美需要的装饰品，并升华为一种寄托精神思想、意志信念的精神产品，是原始艺术由实用向审美的转化过程。

查海玉的识别和使用是伴随着石制工具的生产而发展起来的，是孕育于石制生产工具的加工、制作和使用过程当中的，是人类在原始美感的引导下，由物质产品向精神产品发展的必然趋势。人类的劳动创造了物质财富又创造了精神财富，我们可以这样认为，制造石制生产工具是物质文明的开

①资料来源：马克思《〈政治经济学批判〉导言》，《马克思恩格斯选集》第二卷，人民出版社，1995 年，第 10 页。

端，而使用玉器则意味着精神财富的创造。玉器已经不是作为单纯的劳动工具，而是作为一种在形式上有诱人力量美的对象而存在，这是一个漫长的、不断探索的过程。查海人出于美感在制造石质生产工具的同时，色彩鲜艳温润的材质被加工成简单的装饰品。玉从外观上看颜色美丽，光滑细腻，折光强烈，是不需修饰自然而美的，看了使人愉悦的，质料上符合“美石”要求的。“美”是客观物质和人的主观意识相结合的产物，时代不同对“美石”的理解也不会相同，因此我们必须站在特定的时代来理解“美石”的定义。玉石本身质地坚硬，温润光泽，颜色美丽，惹人喜爱，在查海那个远古时代先民能够识别玉、加工玉、使用玉，说明当时人们已经有了很高的审美能力。当时查海先民加工、琢磨玉器的工艺成熟，极具古朴的神韵，可见当时已有了专业的制玉“工匠”。因软玉质地坚硬，查海先民将一部分加工成坚硬的“高端”生产工具，如玉斧、玉锛、玉凿等，另一部分因软玉的美感则加工成单纯为满足审美需要的装饰品，如玉匕、玉玦、管状珠等。查海这些玉制的装饰品规格和组合协调，制作工艺成熟简练，形制规范，光亮润泽，这些玉器已经完全脱离了实用价值而向审美价值方向转变，是为了满足人们的审美需求。经鉴定，查海遗址出土的玉器完全是由透闪石和阳起石构成的软玉，即真玉，这是迄今为止世界考古史上发现的人类加工、使用最早的真玉器，被称为“世界第一真玉”。

由此可见，中华民族自古便是一个爱玉、崇玉的民族，玉石本身温润光泽、质地坚硬、璀璨可爱，人们将它作为美好、纯洁、高尚、坚贞的象征，正如孔子所说：“君子比德于玉焉，温润而泽，仁也。”①《说文解字》释玉为：“玉，石之美有五德，润泽以温，仁之方也。”②《礼记·玉藻》曰：“君

①资料来源：杨天宇《礼记译注（下）》，上海古籍出版社，2004年，第852页。
②资料来源：（汉）许慎《说文解字》，中华书局，1985年，第6页。

子无故玉不去身。君子于玉，比德焉。”① 查海先民能较早地识别真玉、加工玉、使用玉，当玉石的天然美质在人的主观加工后成为一个附加精神的产品——玉器时便蕴含了一定的思想和精神，在追求外在形式上的美感时也赋予了玉一定的思想精神，是将玉作为礼器的萌芽阶段，查海先民不仅生活中使用玉、佩戴玉，死后还要葬玉，便充分说明了这一点。可见，查海文化的玉器是我国玉文化的重要渊源之一，集中体现了物质美与精神美的统一，查海部分玉器脱离了实用生产工具属性而成为单纯为满足审美需求的精神产品载体，这是查海先民对美的向往、追求和审美观念发展变化的结果。

三、原始宗教美

查海先民对龙的图腾崇拜发展了原始宗教艺术美。图腾崇拜可以说是最早的原始宗教形式之一，这种真与幻的结合是根植于当时的社会生产和生活的。马克思说：“宗教是被压迫生灵的叹息，是无情世界的心境。”② 因人类对自然的恐惧和无力，对自身命运的未知和无奈，而需要一种膜拜敬奉的事物来满足人们的这种精神寄托，这种精神寄托逐渐抽象为超现实的一种具体事物形象，它是在原始农业的发展和原始信仰发达的基础上，高度发展的原始意识形态和原始艺术的结晶，是人类的信仰，又是创造的动力，是克服灾难、战胜困难的力量。龙不是自然界中的生命物种，它是经过“原始自然生物—过渡神灵—成型龙图腾”的过程，这是一个漫长的过程，也是人们思想一次次升华的过程。

从审美的角度来看，龙无疑是古人的一种思想艺术创造，它是从鱼、

---

①资料来源：杨天宇《礼记译注（上）》，上海古籍出版社，2004 年，第 378 页。

②资料来源：马克思《〈黑格尔法哲学批判〉导言》，《马克思恩格斯选集》第一卷，人民出版社，1995 年，第 2 页。

鳄、蛇和云、电、虹等一个个具体物象而来，经过由众多人参与的模糊集合，形成一个建立在各个具体物象之上，又蕴含着各个具体物象的新形象。它的形成过程是“美”的因素的集纳过程，借用一句人们常说的话，就是“源于生活又高于生活”，其间渗透着、灌注着古人的神话猜想、宗教体现、审美快感和艺术情趣。查海文化正属于人类的这一时期，于是查海先民将龙作为自己的图腾。东汉许慎的《说文解字》释龙为：“鳞虫之属，能幽能明，能细能巨，能短能长，春分而升天，秋分而潜渊。”① 龙是变化莫测的神秘动物，又是无所不能的灵物，因而查海先民信奉它、敬畏它、崇拜它，祈求得到它的庇佑。车尔尼雪夫斯基曾说：“美是生活，任何东西，凡是人在那里面看得见如他所理解的那种生活的，在他看来就是美的。美的事物，就是使人想起生活的事物。”②

因此，查海先民围绕着龙和以龙为题材的“艺术作品”便应运而生，塑造出可感知的，可触摸的龙形象。查海遗址出土了两块龙纹陶片，一块为弯曲的尾部，另一块为盘旋的龙体，采用的是浮雕手法，纹饰清晰可见，虽只残留了两块，给人一种神龙见尾不见首的感觉，但在鳞片纹饰上都具备了中国古代龙的特征。此外，在查海遗址的中央还有一条长约 19.7 米的龙形堆石，是用大小均匀的天然石块摆砌而成的龙形象，头向西南，昂首张口，背部弯弓，尾向东北甩去，若隐若现，栩栩如生，给人一种巨龙腾飞的感觉，这是迄今为止我国考古史上发现最早、形体最大的龙形象，堪称“中华第一龙”。此外，查海遗址还出土了蛇衔蟾蜍陶罐，蛇即为小龙，它正紧咬住蟾蜍的一只脚，蟾蜍圆睁二目，采用的是浮雕手法，栩栩如生，陶罐虽残，但这部分图案保存完好，这种蛇衔蟾蜍陶罐在我国新石器时代考古中尚属首次发现，这些都是查海先民围绕着龙的艺术杰作。

---

①资料来源：（汉）许慎《说文解字》，中华书局，1985 年，第 390 页。

②资料来源：（俄）车尔尼雪夫斯基《美与生活》，人民文学出版社，2008 年，第 101 页。

龙的图腾崇拜为查海先民原始宗教艺术发展开辟了更广阔的思维空间，集中体现了原始宗教艺术美和人们的审美观，它展现了查海人的创造力，体现了对美的追求和对自由的向往。由此可见，查海龙文化是中华民族龙文化的重要发源地之一，查海先民对龙的图腾崇拜发展了原始宗教艺术美。

四、美是生活

勤俭节约的中华民族传统美德在查海文化中可见渊源。任何事物，凡是我们在那里面看得见依照我们的理解应当如此的生活，那就是美的；任何东西，凡是显示出生活或使我们想起生活的，那就是美的①。我们要领悟生活、感悟生活，就能感受到生活的美。查海先民日常生活中制作石器、陶器、玉器等这些物质产品中无不体现了对美的追求，说明当时人们已经有了很高的审美意识，这不仅体现在这种成果——劳动产品上，还包含自由创造的劳动本身就是美的，体现在使用这些劳动产品时所表现出的热爱它、珍惜它的生活美。

阜新查海遗址博物馆陈列有两件陶罐，一件直腹罐和一件斜腹罐，它们在侧壁上均有两个相距约 3 厘米，孔径约 0.5 厘米的圆形钻孔，两孔在破损处两侧，经观察可知这是陶罐烧制成后的钻孔，这是用来做什么的呢？经考证，陶器作为查海先民的主要生活用具，用来盛水、装粮食、炊煮等，它们会在使用过程中破损，于是查海先民就在破损处两侧钻孔用绳子来回串上修补后继续使用，像这样带有修补锔孔的陶器在查海遗址内出土了很多。由此我们可知，当时查海时代社会生产力低下，查海先民制作陶器时需要付出许多时间和汗水，所以需要珍惜它，珍惜自己的劳动果实，这充分体现出查海

---

①资料来源：（俄）车尔尼雪夫斯基《美与生活》，人民文学出版社，2008 年，第 6 页。

先民已有了朴素的勤俭节约意识。时至今日，在查海当地农村日常生活中还有使用各种陶器制品的农家，在使用陶器中不小心破损也会像查海先民那样锔补后继续使用。此外，查海先民还能因陋就简，就地取材制作一些生产工具，典型的就是陶纺轮的制作。这种陶纺轮主要是用残碎陶片，经过磨制，钻孔而成的。制作陶纺轮取材方便，容易加工，也可算是废物利用吧。由此可见，艰苦朴素、勤俭节约的中华民族传统美德，在查海文化中便可见点滴的渊源。

总之，时代在前进，社会在发展，人们的审美需求、审美理想和审美观念也在不断提高。美的内涵是无限的，并不是一个定义就能把美的内涵全部表达出来，美与生活在本体论上是统一的，美在生活中呈现。人类对美的追求是永恒不变的，各个时代的美有各个时代的标准，同时各个时代都能发现各时代的特殊气质的美。人们对美的欣赏和追求是与时代相联系的，我们不能用今天的思维来代替古人的思维，用今天科技发达的信息社会和查海先民刀耕火种的新石器时代相比。我们探讨查海文化中的美是人类社会童年的原始美，是体现那个时代精神的美，是孕育、演化美的年代。美作为一种社会现象是人类社会发展进步的结果，同时，人们对美的追求、创造的过程也就是社会发展进步的过程，也只有这样，才推动了社会的前进。迄今为止查海遗址刚刚发掘一半，待到全部发掘完毕，必将会有更大、更多、更好的发现，查海文化原始美的内涵也将会更加丰富多彩。

第四章　崇龙信蟾　文明肇端

——查海遗址龙崇拜研究

龙不仅是中华民族文明的象征，还代表着中华民族的精神，是中国人尤为崇拜、敬畏的一种神物，中国人对龙、蛇和蟾蜍崇拜渊源久远，并已深深地根植于民族的思想意识当中，作为传统农耕文化的凝聚和积淀一直影响至今。龙的起源问题是龙文化研究的根本，是探索龙的本质、内涵的基础。多年来，作为一种文化现象，关于龙的起源是真实物还是想象物，众多的专家、学者，从民族学、历史学、考古学、文字学等方面进行了广泛的研究，但是众说纷纭，无一定论。关于龙起源的探讨主要说法有：

动物说：即说龙的原型是胚胎、鳄鱼、蟒蛇、蛇、猪、大鲵、青蛙、蟾蜍、恐龙等，此类说法原型最多。

自然现象说：即说龙是彩虹、霓雾、雷声、闪电、星宿、龙卷风等。

物候现象说：原始先民进行农业生产，一年四季的农时和农事与一些物候性动物的活动相关联，蛇类、虫类、鸟类、蛙类等活动是农业生产的时间表，综合这些动物特征而形成了龙的形象。如甲骨文和金文的龙字就是一个弯曲虫子的形状。

综合图腾说：即说龙是由蛇、猪、鹰、牛等众多部落图腾组合一体而形成的，其中以蛇图腾部落最大，先后战胜了其他部落后以蛇为主体选取其他部落图腾物的某一部分形成的新图腾——龙。

由此可知，龙是来源于生活，又高于生活，是中国古人为了满足某种需求而智慧地创造出的神物，正如列维·布留尔所说："对于原始人来说，存在物的图像自然是我们叫做客观特征的那些特征与神秘属性的混合。图像与被画的、和它相像的、被它代理了的存在物一样，也是有生命的，也能赐福或降祸。"① 龙文化是中国原始农耕经济条件下而产生的一种社会文化现象，是在中国复杂多样的特定地理环境和不同自然资源条件下，智慧、勤劳、勇敢、善良的中华民族在刀耕火种原始农耕经济初始时代形成的，是先民在长期的共同生产与自然环境作斗争的过程中孕育产生的文化，在历经千百年来农耕文明的创新融合中形成的。龙文化是土生土长的中国文化，形成的过程也正是中国文明的形成过程，成为中国文明起源的一个重大特征，是中华优秀传统文化重要的组成部分和中华民族最具代表性的文化象征之一。

第一节　新石器时代的龙崇拜

考古发现表明，新石器时代是龙崇拜现象形成、发展的重要时期，我国各地先后考古发掘出土了各种不同的龙、蛇和蟾蜍（蛙）崇拜遗物和遗迹，这一时期不同地区的龙、蛇和蟾蜍崇拜主掌农业生产，支配人们的精神，作

①资料来源：（法）列维·布留尔《原始思维》，丁由译，商务印书馆，1985年，第41页。

为一种重要的思想意识形态，它的典型性和地域性成为新石器时代这一文化现象的代表。龙崇拜生动地表现出中国文明起源的多源性，不仅是中国文明的起源，也是中华民族发祥和文化开端的象征。

一、彩绘纹龙

1. 蟠龙纹彩陶盘①。1980 年山西襄汾县陶寺遗址第 3072 号墓出土，泥质褐陶，着黑色陶衣，盘壁斜收成平底，外壁饰隐浅绳纹，内壁磨光，以红彩或红、白彩绘出蟠龙图案，敞口，斜折沿，通高 8.8 厘米，口径 37 厘米，底径 15 厘米，沿宽 1.8 厘米。彩陶盘红边黑底，彩绘出一大蛇（龙）盘曲盘中，头和身界限不明显，身上有对称的“U”形花纹，眼小而圆，长嘴微张，露出成排牙齿，嘴中衔着一根谷物，尾部收缩成尖状。陶寺遗址早期大型墓出土的蟠龙纹彩陶盘，是迄今中原地区有关龙图像的最早标本，对于研究龙崇拜的起源，探讨陶寺遗址和墓地的文化属性，都很有价值。蟠龙纹彩陶盘属于新石器时代龙山文化类型，距今年代约 4500 年（图 4－1）。

图4-1　蟠龙纹彩陶盘

图4-2　人面鲵鱼彩陶瓶

图4-3　鹿首龙图案陶尊

①资料来源：中国科学院考古研究所山西工作队、临汾地区文化局《1978—1980 年山西襄汾陶寺墓地发掘简报》，《考古》，1983 年第 1 期，第 37 页。

（2）人面鲵鱼彩陶瓶①。1957年10月甘肃省甘谷县西坪遗址出土，人面鲵鱼彩陶瓶形制较大，为泥质橙黄陶制成，瓶高38.4厘米，口径7厘米。呈现出古朴美观的圆腹平底状，瓶子的颈部有一对耳，瓶口缓缓收拢，为平沿，口沿略上斜，中部还有一圈向外凸起的绳纹。鲵鱼当地俗称娃娃鱼，头面、四肢及叫声似小儿，通常生活在河水清澈、洁净、水流急的河流。此瓶是人面蛇身的两肢动物，似人首蛇身的伏羲形象。彩陶瓶属于马家窑文化，距今约5500年（图4－2）。

（3）鹿首龙图案陶尊②。1983年内蒙古敖汉旗南台地遗址采集到鹿首神兽尊形器Ⅱ式2件。直颈内斜收，直口平肩，最大腹径近肩部，腹至底斜收。标本3546F1：2，磨光泥陶，火候不均，一侧呈黑色，另一侧呈黄灰色。腹部饰两个鹿首神兽纹，鹿纹压出边框后，内划出细网格纹，网格均匀细密，间距只有1毫米左右。鹿一长一短，身躯弯曲，生翼。目为柳叶形。长体鹿身起鳞，尾部划出半环加长三角形射线式纹。通高20.2厘米，颈高8厘米，底高3.3厘米，口径19.1厘米，最大腹径27厘米，底径10.5厘米。这种带有龙鳞纹鹿首龙躯的被称为“鹿首龙”，属于赵宝沟文化类型，距今年代约7000年（图4－3）。

（4）草鞋山蛇纹③。1973年，江苏省吴县草鞋山遗址M198中出土的一件陶鼎的鼎盖，上面装饰有蛇纹。草鞋山遗址属于良渚文化，距今约5500年（图4－4）。

（5）福泉山墓地龙纹④。1982～1983年，上海青浦福泉山良渚文化墓地发现的龙纹。在T22M5墓葬中出土了一件陶鼎，为夹砂红陶，外施黑色陶衣，带盖，侈口，束颈，扁腹，平底，下腹三“丁”字形足。陶鼎的鼎盖、盖纽和器身上细刻涡纹、叠线纹等勾连而成的蟠螭纹图案，纹饰精美，腹下部饰8条平行弦纹和两周蟠螭纹。陶鼎口径26.4厘米，连盖高25.8厘米（图4－5）。Ⅰ式陶壶9件，侈口，高颈，扁圆腹，圈足外撇，口外沿有一

①资料来源：《人民日报·海外版》，2003年3月24日，第8版。

②资料来源：敖汉旗博物馆《敖汉旗南台地赵宝沟文化遗址调查》，《内蒙古文物考古》，1991年第1期，第2～9页。

③资料来源：南京博物院《江苏吴县草鞋山遗址》，《文物资料丛刊》，1980年第3辑。

④资料来源：上海市文物保管委员会《上海青浦福泉山良渚文化墓地》，《文物》，1986年第10期，第7～12页。

对小鼻，标本 M2：66 陶壶，泥质黑衣灰陶，器壁薄近 2 毫米，器口饰有两周平行弦纹和曲折纹，足圈上有一方形镂孔，通体细刻蟠螭纹和禽鸟形纹。此陶壶口径 9 厘米，腹径 13 厘米，足径 10.7 厘米，高 16.2 厘米（图 4 - 6）。标本 M2：166 陶壶，带盖，盖上有两小孔，器身口沿饰弦纹，盖和器身通体细刻蟠螭纹，口径 7.9 厘米，腹径 12.7 厘米，足径 10.6 厘米，高 14.5 厘米，通高 18.8 厘米（图 4 - 7）。螭是古代传说中一种没有角的龙，似蛇。福泉山墓地属于良渚文化晚期，距今约 4300 年。

图4-4　草鞋山M198蛇纹

图4-5　福泉山M5蟠螭纹陶鼎

图4-6　福泉山M2:66蟠螭纹陶壶

图4-7　福泉山M2:166蟠螭纹陶壶

（6）1989 年，浙江奉化名山后遗址出土了两件豆盘，饰有蛇纹，蛇纹以单躯盘曲，附若干卷云纹为一组纹饰①。

①资料来源：名山后遗址考古队《奉化名山后遗址第一期发掘的主要收获》，《浙江省文物考古研究所学刊》，科学出版社，1993 年，第 118 页。

（7）1990 年，浙江余杭庙前木构窖藏 H2 中出土的一件鱼篓形贯耳罐，饰有蛇纹①。

（8）1984～1987 年，内蒙古赤峰敖汉旗兴隆洼村新石器时代文化遗址中，发掘出土的距今已有 7000～8000 年历史的矮腹罐形陶器上压印有云龙纹图案②。图案的主题纹饰是龙，考古学界称“猪首龙”。龙为猪首蛇体，身上的网格纹、条纹或戳点纹，显示龙遍体有鳞，呈星光点点之状，又有勾连云纹布满器身空白处，表示猪首龙正在行云流水之中游动。

（9）内蒙古赤峰敖汉旗兴隆洼村东 1.3 千米的小山遗址③，在一座房基内发掘出土了一件直口尊形陶器，腹部纹饰有一条猪首蛇体的“猪首龙”、一条鸟首鳞体的“鸟首龙”和鹿首兽身生两翅的“鹿凤”。在猪首龙与鸟首龙之间，有一张口河蚌形纹饰，形如伞盖。猪首龙表现出正在向着河蚌内吹气吐雨的样子。陶器上整幅图案构图寓意为鸟首龙领头兴风，猪首龙继后布雨，鹿凤则象征吉祥平安、风调雨顺，而雨是从蚌形物中落下来的。小山遗址属于兴隆洼文化，距今约 7000 年。

二、摆塑型龙

（1）卵石摆塑龙④。1993 年 6 月湖北省黄冈地区黄梅县焦墩遗址出土了一条卵石摆塑龙，卵石摆塑龙位于遗址西部近边缘处，坐落在一片土质纯净、地势平坦的褐黄色黏土夹红烧土块的层面上，是用河卵石摆塑而成，龙躯干长 4.46 米，高 2.28 米，龙是头南足北，面西尾东，呈正东西方向造型。此龙的一

①资料来源：浙江省文物考古研究所《余杭良渚庙前遗址发掘的主要收获》，《浙江省文物考古研究所学刊》，科学出版社，1993 年，第 124 页。

②资料来源：《龙起源于七八千年前的内蒙古》，《光明日报》，1987 年 12 月 14 日，第 1 版。

③资料来源：杨虎、朱延平《内蒙古敖汉旗小山遗址》，《考古》，1987 年第 6 期，第 481～506 页。

④资料来源：胡雅丽《卵石摆塑龙》，《江汉考古》，2001 年第 2 期，第 96 页；倪婉《黄梅县焦墩新石器时代及周代遗址》，《中国考古学年鉴·1994》，文物出版社，1997 年，第 228 页。

些特殊部位，先民刻意选择摆放了一些特形卵石，例如在脖子回弯的地方，用一个又大又圆的河卵石摆放在那，外侧则依着卵石形状竖着摆放了一些相对较小的河卵石，自然地表现出了龙躯体具有力度的弯弓，状若腾飞，形态生动，威武雄壮。卵石摆塑龙属于大溪文化类型，距今年代约5500年（图4－8）。

（2）蚌壳摆塑龙①。1987年，河南省濮阳西水坡遗址45号墓出土有蚌壳龙，该墓主人头居南，足向北。其东为一白色蚌壳精心摆放的龙像，头似兽，昂首瞠目，张牙舞爪，栩栩如生；其西为一蚌壳摆塑虎像，缓步平视，威风凛凛，其北则为一蚌塑三角形和人的两根胫骨构成的图案。蚌壳摆塑龙，龙身长约1.78米，高约0.67米，属于仰韶文化类型，距今年代约6500年（图4－9）。

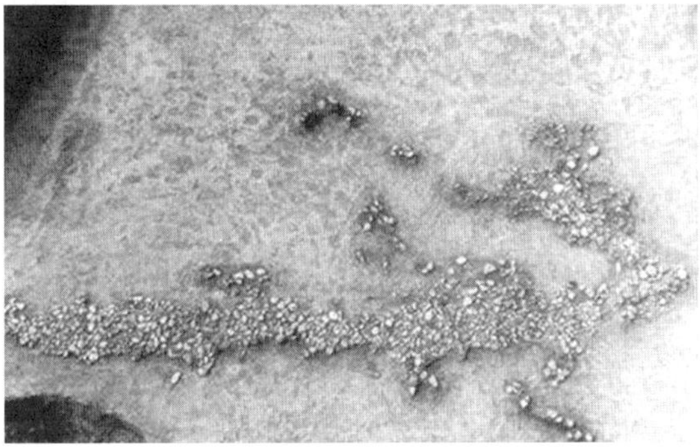

图4－8　焦墩卵石摆塑龙

图4－9　濮阳蚌壳摆塑龙

（3）杨家洼土龙②。1996年5月，辽宁省文物考古所、葫芦岛市博物馆在辽宁葫芦岛市连山区塔山乡杨家洼新石器时代遗址的红褐色地面上，发现了用米黄色黏性土塑成的两条龙。两龙均系头向南，尾朝北。一号龙发现在1探方内，身长140厘米，高77厘米，扁嘴，“丫”字形尾，昂首，挺身，扬尾，作飞腾状。二号龙发现于2探方北部隔梁下，比一号龙略小，身

①资料来源：濮阳市文物管理委员会等《河南濮阳西水坡遗址发掘简报》，《文物》，1988年第3期，第3~4页。
②资料来源：高美璇《辽宁八千年前新石器时代遗址中发现龙图腾》，《中国文物报》，1997年6月8日，第1版。

长80厘米，高32厘米，昂首，展翅，轻盈飞翔。杨家洼遗址属于查海—兴隆洼文化，距今约8500年。

三、玉雕型龙

（1）碧玉龙①。内蒙古赤峰翁牛特旗三星他拉征集，为玉雕龙，全身细长，体卷曲，呈弯曲的“C”状，龙高26厘米，截面呈直径为2.3～2.9厘米的椭圆形，头较长，吻部长略向上翘，鼻端截平，有一对圆形鼻孔，颈脊部是一条长达21厘米的长鬣，鬣后部翘弯卷。碧玉龙中间部位有一对穿的单孔，穿绳悬挂后，龙头和龙尾正好水平，可见此玉龙是先民精心设计用于佩戴或悬挂之物。碧玉龙属于红山文化类型，距今年代约5000年（图4－10）。

（2）玉猪龙②。辽宁凌源市牛河梁遗址出土，为玉雕龙，龙高7.2厘米，宽5.2厘米，它肥首大耳，大眼阔嘴，吻部平齐，鼻梁上有褶皱，身体蜷曲近环形，样子如同龙与猪的结合体，因得猪龙之名。玉猪龙属于红山文化类型，距今年代约5000年（图4－11）。

（3）石家河玉龙③。湖北省天门市石家河镇肖家屋脊遗址出土，外径3.8厘米，宽1.2厘米，厚0.8厘米。这种早期龙的形象是猪嘴蜷躯，有角无足，与北方红山文化中的玉猪龙相似，现藏于湖北省荆州博物馆。属于新石器时代石家河文化晚期，龙山文化类型，距今年代约6000年（图4－12）。

（4）凌家滩玉龙④。1998年10～11月第三次发掘安徽含山县凌家滩遗址时，在M16号墓葬中出土，玉龙长径4.4厘米，短径3.9厘米，厚0.2厘

①资料来源：翁牛特旗文化馆《内蒙古翁牛特旗三星他拉村发现玉龙》，《文物》，1984年第6期，第6页。

②资料来源：辽宁省文物考古研究所《牛河梁遗址》，学苑出版社，2004年，第34～36页。

③资料来源：张绪球《石家河文化玉的发掘及研究》，杨伯达《传世古玉辨伪与鉴考》，紫禁城出版社，1998年。

④资料来源：张敬国《含山凌家滩遗址第三次考古发现主要收获》，《东南文化》，1999年第5期，第16页。

米，扁圆形呈偏心穿孔的环状，首尾相连，其首部圆雕呈兽面，头部雕出两角，吻部突出，阴刻的龙须、嘴、鼻、眼部雕刻得清清楚楚，沿环一周外侧刻一规整的弧线，表示脊背线，与脊背线相连的有 17 条向外放射的斜线，似龙鳞，在接近尾部的一侧有一可穿线系挂的小孔。凌家滩遗址属于新石器时代晚期文化，距今年代 5500 ~ 5300 年（图 4 - 13）。

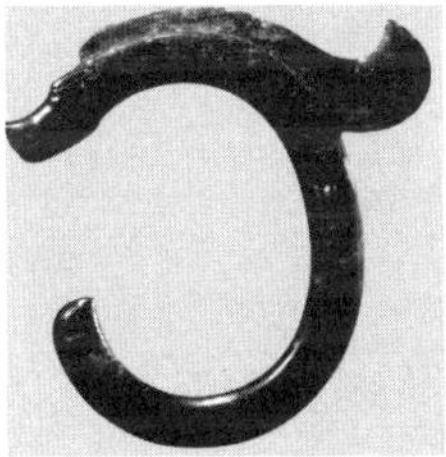

图4-10 “C”状碧玉龙

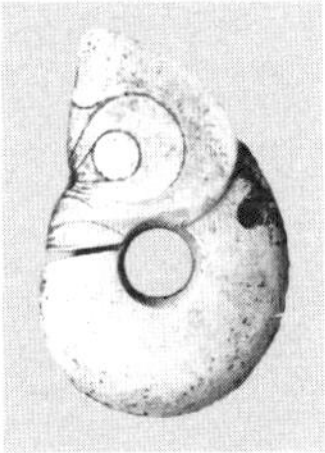

图4-11 玉猪龙

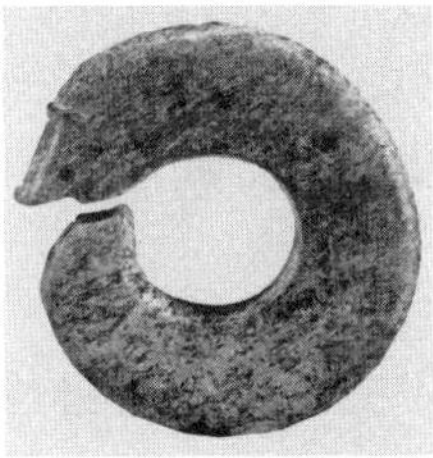

图4-12 石家河玉龙

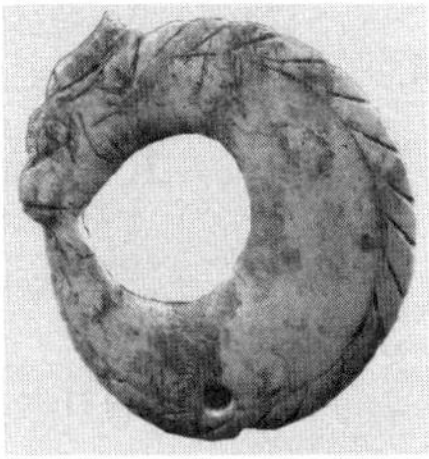

图4-13 凌家滩玉龙

总之，中国人是龙的传人，在我国的辽河流域、黄河流域和长江流域的多个新石器时代遗址中，都出土了不同类型的龙形象。龙崇拜自产生绵延至今，并且是一个由简单到复杂、由模糊到清楚的演变过程，生动地表现出中华文明起源的多源性。

第二节　新石器时代的蛙、蟾蜍崇拜

中国人对蟾蜍和蛙的崇拜渊源久远，考古发现在我国黄河流域、辽河流域等新石器时代遗址先后出土了带有蟾蜍纹或蛙纹饰的陶器，在没有文字记载的时代，它蕴含着原始先民的精神思想、生活情感和夙愿祈求，这凝固的历史是探知新石器时代原始农耕经济人类活动的物证，充分印证了早在新石器时代我国先民就已经有了蟾蜍和蛙崇拜。如果没有农业的出现，就不可能有文明的起源，农业是产生文明起源的第一个基础，不同地区原始先民对蟾蜍和蛙的崇拜是根植于新石器时代这一时期原始农耕经济基础之上，是与农业生产性经济密不可分的，这种精神寄托物——蟾蜍或蛙是原始先民宗教情感的表现，是非常珍贵的原始宗教遗迹、遗物资料。

一、大地湾遗址蛙纹陶壶

黄河流域甘肃秦安大地湾遗址蛙纹陶壶①（图 4－14），该器物泥质红陶黑彩，为彩绘形式单体写实蛙纹，标本 F820：15，出土于遗址保存较完整的小型房址中，小喇叭形口，颈中部偏下饰一条凸旋纹，圆腹，腹部一侧饰蛙形纹，躯体填充网格纹，腹部另一侧饰圆点弧形纹。口径 7.4 厘米，残高 24.6 厘米。蛙的写实图案见于壶的腹部，头部涂黑，露出两处圆形小空白表示眼睛，身躯为圆形网格纹，两前肢由圆点弧线表示，腹部另一侧饰类似蛙腿的圆点弧形纹。大地湾遗址属于新石器时代，仰韶文化半坡类型，年代距今为（6030±150）年。

二、姜寨遗址鱼蛙纹深腹彩陶盆

黄河中游地区陕西临潼姜寨遗址出土的鱼蛙纹深腹彩陶盆②（图 4－

①资料来源：甘肃省文物考古研究所《秦安大地湾——新石器时代遗址发掘报告（上）》，文物出版社，2006 年，第 514 页。

②资料来源：西安半坡博物馆等《姜寨——新石器时代遗址发掘报告（上）》，文物出版社，1988 年，第 114 页。

15），标本 T16W63：1，彩绘形式，双体写实蟾蜍，姜寨 63 号儿童瓮棺葬葬具之一，是用作瓮棺盖的盆类器。平沿，直口，腹微鼓，平底，高 12.8 厘米，口径 30.4 厘米，沿宽 2.0 厘米，底径 15.2 厘米。盆内壁有彩绘对称青蛙 2 只，鱼 4 条，均作游水状，生动逼真 。蛙纹呈半月形头部，两个圆点表示眼睛，圆形身体，上饰点状纹，四足形态生动，黑点大小不一，很不规整，也可以看作是蟾蜍。姜寨遗址第一期文化遗存属于新石器时代，仰韶文化的半坡类型，距今年代为（6100～5600）年。

三、柳湾遗址蛙纹

柳湾原始社会墓群位于黄河上游地区青海省海东市东都区，是新石器时代及青铜时代的文化遗存，文化性质包含了马家窑文化的半山类型、马厂类型以及齐家文化和辛店文化等 4 种文化类型，距今 4600～3000 年。

人像彩陶壶①（图 4－16）。陶壶为泥质红陶，标本采 01，仅一件，小口短颈，圆腹平底，从口到器腹中部涂覆一层红色陶衣。彩陶壶通高为 34 厘米，彩绘一组对称两圈网纹，另一组为蛙身纹加塑裸体人像。塑绘人像是先捏塑出裸体人像，然后在人像各突出部位之周围黑彩勾勒，头面在壶的颈部，眼、口、耳、鼻俱全，披发，眉作“八”字形，小眼，高鼻，硕耳，张口。器腹部即为身躯部位，乳房、脐、下体及四肢袒露，乳房丰满，用黑彩绘成乳头，上肢双手作捧腹状，下肢直立，双足外撇。人像彩陶壶为单体变形蛙身纹，浮雕形式，侈口，小颈，鼓腹，平底，在陶器的一侧用黑彩绘圆圈纹和蛙纹，另一侧的肩部表面捏塑了形象生动、憨态可掬的头部，是四肢、五官俱全的裸体人像。

①资料来源：青海省文物管理处考古队等《青海柳湾（上）》，文物出版社，1983 年，第 116 页。

图4-14　蛙纹陶壶

图4-15　鱼蛙纹深腹彩陶盆

图4-16　人像彩陶壶

变形蛙纹①（图 4－17），柳湾遗址出土的大量陶器装饰有变形连体蛙纹，属于彩绘形式。马厂类型的彩陶纹样虽然十分繁缛，但其基本纹样只是圆圈纹、蛙形纹、几何纹 3 大类。蛙纹单独纹样有 31 种。蛙纹多绘于彩陶壶或彩陶瓮的肩腹部。早期蛙纹（图 4－17 中的 415～421）多为全角蛙纹；中期蛙纹继续盛行（图 4－17 中的 424、433、437、445），但全角蛙纹已经不见，只见蛙身纹、蛙肢纹递增，蛙身线条略平直，且蛙肢已接近于波折形；晚期蛙肢纹与波折纹（图 4－17 中的 425、428、438、

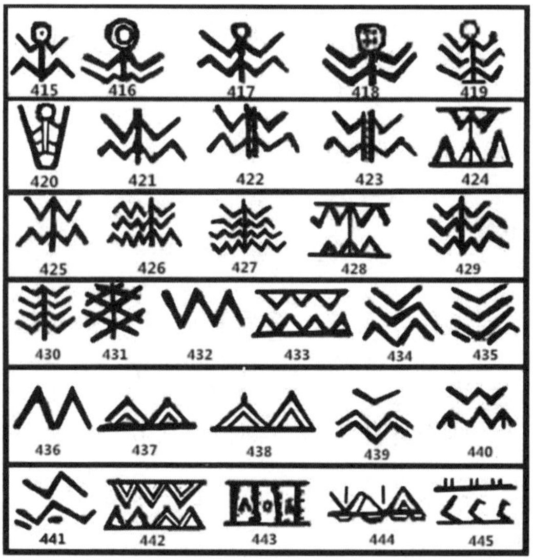

图 4－17　变形蛙纹

①资料来源：青海省文物管理处考古队等《青海柳湾（上）》，文物出版社，1983 年，第 137、158 页。

443、444）虽依然存在，但数量也趋于减少，同时笔调也十分简单。

四、土谷台墓地蛙纹

土谷台墓地位于黄河上游地区甘肃兰州，属新石器时代晚期墓地，半山—马厂文化类型，蛙纹属于变形蛙纹，为彩绘形式的红陶随葬品，距今为4600～4000年，主要有：

蛙纹红陶鸭形壶①（图4－18）。31号儿童墓出土，器身扁宽，肩饰双隔线和单隔线的菱形网格纹及无头蛙纹和有头蛙纹各一个。口径5.5厘米，高16厘米。

蛙纹红陶双腹耳壶②（图4－19）。侈口，广肩，鼓腹，平底，黑红彩。18号女性成年墓出土，晚期，肩饰4个有头蛙纹。口径10厘米，高35厘米。

变形蛙纹彩陶无耳盆③。早期，53号儿童墓出土，标本53：4（图4－20）。盆内饰二个变形蛙纹，头呈圆形，内填双隔线菱形网纹，口沿饰交错的锯齿纹。口径23厘米，高12厘米。晚期，84号墓出土，标本84：3（图4－21），二次葬成年男性和4个儿童。盆内饰一个大头蛙纹，内填棋盘格纹，前腿前端有4个分爪，沿外有垂弧纹。口径20厘米，高12厘米。蛙纹在仰韶文化和马家窑文化都有发现，一般画成圆形，头与四肢较小，画法近于写实。而半山—马厂文化的蛙纹，则将头画成圆形，躯体四肢画成一样的窄条形，有的还带有锯齿纹，分有头和无头之别，这种解肢分段的画法，更趋向图案化。

---

①资料来源：甘肃省博物馆等《兰州土谷台半山—马厂文化墓地》，《考古学报》，1983年第2期，第205页。

②资料来源：甘肃省博物馆等《兰州土谷台半山—马厂文化墓地》，《考古学报》，1983年第2期，第206页。

③资料来源：甘肃省博物馆等《兰州土谷台半山—马厂文化墓地》，《考古学报》，1983年第2期，第209，216页。

图4-18　蛙纹红陶鸭形壶

图4-19　蛙纹红陶双腹耳壶

图4-20　蛙纹彩陶无耳盆

图4-21　蛙纹彩陶无耳盆

五、庙底沟遗址蛙形纹彩陶

黄河中游地区河南省三门峡市庙底沟遗址出土有蛙形纹彩陶敛口盆残片①（图4－22），蛙形纹彩陶为写实蛙纹，彩绘形式，残缺不全，蛙纹饰于陶盆腹部，但可大致判定仍为蛙的形象。蛙纹敛口盆的3块残片：一片比较完整，另外两片是头部及前爪和股部及后肢的残片，残片彩绘蛙纹形态生

①资料来源：中国科学院考古研究所《庙底沟与三里桥》，科学出版社，1959年，第26页。

动，在彩陶图案中尚属少见。其绘制蛙形的圆形身体上布满圆点，但头部较小，仅有一黑点，有人认为这是蟾蜍或龟图案。庙底沟遗址属于新石器时代遗址，仰韶文化和仰韶向龙山文化过渡的文化类型，年代距今约为5900年。

六、师赵村遗址蛙纹

师赵村遗址位于黄河流域甘肃天水，新石器时代晚期遗址，遗存从仰韶文化过渡到齐家文化，第五期文化遗存属马家窑类型，距今年代为公元前3400年~前2700年①。

蛙纹彩陶钵②（图4－23），单体写实蛙纹，红陶彩绘形式。标本T244③：16，直口，弧壁，平底。器内绘彩全蛙纹，形象生动。口沿绘黑彩一周，器表素面。口径16.4厘米，高5厘米，底径6厘米。第五期文化遗存是师赵村和西山坪的主要文化遗存。蛙纹彩陶钵是生活用具，器形完整，弥足珍贵，写实完整。全蛙绘于陶钵内壁，用网格纹表示躯体，头部涂黑，呈椭圆形，以空白中的圆点表示双眼，躯体分为半圆，两足向前，两足向后，四肢弯曲，蛙椭圆脸，大眼睛，扁嘴巴，圆肚子，好像在水中游动，形象极为生动，这是迄今所知最完美的一件蛙纹彩陶钵，堪称彩陶艺术珍品。

陶塑青蛙③（图4－24），彩陶浮雕残片，标本T114②：82，青蛙形象在泥质橙黄陶口沿外壁上雕塑而成，做匍匐状。

①资料来源：中国社会科学院考古研究所《师赵村与西山坪》，中国大百科全书出版社，1999年，第306页。

②资料来源：中国社会科学院考古研究所《师赵村与西山坪》，中国大百科全书出版社，1999年，第102页。

③资料来源：中国社会科学院考古研究所《师赵村与西山坪》，中国大百科全书出版社，1999年，第128页。

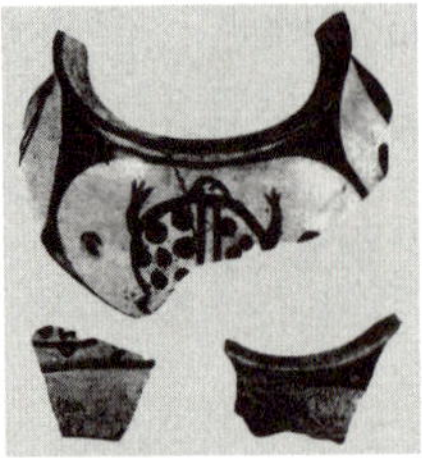
图4-22 蛙纹彩陶敛口盆残片

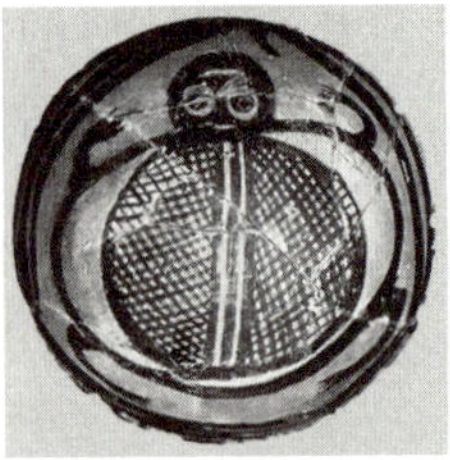
图4-23 蛙纹彩陶钵

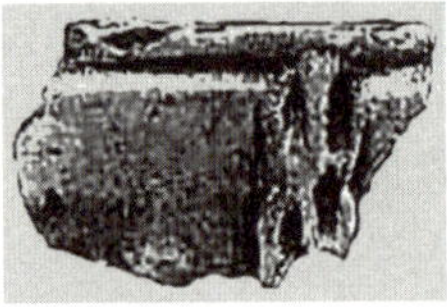
图4-24 陶塑青蛙

中国文化本质上是农业文化，文化的物质基础主要是农耕自然经济，原始先民的精神文化活动必然也是围绕农耕经济展开的，是与农业生产生活相关的。蟾蜍和蛙崇拜就是这种经济环境下原始人类意识形态的反映，因生产力低下，人类为生存只能适应自然，而战胜自然只能依靠精神，作为图腾崇拜的代表物蟾蜍或蛙，有着密切部落及成员间联系的社会文化功能，保证了部落共同的生存发展需要，是人类最初的宗教思想萌芽，促进社会发展和人类的进步，是人类文化史上的瑰宝。

第三节 查海遗址的龙、蛇和蟾蜍崇拜

考古发现表明，我国各地先后发掘出土了新石器时代各种不同的龙、蛇和蟾蜍（蛙）遗物和遗迹，是这一崇拜现象发展的重要时期，其中尤以查海遗址的龙、蛇和蟾蜍崇拜距今年代最为久远、最为复杂，并且是集龙、蛇和蟾蜍崇拜三位于一体的文化类型，是这种崇拜之源。查海文化的龙、蛇和蟾蜍崇拜主掌农业生产，支配人们的精神，作为一种重要的思想意识形态，它的典型性和地域性成为新石器时代这一文化现象的代表，生动地表现出中华

文明起源的多源性，不仅是辽河流域原始文明的发端，也是我们民族发祥和文化肇端的象征①。

一、查海遗址的龙、蛇和蟾蜍形象

阜新查海遗址保存完整，文化内涵丰富，经对1993年发掘的26号早期房址木炭标本的碳14年代测定，距今（1950年）约7890年，系我国新石器时代较早的遗址之一。截至目前，查海遗址已经考古发掘出土的龙、蛇和蟾蜍形象有：

1. 龙纹陶片

查海遗址23号房址中出土了两块类龙纹陶片②。标本F23：26，其身直，尾部翘卷，似飞行状；标本F23：27，其身尾团卷，似蟠状。这两块陶片不够完整，皆为夹砂红褐陶贴塑泥条，浮雕手法饰窝点纹为鳞，一为盘旋的龙体，一为蜷曲的尾部，不仅在形象上，而且鳞状纹的表现纹饰，都已具备了中国古代龙形象的基本特征③（彩图八；图4－25）。

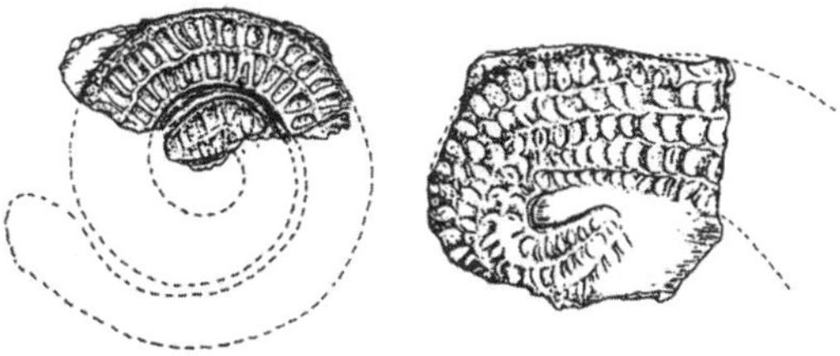

图4－25　龙纹陶片

2. 龙形堆石

龙形堆石④属于摆塑型龙（彩图十），在查海遗址聚落中央显著位置有一条龙形堆石，位于中心“墓区”北侧，是在一条横穿过遗址中部宽0.15

①资料来源：闻一多《龙凤》，《闻一多全集（一）》，三联书店，1982年，第69页。

②资料来源：辽宁省文物考古研究所《查海——新石器时代聚落遗址发掘报告》，文物出版社，2012年，第216页。

③资料来源：郭大顺《文明发端 玉龙故乡》，《中国文物报》，1993年1月31日，第4版。

④资料来源：辽宁省文物考古研究所《查海——新石器时代聚落遗址发掘报告》，文物出版社，2012年，第539页。

~0.25米较狭长的基岩脉上，采用当地大小均匀的红褐色天然石块人工堆砌摆放出来的，石块大小在8~12厘米。龙形堆石方向为215度，全长19.7米，头部宽约3.8米，厚约0.12米，颈部宽约2.85米，厚0.38米，龙身宽约2.2米，厚0.16米。龙形堆石的龙头、龙颈、龙体、龙鳞、龙尾、龙爪等摆放分明，石块从头到尾排列有序，龙的前身较宽大，石块堆积较多、较厚，身体前部下方石块堆砌出像足又像云雾的衬托物，由头、身体向尾部石块逐渐变薄、变少，尾部更加松散细小。总体上观看是头向西南，昂头张口，红褐色石块似片片龙鳞，身体呈弯弓状，往尾部渐近变细上翘，摇摆甩向东北方向，若隐若现，给人一种巨龙就要腾空飞舞的态势，龙的形象逼真，栩栩如生，这是迄今为止我国新石器时代考古发现年代最早、形体最大的龙形象，堪称“中华第一龙”①。

3. 蛇衔蟾蜍陶罐

蛇衔蟾蜍陶罐②属于浮雕型蛇和蟾蜍（彩图九），查海遗址39号房址内出土，为一件斜腹陶罐，标本F39：39，口径33.6厘米，底径15.4厘米，高39.9厘米。陶罐虽残，但是罐身底部两侧的图案保存比较完整，为夹砂红褐陶，斜直腹，平底，腹部压划篦点纹，陶罐下腹部两侧浮雕蟾蜍、蛇衔蟾蜍动物图案。查海先民依据陶罐大小尺寸，以写实的手法，将一侧的单体蟾蜍雕塑成大小与真的一样，尤其在具体雕塑上，抓住了蟾蜍的几个特点，膨鼓的大肚，四肢张开做爬行的动作，都生动地塑造出来，并且采用当时流行的压印窝点纹饰于蟾蜍身上，就像蟾蜍皮肤上许多疙瘩似的，看上去给人是那么逼真，栩栩如生的感觉，就像活的一样。相对另一侧雕塑“蛇衔蟾蜍”形象，显然是依据罐体缩小了动物形象，这一安排甚是巧妙，与整体造

①资料来源：辛岩《查海遗址发掘再获重大成果》，《中国文物报》，1995年3月19日，第1版。

②资料来源：辽宁省文物考古研究所《查海——新石器时代聚落遗址发掘报告》，文物出版社，2012年，第330页。

型更符合，突出了整体美感。在其具体雕塑表现形象上，蟾蜍四肢张开，做扑状，蛇衔其右下肢，尾部下甩，背鳞和两侧腹鳞为流行的压划短线纹。龙为大蛇，蛇即为小龙，蟾蜍、蛇衔蟾蜍陶罐虽残，但是罐身底部两侧的图案保存比较完整，采用浮雕手法烧制在陶器上。这种饰有蟾蜍及蛇衔蟾蜍浮雕图案的陶罐，目前在我国新石器时代的考古中尚属首次发现①。

二、查海龙崇拜的特征

1. 查海龙崇拜距今年代最早

龙的孕育、出现意味着中国远古文明的黎明时期已经到来②，截至目前，我国长江流域、黄河流域考古都发现了史前龙崇拜的遗迹或遗物，而尤以辽河流域的查海遗址发现的龙形象年代最早，距今约 8000 年，所以查海龙是迄今为止我国考古发现年代最早的龙形象，是中国博大精深龙文化的发源地。龙文化是中国传统文化中源流最为久远、持续时间最长、最为复杂的文化现象之一，它已深深地根植于我们每个中国人的潜意识当中，所以中华民族是龙的传人，龙的故乡——查海遗址是全球华人寻踪觅祖拜龙的圣地。龙文化自查海遗址产生就在中华文明史上一直保持着自己的特色绵延至今，成为中华文化深厚底蕴的代表，以其固有的特色和顽强的生命力自立于世界文化之林。辽宁阜新查海遗址不仅是辽河流域原始文明的“龙头”，也是我们民族发祥和文化肇端的象征。

2. 查海龙的形体最大，是迄今为止中国新石器时代考古发现形体最大的石块堆塑龙

查海遗址位于一个群山环绕的向阳山坡的台地上，下临水源，阳光充

---

①资料来源：辛岩《查海遗址发掘再获重大成果》，《中国文物报》，1995 年 3 月 19 日，第 1 版。

②资料来源：孙守道、郭大顺《论辽河流域的原始文明与龙的起源》，《文物》，1984 年第 6 期，第 20 页。

足，视野开阔，在查海聚落中央有一条东西走向的横穿遗址中部比较狭长的基岩脉，宽0.15～0.25米，以此为基础，查海先民有目的地采集了很多当地大小均匀的红褐色天然石块，都在8～12厘米，就此天然细长的基岩脉，人工精心地在上面用石块堆砌摆放出部落崇拜物龙形堆石。龙形堆石方向为215度，昂首向西南，尾部向东北甩去，腹部朝向山坡下方的东南，龙首尾长19.7米，头部宽约3.8米，厚约0.12米，颈部宽约2.85米，厚0.38米，龙身宽约2.2米，厚0.16米。龙形堆石是查海先民心中崇拜神龙形象在现实中的真实展现，是先民有目的、有规划的集体行为和意志的体现。查海遗址龙形堆石是迄今为止我国新石器时代考古发现年代最早、形体最大的龙形象，所以被世人誉称为“中华第一龙”。

3.查海的龙形象是最逼真、深刻的中国龙形象

龙纹陶片虽只是两块残片，但饰窝点纹为片状龙鳞，弯曲的尾部和盘旋的龙体，都具备了中国古代龙的特征，给人一种神龙见尾不见首的神秘之感。浮雕的蛇衔蟾蜍陶罐，采用写实的手法，在一斜腹罐上依照器身尺寸在两侧对称地堆塑出蟾蜍和蛇衔蟾蜍两个图案，蟾蜍整体塑造的形态逼真，以压印窝点纹饰于蟾蜍身上，代表蟾蜍皮肤上的许多疙瘩。一侧蛇衔蟾蜍造像，蛇紧紧衔住蟾蜍右下肢，尾部向后甩动，用压划短线纹饰蛇鳞，蟾蜍四肢张开，似做挣扎之状，整体造型协调，栩栩如生，突出了蛇衔蟾蜍的深刻寓意。龙形堆石属于摆塑型龙，在查海遗址聚落中央显著位置中心“墓区”的北侧，龙形堆石外形基本具备了中国传统龙的特征，龙头、龙颈、龙体、龙鳞、龙尾、龙爪等摆放分明，石块从头到尾排列有序，龙的前身较宽大，石块堆积较多、较厚，身体前部下方石块堆砌出像足又像云雾的衬托物，由头、身体向尾部石块逐渐变薄、变少，尾部更加松散细小。总体上观看是头向西南，昂头张口，红褐色石块似片片龙鳞，身体呈弯弓状，往尾部渐近变细上翘，摇摆甩向东北方向，若隐若现，给人一种巨龙就要腾空飞舞的态

势，龙的形象逼真，栩栩如生。

4. 查海龙的神性凸显

龙形堆石处于部落中央，南侧紧邻遗址的“中心”墓区和祭祀坑，北侧紧邻查海遗址最大的46号房址，房址半地穴式，平面呈圆角长方形，南壁中部外凸，南北13.8米，东西11.4米，面积达157.32平方米。房址内有柱洞多达32个，室内中间的灶口很大，直径约1.4米，深0.18米。从房址内出土的石器、玉器、陶器多达120多件，还有残碎的猪颌骨臼齿、鹿的颌骨臼齿及不明属种的动物骨骼残块，还出土了一对特大型的铲形器，不像普通的生产和生活所用，应是具有礼器性质之用。所以，根据紧邻龙形堆石上下的“中心”墓区、祭祀坑和最大的46号房址这些重要遗迹以及从这些遗迹内出土的代表性的遗物，综合分析龙形堆石可能是查海聚落中重要的崇拜祭祀性遗迹，这里应是查海部落在此集会、祭祀的场所，充分体现出以龙的非凡神性为代表的原始宗教观念已经形成。

5. 查海聚落龙崇拜的形式丰富，是集龙、蛇和蟾蜍三位一体的特色龙崇拜

查海龙在形象塑造和表现手法上，总类多，题材多，善变化，有堆塑的龙形堆石、刻画的龙纹陶片、浮雕的蛇衔蟾蜍陶罐等，是查海先民的原始宗教思想以艺术审美形式的表现，承载在陶器上，摆塑在大地上，得以保留至今，标志着我们是龙的传人。查海龙的几种形式，也充分体现出了中华龙崇拜的多样性和多源性，在查海一处遗址出现的几种龙形象又证明了中华龙崇拜的一体性。大而言之又可见长江流域、黄河流域和辽河流域龙崇拜的多样性和多源性，这种多样性和多源性构成了中华崇龙文化的一体性，即都有龙崇拜，各地多样的龙崇拜预示着中华文明起源的多源性，又全都一样崇拜龙并形成龙文化而充分展现出了中华文明的一体性。查海龙形象外表形似，内里神似，以形写神，生生欲动，生生若动，塑造的形神兼备，淋漓尽致地体现出了我国新石器时代龙崇拜的特征，传达出了先民的崇龙之意。

6. 查海龙崇拜拥有超强的震撼展现力

龙纹陶片和蛇衔蟾蜍陶罐是查海先民在生产、生活中思想感情的表露，这种思想情感、精神祈求等在陶器制作中得以融入、展现，使我们今天能透过这些承载着查海先民辛勤汗水和聪明才智的陶器，还原8000年前查海人那日出而作，日落而息，刀耕火种的原始生活。龙纹陶片和蛇衔蟾蜍陶罐是崇龙之情与生产、生活的结合，龙形堆石是石块与大地的结合，这种现实与无限遐想的结合让人震撼而心驰神往那个久远的年代，充分体现了查海先民的社会意识和审美情趣。龙形堆石的设计、选址、堆塑采取以大见小、小中显大的方法，蕴含了查海先民对心目中崇拜之物——龙的认识、观察、展示能力。查海整个聚落遗址地处阳坡上，龙形堆石在遗址中央，头南尾北横在山坡上，龙虽长20米，但是无论人身位于龙体的上、下、左、右哪个角度，零距离观看，都能保证视线开阔，一览全貌。在部落中央，在大地上摆塑展现，给人极强的视觉冲击力和超强的震撼力展现，可见查海先民博大的崇龙情怀。

第四节　查海龙、蛇和蟾蜍崇拜产生的条件

查海时代，在当时原始社会经济和生产力水平条件下，龙、蛇和蟾蜍崇拜作为查海人们一种重要的思想意识形态，主掌农业生产，支配人们的精神，是以当时的农耕经济发展为前提，原始信仰发达为背景，受农事活动、自然环境和思想条件等诸多因素相互制约、分裂、融合后经历岁月积淀而形成的产物，这是一个相当长的历史阶段，也是人类历史发生的最深刻的变革之一。查海文化龙、蛇和蟾蜍三位一体的龙崇拜就充分地反映出了这一时期

的社会变革，是同当时生产力的发展相适应的，是生产力发展的必然结果。

一、蛇和蟾蜍特殊的生物习性

蛇和蛙类是典型的物候标志性动物，都和农业生产有关。物候是最古老的一种气候标志，我国劳动人民因为农业上的需要，知道一年中寒来暑往，降雨下雪，河开河冻，植物发芽、开花、结果，候鸟春来秋往，动物冬眠等，这就叫物候。新石器时代以来，当时居住在黄河流域的各民族都从事农业和畜牧业，对于他们，季节的运行是头等重要的事①。查海遗址属于辽河流域旱地农业区，经济活动是农耕种植业为主，畜牧业、狩猎采集为辅。蛇和蟾蜍都是变温动物，是能直接代表物候变化的动物，查海原始先民观察它们在春天即将开始农业播种前复苏出现，秋收后冬季来临之时消失隐蔽冬眠，它的活动时间也正是原始人类进行农业生产的时间，而这也正是龙的活动时间，大蛇代表——龙的神性是施云布雨，所以从来不会在冬季下大雪。龙管理雨水的多寡，蛇吃老鼠，蟾蜍吃害虫，且食量很大，每只蟾蜍每天的捕食量为青蛙捕虫量的 2 ~ 3 倍②，风调雨顺，没有鼠害和虫害才是农业丰收的保证，不一样的动物，却是一样的社会功用——保证农业丰收。蛇和蟾蜍这种动物习性与农业生产的“巧合”在查海原始先民看来是神奇的，所以查海先民保护并崇拜这两个外表丑陋而神秘的朋友。有时候，动物图腾能够给予某些可以说是气象学性质的帮助③。龙、蛇和蟾蜍崇拜是查海农业定居先民以农业为题材的精神思想活动，是与农业和农事相关的崇拜，也是当时的生产

①资料来源：竺可桢《中国近五千年来气候变迁的研究》，《考古学报》，1972 年第 1 期，第 5 页。

②资料来源：罗逵昌、李杰《关于蟾蜍的动物行为观察》，《新课程研究·教师教育》，2008 第 7 期，第 139 页。

③资料来源：（俄）普列汉诺夫：《普列汉诺夫哲学著作选集》第三卷，三联书店出版，1962 年，第 385 页。

力水平条件低下，先民为适应自然、战胜自然在精神思想上的主观能动反映。

从民俗学来看，民间自古至今流传着蛇和蟾蜍能预知降雨的说法。蛇和蟾蜍能自由地活动在水中和陆地上，每逢大雨来临之前它们会有一些特殊的生物反应，所以人们认为它们能预知降雨的到来，是人类不具备而十分渴望拥有的本领，至今查海遗址所在地的阜新地区仍然流行“长虫过道，大雨来到”的民谚，意思是说如果人们看见有蛇横着穿过道路，就预示着要下大雨了，这种灵验的预示也是人们千百年来的经验总结。查海先民同样也注意到蟾蜍在雨前、雨后出外活动较多，特别是在大雨来临前因气压、空气湿度等异常的变化，会使蟾蜍、青蛙产生特殊的鸣叫，这种现象直接和降雨相联系。所以，在生产力落后的查海新石器时代，原始先民认知的蛇和蟾蜍在大雨来临前的反常行为，这是一种神奇的本领，它们是一种能预知风雨的神奇动物，给人类传递风雨的信息，而雨水的多寡是农业丰收的保证，是农业生产的大事，所以蛇和蟾蜍成为原始先民祈求风调雨顺、农业丰收的精神寄托，并因祈求和敬畏它而产生自然的崇拜心理。

蛇、蟾一窝（洞）的特殊生物现象。蟾蜍因为皮肤较厚，表皮有许多疣状突起能防止体内水分过度蒸发和散失，适应力很强，能长久地居住在陆地上，所以蟾蜍不仅生活在水边，在山地、丘陵都能生活，都很常见。查海遗址当地还有一种特殊现象，就是在山间台地一些庄稼地里的一些鼠洞内，蛇隐身在鼠洞内，洞口则由蟾蜍堵守，令人称奇。查海先民同样也会对此感到神奇不解，认定二者是有亲缘而崇拜它、迷信它。

二、查海聚落的经济条件

查海文化属于新石器时代，已经由原始采集、渔猎为主的攫取性经济，开始过渡到以原始农业和原始畜牧业为主的生产性经济，这种食物革命是人类社会的一个巨大飞跃，这一伟大的社会变革必然会引起原始思维和社会意识的变革。查海原始农业经济与自然现象的变化关系密切，粮食收成的好坏，饲养的家畜增加还是减少，都受到大自然的控制。查海时代人们的生产力水平极为低下，在自然力面前软弱无力，束手无策，于是便把各种自然力和自然现象神化，虔诚崇拜，引发了社会意识和宗教观念的变化。查海龙、蛇和蟾蜍崇拜与农业生产活动有着直接联系，从现有发掘资料来看，查海文化应处在相对成熟的农耕生产阶段，它在我国农业考古，尤其在东北原始农业发展史上占有十分重要的地位，开创了东北原始农业的先河①。

查海时代原始农业是“靠天吃饭”的“雨水”农业，相当脆弱，易受旱、涝、害虫等天灾的侵袭和影响。先民祈求风调雨顺，农业丰收，正是基于这种愿望和当时思想意识形态的发展变化，加上先民对自然的理解程度，就创造出了一个掌握操纵雨水的神物——龙，这是一个由模糊到集合的过程，也是龙被塑造、被神化的过程。从龙的形状和特征来看，关于上古蛇和龙的关系闻一多先生研究认为：“龙作为图腾，它的主干部分和基本形态是蛇；龙的基调是蛇；所谓龙者只是大蛇，一种大蛇的名字便叫做龙；蛇与龙二词始终纠缠不清；龙、蛇不分才更能确定古代图腾崇拜的遗迹。”② 蛇图腾走完了它的历史过程后开始有了转变，转变成一种不再只是图腾崇拜的灵物崇拜——龙，然而蛇到龙这个转变的完成经历了一个相当长的历史时期③。

龙的基本神性就是呼风唤雨，查海先民在向龙祈雨时，往往蛇的出现会伴随下雨，蛇的出现就成为下雨的征兆，所以先民就是以蛇为蓝本，依照蛇的形状和特征，以蛇为模特，再附加自己的主观意识就塑造出来了龙的基本

①资料来源：胡建、李立新《查海文化与原始文明刍议》，《阜新历史文化研究》，社会科学文献出版社，2002 年，第 51 页。

②资料来源：闻一多《伏羲考》，《闻一多全集（一）》，三联书店，1982 年，第 26 ~ 27 页。

③资料来源：赵生军《中国古代蛇图腾崇拜刍议》，《思茅师范高等专科学校学报》，2007 年 4 期，第 61 页。

形状，并以现实中的神秘动物蛇的形象显身，成为生活中可感知的龙，这也是一个神化的过程。这种由现实的“爬蛇”到抽象的“神龙”发展过程，也就是人类社会自身的发展过程，从查海遗址出土的蛇衔蟾蜍浮雕陶罐上的小蛇到长达19.7米的龙形堆石之大龙，足见当时查海先民的蛇、龙是一家。

考古发现这些有龙、蛇、蟾蜍（蛙）崇拜现象的遗址多数都属于辽河流域和黄河流域旱地农业经济文化区，经济活动以农耕种植业为主，畜牧业、狩猎采集为辅。这些遗址规模的大小从数万到数十万平方米，农业生产因受自然条件的限制，主要种植粟或黍一类耐旱的农作物，出土了大量的农耕工具、收割工具、粮食加工工具和碳化谷物窖穴等，人们由依赖自然的采集、渔猎攫取性经济进入到改造自然的农业生产性经济，而采集和狩猎为辅，保证了食物来源的稳定。定居生活加大了人们的交流，此时的精神文化生活也由采集、渔猎题材向农耕种植文化题材转移，因此这时的文化发展是围绕农业发展为主的，所以会产生与农业和农事相关的龙、蛇和蟾蜍（蛙）崇拜。

畜牧业是农业的重要组成部分，也是原始狩猎经济发展的结果。查海先民将狩猎时将没有被杀死的动物暂时饲养起来，待到日后需要时再杀死食用，这期间动物会有蛋、奶等衍生食品，如果繁殖数量还会增加，且“收益”稳定，饲养业便开始出现。先民饲养最多的是猪，因为猪杂食且喂养简单，繁殖率高，出肉率高。查海遗址出土了大量的哺乳动物遗骨，其中可鉴定标本759件，猪属482件①，占比例最高。从查海遗址动物遗骨出土频率和数量比例来看，猪是先民日常生活中重要的动物，可能是先民食肉的主要来源，从祭祀坑猪骨等考古学文化现象来看，当时的猪不仅能广为先民提供肉食，还有宗教等其他方面的意义。查海遗址出土的这些大量的农耕石器、陶器和数量众多的储藏窖穴以及家猪的饲养，表明先民聚落定居生活已进入

①资料来源：辽宁省文物考古研究所《查海新石器时代聚落遗址发掘报告（中）》，文物出版社，2012年，第625～630页。

到农业繁荣阶段。广义而言，农业的出现就是文明的根，是文明的起源①，查海农业生产性经济的繁荣为辽河流域文明起源奠定了充实的物质基础。

陶器的发明和使用也是新石器时代的主要特征之一。发明陶器虽是偶然的，但与农耕经济是密不可分的，它是人类第一个改变自然界物质特性的发明，成为新石器时代先民制造数量最多的一种物品。陶器主要是盛装物体的容器，基本功用是用于盛水、粮食和烹煮食物，陶器改变了原始农耕时代人们的生活方式，提高了生活水平，是这一时期人类生产力水平的标志性器物。同时，人们制造这些陶器时也激发了人类的创造性，加入了自己的思考和主观意识，为精神领域创造出更广阔的思维空间。陶器是凝固的历史，上面丰富多样、变化无穷的纹饰，使陶器看起来美观大方，更加结实耐用，同时也体现出这一时期原始先民的社会活动和精神文化思想。陶器龙纹、蛇纹、蟾蜍纹饰的出现就是这一时期人类宗教情感的表现，如查海、姜寨、庙底沟、师赵村遗址的蟾蜍或蛙纹比较写实逼真，柳湾遗址蛙纹则夸张、抽象而高度变形，成了具有象征性的几何纹饰图案，与人体比较接近，已经演变为具有人形蛙纹的特征，这更体现了人与蛙之间的关系。《易·乾·文言》："见龙在田，天下文明"，可见，龙、蛇和蟾蜍崇拜是与农业有关的，是社会发展的结果。

三、查海的古地理环境条件

我国是一个地形复杂，气候多变，自然灾害频繁发生的国家，这在古代对文明的影响尤为突出。从近些年环境考古资料看，气候、地貌、土壤等自然环境在早期人类文化的发展过程中起重要作用，新石器时代有龙、蛇和蟾

①资料来源：苏秉琦《华人·龙的传人·中国人——考古寻根记》，辽宁大学出版社，1994年，第246页。

蜍崇拜现象的这些文化遗址，从时间和空间分布上看，主要分布在黄河流域和辽河流域，先民将村落定居在靠近河流的黄土台地、丘陵区。从自然地理的角度来分析，黄土台地、黄土丘陵地区具有如下两个特点：

（1）这里的地貌类型多样，环境复杂多样，具有最大的生物资源多样性。区域内丰富的动植物资源，一方面可以满足当时人们的生活需要，另一方面又为植物的栽培、动物的驯化提供了种类丰富的生物基因库。

（2）这里是黄土广泛分布的地方，黄土是构成黄土台塬、黄土丘陵和黄土阶地等地貌类型的主要成分。黄土的土质疏松，易于石器耕作，是进行原始农作的良好场所①。

但是，这样的黄沙土环境受人类活动和气候影响则更大，有蟾蜍和蛙崇拜现象的这些遗址都地处我国北纬 40 度～35 度的大河流域，属于大陆性季风气候半干旱地带环境，季风气候对农业的不利影响主要是因降水差异而频繁产生的旱涝灾害，如此靠近水源、地貌多样和黄沙土层疏松的特点，更易受到气候的影响，雨水多则冲袭定居地和疏松的黄土台地，雨水少则影响生活且疏松的黄土更易产生旱灾，原始农业抵御这种自然灾害的能力很弱，甚至导致脆弱的原始农业经济崩溃。

新石器时代距今 8500～3000 年是全新世以来气候最佳适宜期，在我国称之为“中国全新世大暖期”或“仰韶温暖期”，当时华北、东北以及西北年平均气温可能比现在高 3 摄氏度左右。中国新石器及早期青铜文化的发展正是利用了大暖期的有利自然条件，气候环境的变动特别是严重灾害会对那时期的人类生存产生剧烈影响②。辽西地区和黄土高原地区全新世大暖期的自然环境演变，结果表明二者在气候、植被演变方面既有联系，又有区别。

①资料来源：邓辉等《从自然景观到文化景观》，商务印书馆，2005 年，第 94 页。

②资料来源：施雅风等《中国全新世大暖期气候与环境的基本特征》，《中国全新世大暖期气候与环境》，海洋出版社，1992 年，第 1～5 页。

首先全新世大暖期总的气候特征都表现为相对温暖湿润，而且在这一过程中都包含有短期的气候变冷现象；同时这两个地区在自然环境演变的不同阶段中反映出来的古气候在演化方向上也表现出一致性，即都表现为温暖湿润—鼎盛温湿阶段—降温—温暖的过程。这充分表明这两地区的环境演变是在全球变化的统一背景下进行的，并与全球变化保持同步性。温暖湿润且较为稳定的气候环境有利于人类生存，而变化剧烈的环境事件则会对人类产生重大影响，有时甚至是灾难性的打击①。辽西牛河梁、内蒙古中南部庙子沟和甘肃秦安大地湾是中国北方 3 个重要的新石器文化遗址，均位于中国北方温带的半湿润—半干旱季风区，所以 3 个地点的环境变化研究结果表明，全新世气候变化具有相似的变化趋势，即全新世早期是较为干凉的气候环境；在 9000aB. P. 之后，气候转为暖湿，这个较为稳定的暖湿阶段持续到 6000 ~ 5000aB. P. 气候有干凉化趋势；5000aB. P. 之后，气候明显趋于干凉；6000 ~ 5000aB. P. 阶段为气候波动阶段，是环境较差阶段②。

阜新查海遗址位于北纬 42 度左右，是内蒙古高原和辽河平原的中间过渡带，属辽宁西部低山丘陵地带，土壤主要是由风化岩沙构成的风沙土，土壤肥力低，土层极薄，不耐旱涝，所以粮食产量低，这样的地理环境受气候影响较大。气候作为人类赖以生存自然环境的一个重要组成部分，它的任何变化都会对自然生态系统以及社会经济系统产生影响，季风气候带来的降水差异大是对我国农业生产的主要打击。查海遗址所在地阜新地区属北温带大陆性季风气候，半干旱地带，受季风气候影响显著，常带来水旱灾害，农业尤其是受旱灾影响严重，受当时生产力和社会认识能力的制约，查海先民对

①资料来源：席小慧《全新世大暖期辽西与黄土高原地区环境演变及人地关系比较研究》，辽宁师范大学硕士学位论文，2005 年，第 52 页。

②资料来源：赵文宇等《全新世中国北方气候变化及环境特征》，《固原师专学报（自然科学版）》，2005 年第 3 期，第 13 页。

很多自然现象无法做出合理解释，人们祈求风调雨顺，农业丰收只能依靠一种精神寄托，于是控制旱涝的神物——龙就开始在人们的思想意识中产生了。可以说，查海文化的龙崇拜是对保证风调雨顺，农业丰收雨神的崇拜，是被神化人的力量对自然力量的抗争。

可见，查海新石器时代这一期间的气候条件虽适宜农业的发展，但影响农业生产的冷、热、旱、涝和虫灾等始终是不断发生的，这时查海先民赖以生存的经济基础——农业生产还需要相应的思想文化形态作为自己的保护力量，于是，辽河流域的古地理环境产生了一种文化现象——龙、蛇和蟾蜍崇拜，以祈求风调雨顺，农业丰收。所以，查海文化的龙崇拜是与雨水和农业有关的崇拜，是在农业生产性经济为主，采集、狩猎攫取性经济为辅的复合经济形态下，原始生产力水平与自然环境相互作用的产物，也是查海时代的生产力水平与自然环境被动适应在先民精神思想上的反映。

四、查海先民的精神思想条件

人类的原始宗教意识源于社会生活和生产实践，新石器时代随着原始生产力的发展，人类的思维能力也随之进步。随着原始农业生产性经济的繁荣，人类的生活环境和生存条件有了一定的改善，原始农耕经济使人们开始定居生活，形成聚居村落这样的小社会，这种群体生活导致产生了社会分工，加大了人们精神和思想的进一步交流，这一时期人类重要的精神文化生活就是原始宗教，并且占据文化统治地位。查海原始农耕经济繁荣，人们过着相对稳定的定居生活，对于当时而言定居村落就是一个大社会，随着社会生产力的发展，人们一定程度上摆脱了物质生活的束缚，精神上有了一定的自由，普列汉诺夫认为：“原始人认为他周围的外部世界是具有灵性的。思维的性质归根到底决定于人所具有的经验储备。他对这个其余的自然界知道的越少，他的想象活动的余地就越大。想象创造了许许多多用某种动物的活动来说明大自然现象的故事。”① 此时，查海先民已经开始审视世界，渐渐已经形成的审美观念和灵魂观念促使龙、蛇和蟾蜍崇拜产生成为可能。

审美观念是查海先民在劳动过程中形成的。如在石器制作过程中讲究形制规范、整齐、平润、均衡，是一个从粗糙到精美的发展过程，也是审美的过程。在陶器制作工艺上同样突出地表现出查海先民的审美意识，制作出的陶器口径、腹径、底径都不相同，但比例协调，达到了实用、美观、大方的标准。陶器表面均压印有纹饰，以“之”字纹为主，另有网格纹、斜线纹、涡点纹等，压印的纹饰线条流畅，纹路清晰，富于对比变化，极富美丽的装饰性，体现出原始的、朴素的、稚拙的美，给人以美的享受。图腾崇拜能有效地促进审美意识的产生与发展，图腾崇拜是原始艺术的摇篮②，所以，查海聚落时期因图腾崇拜而出现了陶器造型艺术，如蛇衔蟾蜍陶罐、龙纹陶片等，还将崇拜图腾龙用石块在部落中央摆塑出来，正如马克思所说：“艺术的对象是创造出艺术和能够欣赏美的大众。”崇拜与审美，本来是两种相互抵触的心理活动，但它们又往往在一定条件下，相互依存又相互促进。查海龙、蛇和蟾蜍崇拜实际上是一种造神过程，是客观对象的被神化与主观世界被异化，崇拜需要借助艺术形式和审美情感，让崇拜的对象——龙和蟾蜍更加高大完美，更能满足崇拜者——查海先民的心理需求，同时也极大地促进了审美意识在龙崇拜过程中被强化、升华，然后被凝结成今天我们看到的查海文化龙、蛇和蟾蜍崇拜三位一体的独特龙崇拜现象的产生。

查海遗址龙和蟾蜍崇拜表明，在人们的精神思想中普遍存在灵魂崇拜、祖先崇拜现象。查海遗址墓地的选址、葬式、葬俗和随葬品就足以表明这种思想。查海遗址出土的居址葬都是土坑葬，集中在遗址中心龙形堆石下方，

---

①资料来源：《普列汉诺夫哲学著作选集》第三卷，三联书店出版，1962 年，第 341 ~ 342 页。
②资料来源：邱振声《图腾崇拜与审美意识》，《民族艺术》，1994 年第 4 期，第 76 页。

据此分析可知，葬在这里的人不会是普通人，可能是当时部落的首领级人物，葬在村落居住区且龙的下方是为了怀念死者，方便祭拜。人们因为留恋生命，留恋亲情，便会十分尊敬死者及其死后的“鬼魂”，并且希望自己或亲人死后，生命仍以另外一种方式或比照人间的方式存续下去，即能够在另外一个世界相互“重逢”，于是便产生了“灵魂不死”观念，对于远古先民来说，肉体的死亡并不意味着“灵魂”的灭绝，人们会有许多办法使人走向“重生”。为了使亡灵在另一个世界继续延续其原本在人间的生活，查海先民们按照自己的生活方式制造了各式各样的随葬品，视死者虽死犹生，墓中人的“灵魂”虽从肉体分离，但还是和活人在一起的，还能保佑和庇护生者。

查海人灵魂观念的形成在墓葬形式上看还有比较特殊的居室葬，就是将死者埋葬在居住的房屋内，是一种比较特殊的葬俗。根据考古发现的其他文化遗址居室葬证据和对比民族学的相关资料研究，此类居室葬的动因一般可归纳为当时的人具有明确的灵魂观念及生者对死者的亲情观念，有的还出自特定的功利目的。现在，我们认为居室葬俗的出现是一种“灵魂观念”的表现，有的反映的是对祖灵的崇拜，由此反映出当时人的观念趋于多样化、思维复杂化①。查海遗址共发现了6座居室墓葬，其中F7M为一小孩墓葬，陪葬品有6件玉匕，每2件为一组，分别放置在颈部、胸部和腹部的位置，说明孩子的亲人眷恋之情，肉体虽死但“灵魂”还是和亲人生活在一起。根据从此儿童墓葬内出土的玉器看还有一种可能，就是孩子特殊的社会地位或特殊死因，首领的孩子或是祭祀时的牺牲品等，由此可见查海时代人们的灵魂观念已经形成。在查海遗址中有的还有祭祀遗迹，在查海遗址中心墓葬的祭坑内还有火烧过的猪骨残骸，表明先民在祭祀活动中将猪作为祭祀品。查海中心墓地的部分墓葬还带有陶器、石器、玉器等随葬品，这些都充分反映出

---

①资料来源：杨虎、刘国祥《兴隆洼文化居室葬俗及相关问题探讨》，《考古》，1997年第1期，第33～34页。

此时查海先民祖先崇拜、灵魂崇拜的内容，是非常珍贵的原始宗教遗迹、遗物资料。

第五节　查海龙、蛇和蟾蜍崇拜文化的内涵

查海文化距今8000多年，原始定居聚落农耕经济逐渐繁荣，又因新石器时代生产力水平制约，查海先民的认识水平有限，对很多自然和自身的现象不理解，所以查海先民对世界的依赖、畏惧、疑惑等需要一种“合理”的解释，这种思想情感查海先民在对龙的崇拜过程中充分而又具体地表现了出来，回答、解释了对未知的困扰，正如费尔巴哈说：“自然界是宗教的第一个对象。”① 查海遗址发现的龙纹陶片、蛇衔蟾蜍陶罐和龙形堆石，即可知查海龙的起源与诞生并非偶然，这种集中的出现似乎在向人们告知查海龙、蛇和蟾蜍崇拜的真正含义，表明了查海社会结构从蒙昧进化到理性，由野蛮发展到文明的进程，是查海先民精神思想的集中体现，龙崇拜也成为查海文化重要的内涵之一。

一、图腾崇拜

“图腾”原为美洲印第安人语，英文为“totem”，中国古籍中是没有这个词的，最早将英文中这一词译为中文“图腾”的是近代教育家、翻译家严

①资料来源：《费尔巴哈哲学著作选集》下册，北京三联书店，1962年，第679页。

复："图腾者，蛮夷之徽帜，用以自别其众于余众也。"[①] 意思是说，图腾就是原始时代的人们把某种自然物的图形作为本民族的保护神和氏族标志，用以区别其他部落，这自然物的图形，就成了这个民族的图腾，图腾实际是一个被人格化的崇拜对象。图腾崇拜一般认为是在母系氏族社会时期就已经产生，当时的社会生产力低下，人们在严酷的自然环境里生存、繁衍，其生产方式主要是以采集和渔猎这样的攫取性经济为主，人们还不能独立地支配自然，对自然界充满迷惑和期望，因此战胜自然只能靠的是精神和幻想，从而产生图腾崇拜这样的精神寄托。社会发展到父系氏族社会时，生产力逐步提高，原始农耕聚落定居生活使人们思想交流增强，人类的思维有了进一步发展，逐渐形成了灵魂、祖先等崇拜意识，此时崇拜对象已鲜明，且主要的不在其形象本身，而在于它所体现的诸如氏族血缘关系纽带。图腾崇拜使群体的祖先意识加强，使群体成员都认为自己是由图腾繁衍而来，图腾崇拜使祖先观念更加根深蒂固，于是，图腾成为聚落群体的保护神和氏族聚落的代表，且力量神秘而又非常强大。

查海新石器时代原始农耕经济逐渐繁荣，原始意识形态领域也开始显现出新的变化，这样在农业生产和社会生活中渐渐产生了与农事有关的龙崇拜，随着社会的发展，龙崇拜对象也就变得更加明确，它的形态按照崇拜要求而变得具体起来，这也是社会发展的必然结果。查海龙图腾崇拜的产生，是查海原始先民为了促进两种生产——物质生产与人自身生产发展而创造的，图腾崇拜等宗教意识随着社会生产力的发展而变化着。可以说，新石器时代查海龙崇拜的产生不是凭空臆造的，而是在旧石器时代图腾崇拜基础上重新整合塑造出来的，是来源于图腾又超越于图腾的，是从"图腾龙"到"崇拜神龙"的转变、融合、过渡、发展、成型时期，并逐渐进入了龙崇拜

①资料来源：（英）爱德华·甄克思《社会通诠》，严复译，商务印书馆出版，1981年，第3页。

的繁荣时期。地处辽河流域的查海遗址龙崇拜具有显著的特征，是研究龙图腾内涵的重要实物资料。泰勒说："动物崇拜的三种形式，先是对动物直接崇拜，接着是把它们作为呈现于其中的物神而间接崇拜，最后是作为图腾或该部落的化身来崇拜。"① 龙图腾崇拜是人类新石器时代普遍存在的一个重要宗教形式，促进了原始社会和人类自身的发展。查海龙图腾崇拜内涵丰富，它和原始宗教信仰、艺术创作、社会认识等诸多文明起源因素紧密地联系在一起，反映了查海人的部族性格，隐含承载着丰富的文化内涵，最终发展成为中国传统文化的重要组成部分——中国龙文化。

龙即大蛇，大蛇为龙，龙图腾就是象征查海这个部落。查海龙崇拜的形成和发展与农业文明的形成和发展有很大的关系。这一时期生产力进一步发展，男子在社会生产中的地位和作用越来越大，逐渐占据主导地位，男女间由自然分工向社会分工转变，社会中心自然发生偏移，母权制开始自然过渡到父权制，父系氏族公社逐渐形成，因此大蛇——龙就象征着体力强大的男性，在当时社会经济和生产力水平条件下，这是一个相当长的历史阶段，也是人类历史发生的最深刻的变革之一。查海遗址面积达 12500 平方米，龙形堆石位于聚落中心，这里是先民集会、祭祀的"圣地"，属于查海聚落的"标志性建筑"，龙形堆石 19.7 米长，1.8～2 米宽的大型龙体也就是查海部落强大的标志，展现出部落强大和领地之大的象征意义。查海遗址周围很大区域内查海文化类型遗址很少，也许这就是此时查海部落武力强大，领地范围之大的原因吧。查海聚落武力强大可保护部落安全，领地广大可保证更多的食物来源，此二者是部落安全稳定、人口繁衍的保证，龙也逐渐成为男性的象征、部落的象征，演进成为部落的精神、部落的图腾。龙腾上天能施云布雨保风调雨顺农业丰收，回归大地又以蛇身显现保征战胜利部落安全，即

①资料来源：（英）爱德华·泰勒《原始文化》，连树声译，上海文艺出版社，1982 年版，第 678 页。

在崇拜思想之中是神龙，在现实生活中以相似动物蛇显现，这也是查海部落蛇—大蛇—龙—图腾神龙的形成、演变、升华过程，真实再现了中国龙的集合形成过程和所代表的民族精神，象征意义深远且博大精深。

在发现的甲骨卜辞中就有很多人向龙祭祀敬献牲畜，用以求雨、求获的记录。查海遗址龙形堆石就是最原始祭坛的前身，下边还出土了10座墓葬和2个祭祀坑。其中H34凿于基岩内，圆形，斜壁，底部偏北还有1椭圆形环底小坑，大坑口直径1.9米，底径1.4米，深0.9米，底部小坑南北0.6米，东西0.5米，深0.24米。坑内有黑灰色土，土质松软，含有较多的灰烬和火烧过的猪骨碎块，还出土了罐类陶器5件，陶纺轮1件，石斧1件，石铲残片1件，敲砸器3件，玉凿1件。H36较H34略小，坑内也是黑灰色松软土，同样含有大量的灰烬和火烧过的猪骨碎块。因此，我们综合研究这些墓葬和祭祀坑，就可将其与查海先民祭祀活动联系起来，应该是对这些遗迹进行的最合理解释。还有，祭祀坑内出土了陶器、石器、玉器和火烧猪骨，在后世千百年来的祭祀活动中要使用祭品来祭祀奉神，就是沿用查海这种祭祀形式的原始遗风，更可见其意义影响的深远。

查海龙图腾作为巫觋、首领等沟通天、地、人、神的工具，用于求雨、繁衍、祈福、避祸等，是原始先民极其低下的生产力和原始思维的表现，是维系查海部落团结一体的精神纽带，并在发展中成为部落等级分化后少数地位、等级、权力、身份高之人神权独占的象征。查海聚落由此发展，从龙纹陶片图腾的形象单一到蛇衔蟾蜍陶罐的逼真形象，再到庞大龙形堆石的豪气展示，龙的图腾形象逐步由成形到定形，再到标准化，龙图腾逐渐成为查海部落的图腾标志，其外形也从早期简单的形象演化为后来复杂的造型、丰富的内涵，是抽象思维和象征思维发展的产物，体现了查海文化的龙图腾既是这一时期文明演进的产物，又是文明进步的标志。

二、生殖崇拜

从人类的生命本质上来讲，人类创造的文化都是崇尚生命的文化。恩格斯说："根据唯物主义观点，历史中的决定因素，归根结底是直接生活的生产和再生产。但是，生产本身又有两种，一方面是生活资料即食物、衣服、住房以及为此所必需的工具的生产，另一方面是人类自身的生产，即种族的繁衍。"① 生殖崇拜是新石器时代原始先民祈盼人口繁衍、氏族兴旺的心理和渴望，是对氏族和人类起源的一种探索和解答，是对神秘生殖现象带有功利性质的意识表露。在现实中表现出来的对生殖的尊崇和信仰，是新石器时代宗教信仰的一项主要内容。黄河流域的大地湾、柳湾、姜寨、庙底沟、土谷台等众多存在蛙崇拜现象的新石器时代遗址，都是将蛙作为一种生殖崇拜，对蛙的生殖崇拜也就成了新石器时代的一种普遍现象。查海文化属于新石器时代早期北方原生型文化，内涵丰富，8000 年前查海文化的龙、蛇和蟾蜍崇拜，向我们集中展示了辽河流域查海先民独特的生殖文化崇拜现象。

查海文化属于新石器时代，此时生产力极其低下，因此查海原始先民的人口死亡率极高，人的寿命极低，短促的生命也自然使妇女的生育时间大大缩短，生育为人类自身生产所必需。在长期的社会发展中，人们认识到只能以增加生育来扩大人类自身的再生产，人口繁衍对于查海氏族的延续与发展是至关重要的。而查海先民看到的一个基本事实就是人的生产主要是靠女性来承担和完成的，因此，查海人最初的生殖崇拜同样首先是崇拜女性，将女性神化，崇拜女性自然是崇拜她们的生殖力，让女性充当生殖之神，查海文化也不例外，并且延续影响到后来红山文化的女神崇拜。

①资料来源：《马克思恩格斯选集》第四卷，人民出版社，1995 年，第 2 页。

查海文化的蟾蜍崇拜是对女性孕育生产的生育行为崇拜。蟾蜍的生物习性与人类存在着某些近似性，查海先民看见小蟾蜍（蝌蚪）在水里成长发育，长大后既能在水中自由地游动，又能在大地上跳跃行走，这种本领与人类是最为相像的。先民从外形上看，蟾蜍的肚腹浑圆膨大与孕妇的大肚腹状态极似，孕妇生产是羊水破后婴儿出生，婴儿是在母亲体内羊水中孕育的，出生后离开羊水开始生活在大地上，也能在水中游泳。婴儿出生后四肢舞动，两臂张开，两腿弯曲高抬，哭叫声与蟾蜍（蛙）类似，所以现在的人们还管小孩叫娃娃，音同“蛙”。许多古代书籍和传统中医学习惯把女性的阴户称为“蛙口”或“蛤蟆口”，所以蟾蜍形象又充分象征女性的生殖器官，应是生殖崇拜习俗的远古遗风。

查海文化蟾蜍崇拜是对女性生殖能力的崇拜。从民族学来看，中国古代神话传说女娲造人，女娲被视为人类的始祖母，“娲”音同“蛙”，女娲称谓就是从蛙图腾演变而来的，象征女性生殖繁衍。查海时代当时生存环境恶劣，人类的存活率很低，人口数量就成为决定各部落兴衰的大问题，为了繁衍子孙的需要，先民们把生殖看作是一件十分神圣的事情。而蟾蜍却具有极强的繁殖能力，这种极强的繁殖能力是查海人所崇拜的，继而因崇拜而迷信，成为查海先民生殖崇拜的形象代表。

查海的蛇衔蟾蜍浮雕陶罐是男女交合同体形式的生殖崇拜。查海的龙代表男性，天上隐身为龙，地下显身为蛇。蛇和蟾蜍也充分象征男性和女性的生殖器官，两性的结合才能孕育子女，人丁兴旺，让氏族繁衍，这是查海先民已经认识到的，所以是非常渴望的。观察蛇衔蟾蜍陶罐可知，蛇衔蟾蜍陶罐一侧的蛇衔蟾蜍图案是蛇衔住蟾蜍的后腿，以及蟾蜍那种四肢张开，生生欲动，生生若动的形态，寓意男女交合之态。一方面随着查海原始农耕经济的发展，男性在社会生产中的作用日益显著，已经超过女性在社会生产中占据了主导地位，另一方面查海先民已经认识到两性的结合才能生育繁衍。说句题外话，现代医学已知男性的生殖细胞——精子的形状，即是小蝌蚪状，这与查海人对蟾蜍的生殖崇拜是历史惊人的巧合吗？蛇衔蟾蜍的形象实际上是查海时代男女相爱、相交、生育的象征，说明查海先民对于“性”和生育有了基本的认识，查海先民已经认识到只有男女交合才能生育、繁衍后代的道理，又是当时人们对幸福美好生活的一种原始向往。查海先民对人类起源与诞生以及人类繁衍的问题已经有了深入认识，虽然他们的思维认识在当时的社会条件下不可能得出科学的结论，但这种思考与探索的精神却是难能可贵的，是查海先民对于社会和人类自身各种探索的一种代表成果。查海时代先民由对女性生殖崇拜过渡到男女两性同体生殖崇拜，男女交合行为成为生殖崇拜的形式，充分反映出此时先民生殖崇拜的内容。所以，查海蛇衔蟾蜍浮雕陶罐应是生殖崇拜的神圣之物。一是当时女性生孩子时所用，或卫生清洗，或婴儿沐浴等带有特殊或专用意义的陶器；二是用于生殖崇拜祭祀礼仪之用的特殊专用陶器，带有礼的性质。

查海先民渴望种族延续，氏族繁衍，产生以龙、蛇和蟾蜍为主要形式的生殖崇拜，这是查海氏族社会传宗接代的需要，还可以解决人们从哪里来的困惑，人们通过生殖崇拜的过程而明白氏族繁衍在人们自身，这种原始思维既是对神秘的生殖现象以及认识超能力的敬畏，又是功利意识的强烈表现。查海文化据此产生的生殖崇拜现象开始占据文化主要地位，也是查海先民普遍存在的一种文化现象，在人类文明发展过程中这一文化构成了许多重要文化现象与思想理论的深层基础。所以，蛇衔蟾蜍陶罐与生活息息相关，是查海先民的理想、信念及美好愿望的生殖崇拜器物，也是查海先民生殖崇拜的见证物，作为物质文化与精神文化的载体，以独特的方式传递了 8000 年前查海社会的人文信息，代表了辽河流域独特的生殖崇拜现象，体现了中国人隐讳、含蓄、内敛的性文化心理，是查海先民留给我们非常珍贵的原始生殖崇拜遗物资料。

三、原始阴阳哲学思想萌芽

中国哲学是我们民族时代精神的代表和传统文化的核心，是中国人智慧的结晶。阴阳思想就是很早出现的一对重要的哲学范畴，古代先民通过仰观俯察“近取诸身，远取诸物”，看到了客观世界广泛存在的两种互相消长的势力，以此用阴阳来表示，逐渐形成了阴阳对立统一的思想。查海文化的龙、蛇和蟾蜍崇拜，是中国远古天人合一、阴阳对立统一哲学思想的萌芽，这是建立在查海先民对客观事物长期观察和认知基础之上的，具有朴素唯物主义和朴素辩证法思想，是博大精深的中国龙文化的渊源地。

我国古代的人们具有将世界分为天、地、神、人等不同层次的宇宙观，用阴阳来概括两种相互对立或相互消长的关系，以巫觋、灵物等进行沟通，形成了人与自然和谐的天人合一，查海文化的龙、蛇和蟾蜍崇拜深刻折射出这一思想。礼仪活动源起于人类早期的宗教祭祀行为，查海龙形堆石就是原始祭祀遗址，是查海人的“礼仪建筑”，也是后来红山文化乃至后世祭坛的雏形，是后世筑坛祭祀活动的最早形式。查海的龙、蛇和蟾蜍就是精神载体，沟通的灵物，是人们对自己生存环境中的天、地、神、人关系的独特认识和解释，反映出中国上古时期朴素的哲学思想。阴阳既对立又统一，人类只是天地万物中的一个部分，必须遵照天地规律去认识和改造自身，人要适应效法天地自然规律与自然和谐相处，天人合一才能生存，才能和谐发展，这种观念色彩也是原始宗教信仰的反映，以及宗教礼仪、宗教建筑、宗教仪式的内容。“一阴一阳谓之道，继之者善也，成之者性也”①，《淮南子·天文训》记载古人拜天祭地：“天地以设，分而为阴阳，阳生于阴，阴生于阳，

①资料来源：张双棣《淮南子校释（上）》，北京大学出版社，1997年，第287页。

阴阳相错，四维乃通，或死或生，万物乃成。”① 一切事物都存在阴阳的道理，阴阳既对立又统一，遵循这一规律便能得到生存发展，查海人也在遵循这一规律的同时发展完善了这一规律。查海大蛇飞天为龙，龙象征男性，天、男人代表阳；查海飞龙归地为蛇，蛇象征女性，地、女人代表阴。查海飞龙在天施云布雨保风调雨顺农业丰收，地上蛇吃老鼠，蟾蜍捕捉害虫同保农业丰收，天上为龙，地上显现为蛇，同是春暖而来秋凉而去，随季节而变的“神物”，一天一地，一阳一阴，因此它们虽是阴阳不同的、相对的，但又是互补的、统一的。天地结合为世界，男女结合为社会，在天为龙，在地为蛇，共保农业丰收，它们虽是阴阳不同的、相对的，但又是互补的、统一的，解决了人、社会与自然界的关系问题，是查海先民长期与自然作斗争的经验总结，是查海先民生存发展的人生智慧。所以说，我国古代阴阳对立统一、天人合一的朴素哲学思想在查海文化的龙、蛇和蟾蜍崇拜中可见渊源。

查海文化的龙、蛇和蟾蜍崇拜是维系当时部落稳定、促进部落发展、协调部落成员间关系的精神纽带，是一种智慧和思想，表达了人们适应自然、改造自然和战胜自然的信心和决心，隐含着原始巫术文化的丰富内容、古代人类的思维和艺术创造能力，反映了人类社会从蒙昧、野蛮走向文明的过程。查海文化包含了农业文明、意识形态、宗教信仰、文化艺术等，是社会分工和社会分化在人们思想意识领域的突出反映，是人们的精神理想和生活希望，是社会诸多文明的结晶和辽河流域文明起源的标志，它已深深地融入中华文明多元一体的起源进程格局之中，表明辽河流域同黄河流域、长江流域一样孕育了中华文明，对中华民族的形成和发展做出了重要贡献，是中华民族文明的发端和人类文化史上的瑰宝。

①资料来源：张双棣《淮南子校释（上）》，北京大学出版社，1997 年，第 387 页。

第五章　藏礼于玉　德礼凸显

——查海遗址玉文化研究

中国人是崇玉尚玉的民族，玉是精神思想中德和礼的载体，赋有生命力，是人类文明起源的标志，源远流长的玉文化更是中国文明的象征。阜新查海遗址是我国北方重要的一处新石器时代文化遗存，考古发掘出土了我国乃至世界上人类加工、使用过最早的真玉器，被称为“世界第一真玉”，这些精致的玉器蕴含的丰富文化内涵是查海原始先民物质与精神的智慧结晶，是中国玉文化的肇始和文明的发端。查海玉器表明早在8000年前，原始先民就掌握了高难度的攻玉技术，已经开始认识、加工、使用真玉器，查海遗址也成为辽河流域玉文化重要的起源地之一。查海玉器不仅有自身独特的文化内涵，它的许多特点和自身的发展轨迹对于探讨中国玉器起源、原始功用及其玉文化传播具有重要的价值，查海玉器是我国史前玉文化研究和中国文明探源的重要物质和精神载体，是中华文明起源独特的文化标识。

第一节　查海遗址出土的玉器

一、玉、玉石和玉器

玉、玉石和玉器的概念紧密相关，不同学术领域和研究角度对其的界定有所不同。

玉。从中国传统文化对玉的定义来看，东汉时期许慎所著的《说文解字》给玉做出了比较明确的定义："玉，石之美，有五德者。润泽以温……凡玉之属皆从玉。"① 这个定义简洁明了地说玉是"石之美，有五德"，既有"石之美"的自然属性，也有"有五德"的社会道德属性，还规定了玉是"美石"这个审美标准。现代的汉字工具书《辞海》对玉的解释沿用了中国古代对玉的传统解释，将玉定义为"温润而有光泽的美石，如宝玉、玉器"②。我们可以给中国传统意义上的玉下这样一个定义：玉是指在历史上长期被用来琢磨玉器的那些质密、色美、物稀、贵重的材料和玉器的总称，是包涵天然的自然属性、人工自然属性和社会文化属性的美石和玉器。

玉石。《中国大百科全书》对玉石的定义为："自然界中颜色美观、质地细腻坚韧、光泽柔润，由单一矿物或多种矿物组成的岩石，如绿松石、芙蓉

①资料来源：（汉）许慎《说文解字》，中华书局，1981 年，第 10 页。

②资料来源：辞海编辑委员会《辞海》下册，上海辞书出版社，1999 年，第 4599 页。

石、青金石、欧泊、玛瑙、玉髓、石英岩等。狭义上专指硬玉翡翠和软玉，如和田玉、南阳玉等，或简称玉。实际上广义的宝石也包括玉石在内。常用作首饰及玉雕材料。"① 地质与矿物学认为目前国际上统称的玉专指翡翠和软玉，而其他玉雕石料，如岫岩蛇纹石质玉、独山玉、蓝田玉等质地较软的石头统称为玉石。所以说，玉石是由一种或多种矿物组成的具有色泽艳丽、硬度较大、化学性质稳定的单晶体或集合体，包括矿物学中所称的玉石类的软玉、硬玉和宝石类，是一种自然物。

玉器。《礼记·学记》说："玉不琢，不成器。"②这也是中国传统用玉观念，认为从玉石到玉器必须经过设计、雕刻、琢磨等一系列人工加工过程，同时之中融入了制玉人或用玉人的某种思想情感，或象征意义，以玉器的材质、造型、工艺等人为手段或张扬直接，或隐晦含蓄地展现出来，而要完成这个过程必须要完成玉石到玉器的转变，所以，民俗、考古和宝玉石界将玉器定义为是用玉石琢磨而成的器物或艺术品。

简单地从技术角度说，玉包括天然的玉石和人工利用玉石制作的玉器，两者的区别在于玉石是没有任何人工痕迹的天然自然物，玉器则是经过人类加工过的人工自然物。

二、查海玉器的类型

查海遗址是我国北方重要的一处新石器时代文化遗存，考古发掘出土了人类加工和使用最早的真玉器，是我国博大精深玉文化重要的发源地。查海遗址现存1.2万多平方米，从1986~1994年先后发掘了7次，已发掘面积7800多平方米，在聚落内的文化堆积层、房址、居室墓、祭祀坑等遗迹内截

①资料来源：中国大百科全书编辑委员会《中国大百科全书》，中国大百科全书出版社，2009年。
②资料来源：李学勤《十三经注疏·礼记正义》，北京大学出版社，1999年，第1051页。

至目前共计出土玉器44件①。这些玉器依造型不同，可以分为玉斧7件，玉凿7件，玉玦7件，玉匕13件，玉管6件，小玉环1件，玉器残片2件，还有小玉料1块。

（1）玉斧，共7件（彩图十九）。通体磨光，宽扁圆体，两边弧曲，两侧略显弧线，正锋，弧刃，刃锋利。玉斧按形制可分两种类型：A型为长方形状，共3件；B型为梯形状，共4件。玉斧的颜色只有一件梯形玉斧为浅绿色，标本编号F27①：6，其余皆为乳白色。

最大型玉斧：遗址17号房址出土，为一件A型玉斧，标本编号F17：33（图5－1，1），通体磨制，呈乳白色，扁长方体，上端部残缺，侧面微弧，一侧棱角分明，一面侧身有切割沟痕，另外一刃角残缺，经修磨，弧刃，正锋，刃锋利，有崩疤。残长7.0厘米，宽6.0厘米，厚2.0厘米。

最小型玉斧：遗址地层采集，为一件A型玉斧，标本编号采：34（图5－1，2），呈乳白色，通体磨制光润，扁平长条形，上端两角残缺，两侧平磨，棱角分明，略斜弧刃，正锋，刃锋利，有崩疤。残长3.9厘米，刃宽2.1厘米，厚0.6厘米。

（2）玉凿，共7件。通体磨光，器体呈窄扁体，两侧显现棱角分明，略偏锋，直刃或斜刃。玉凿可分为3种类型：A型为长方形，4件；B型为梯形，2件；C型为长柱形，1件。玉凿的颜色有墨绿色、乳白色、浅绿色3种。

最大玉凿：遗址20号房址内出土的一件C型玉凿，标本编号F20：10（图5－1，8），墨绿色，通体磨光，长棱柱体，侧面平磨，棱角分明，两端刃，刃锋利，有崩疤。长6.0厘米，顶宽1.4厘米，刃宽1.4厘米，厚1.4厘米。

最小的玉凿：遗址地层中出土，为一件C型玉凿，标本编号T0411①：1（图5－1，7），通体磨制，呈深绿色，长棱柱体，一侧切割痕迹明显，上端细，

①资料来源：辽宁省文物考古研究所《查海——新石器时代聚落遗址发掘报告》，文物出版社，2012年，第615页。

平顶，刃短粗，略偏直刃，钝锋。长2.95厘米，刃宽0.3厘米，厚0.8厘米。

（3）玉玦，共7件。整体呈板状圆环形，环状带缺口，通体磨光，棱线明显，斜切口，对钻孔，缺口经过修整，颜色以乳白色为主。可分为两种类型：A型为环状扁圆棱体，共6件；B型为环状柱体，共1件（彩图二十一）。

最大玉玦：遗址地层遗物，标本为一件A型玉玦（彩图二十二），编号T0407②：6（图5－1，4），乳白色，有淡绿色斑。玉玦外径3.8～4.0厘米，厚1.15厘米，孔径1.7厘米，切口宽0.2～0.3厘米。

最小玉玦：遗址43号房址内出土，为一件A型玉玦，标本编号F43M：2（图5－1，3），乳白色，外直径1.7厘米，内直径0.6厘米，厚0.5厘米，切口宽0.15厘米。

（4）玉匕，共13件。皆长扁条体，条体内凹外凸，通体磨光，上端平圆角，靠近末端正中有一个圆穿孔，穿孔由凹侧向显弧侧为主对钻，弧侧孔壁斜直，孔缘直径较大，弧侧孔壁稍显，孔缘直径稍小，下端圆弧，略向外翻翘，周缘圆薄。颜色多为乳白色、浅绿色和蜡黄色。

最大玉匕：遗址地层中出土，标本编号T0307②：1（图5－1，5），深绿色，长扁条体，内凹外弧，上端平直，圆角，上窄端钻有一孔，对钻，下端圆弧状，稍外翻翘，周边圆薄。长11.6厘米，穿孔处宽1.5厘米，底端宽1.8厘米，凹处中心厚0.5厘米。

最小玉匕：遗址7号房址居室墓葬中出土，为一小孩墓葬中3对6件玉匕（彩图二十）其中最小一对之一，标本编号F7M：5（图5－1，6），乳白色，扁长条形，通体磨光，一面内凹，另一面外凸呈弧形，上端有豁口，近顶端有钻孔，下端呈圆弧形，顶部内凹面一侧有裂纹。长约2.6厘米，宽1.3厘米，孔径0.1～0.15厘米。

（5）玉管，共6件。圆柱体，通体磨光，两端截面都不齐整，两端斜口，体正中有一道自两面对钻而成的长孔。颜色为乳白色和蜡黄色两种。

最长玉管：遗址地层中出土，标本编号 T0607②：1（图 5－1，9），呈乳白色，两端稍细，对钻孔。长 4.5 厘米，外径 1.2 厘米，孔径 0.5 厘米。

最短玉管：遗址 43 号房址出土，标本编号 F43：38，通体磨制光润，呈乳白色，珠状，不甚规则，两端稍细，中间略粗，端口微平斜，对钻孔，一端钻孔稍大，一端钻孔稍小，偏离中心。体长 1.2 厘米，最粗径 1.3 厘米，大孔径 0.7 厘米，小孔径 0.5 厘米。

（6）玉环，1 件。遗址地层中出土，标本编号 T1110②：10（图 5－1，10），蜡色，通体磨光，对钻孔，孔稍偏。直径 1.2 厘米，孔径 0.5 厘米。

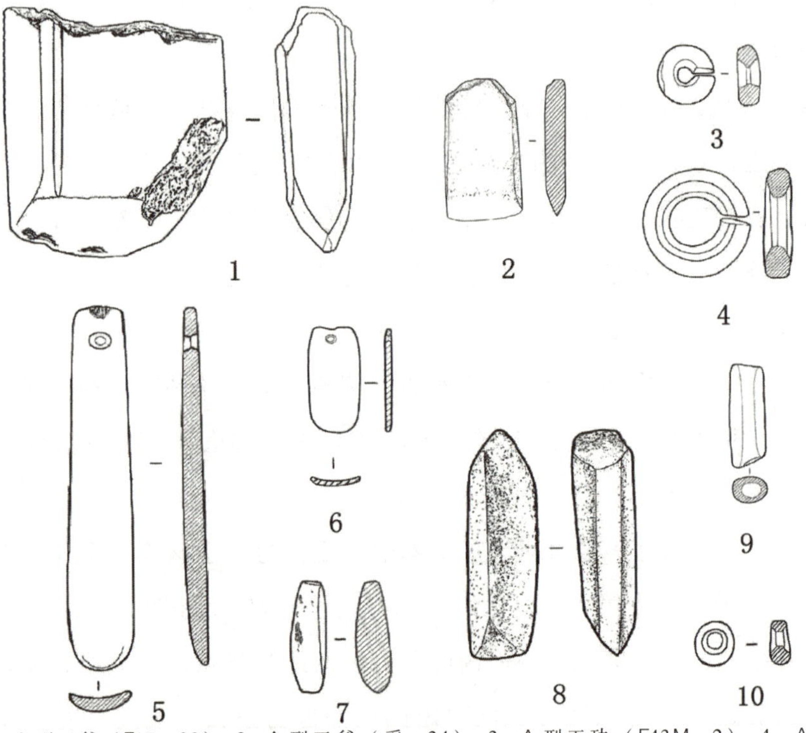

1. A 型玉斧（F17：33）；2. A 型玉斧（采：34）；3. A 型玉玦（F43M：2）；4. A 型玉玦（T0407②：6）；5. 玉匕（T0307②：1）；6. 玉匕（F7M：5）；7. C 型玉凿（T0411①：1）；8. C 型玉凿（F20：10）；9. 玉管（T0607②：1）；10. 玉环（T1110②：10）

图 5－1　玉器类型

查海遗址这些珍贵的玉器分别出土或采集于不同的遗迹内，出土地点比较分散，没有发现玉器加工地点和玉料废弃物。这些极具原始、朴素之感的玉器表明查海先民对玉料有了非常深刻的认识，掌握了玉的特征，识玉、制玉是他们多种技能融合的智慧结晶，是当时生产力水平的最高代表，反映出了查海文化的时代特征和先民的审美意识。

三、查海玉器的玉质

玉有真假，如珉、砆、碈等似玉非玉是假玉，可通称为彩石，古代又为采石；真玉是现代矿物学与宝玉石学的国际通用概念，仅包含两种链状硅酸盐单斜晶系的辉闪石矿物集合体，真玉又分为软玉和硬玉①。

软玉在显微镜下观察，是角闪石族钙角闪石组透闪石—阳起石—铁阳起石系列之具交织纤维显微结构者，质量取决于透闪石—阳起石雏晶成束组成纤维的粗细，愈细质量愈好，所以软玉具有细腻和坚韧的性质。软玉均为透闪石或阳起石，成分主要为硅酸钙、硅酸镁、硅酸铁，硬度6.5，比重2.96，质地细腻，韧性好，多数不透明，具有油脂光泽，常见颜色有白、灰白、绿、暗绿、黄、黑等色，主要随矿物中铁含量的增高而透明度降低，即颜色加深。通俗地讲，软玉是指闪石类中透闪石、阳起石等系列具有宝石价值的硅酸盐矿物。

硬玉是辉石族钠辉石组的一个矿物品种，是具有宝石学价值的硬玉矿物集合体，硬度为7，比重为3.33，半透明，有玻璃光泽。我国俗称的“翡翠”就属于硬玉，在古代翡翠是一种生活在南方的鸟，毛色十分美丽，通常这种鸟雄性的为红色，称为“翡”，雌性的为绿色，称为“翠”。翡翠含有

---

①资料来源：闻广《辨玉》，《文物》，1992年第7期，第75~79页。

角闪石、长石、铬铁矿、褐铁矿等，铬是使翡翠具有翠绿色的主要因素，三氧化二铁等使之呈现红色或紫色，所以古人借用翡翠鸟的颜色来称呼这种红色、绿色的玉石为翡翠。

研究、鉴定古玉材质是否为软玉，即真玉，最基本且必须的是确定其是否为透闪石或阳起石，以及有无透闪石或阳起石交织纤维结构，涉及研究古玉原料的来源问题，还需要研究其微量元素成分特征及稳定同位素特征等。所以，可据此来鉴定查海玉器的玉质，解决查海玉器的来源和流向问题。查海遗址出土的玉器经专家进行初步肉眼鉴定，从玉器的颜色、光泽、结构、半透明度、硬度、比重和化学试剂的检验等方面分析，可初步鉴定为真玉的阳起石或透闪石软玉，但由于查海玉器在地下埋藏年代久远，受沁严重，加之表面抛光等因素，难免会有误判的情况发生，如果需要对玉器的矿物成分做出判断，这就需要实验室的科学检测。

1989 年，经中国地质科学院地质研究所鉴定，根据查海玉玦室温红外吸收光谱及扫描电子显微镜所示显微结构特征（图 5－2）①，得出了举世瞩目的鉴定结论：迄今全世界已知最早的真玉器，系出土自我国早期新石器时代遗址之一，公元前第六个千纪的辽宁阜新查海。共出土了 8 件玉

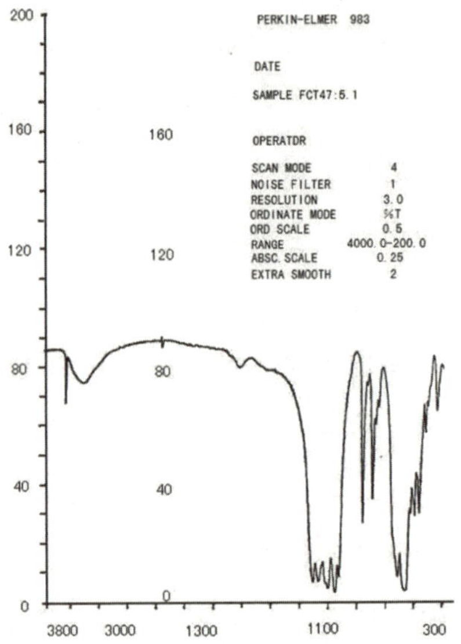

图 5－2　查海透闪石软玉玦室温红外吸收光谱

①资料来源：闻广《中国古玉的研究》，《建材地质》，1990 年第 2 期，第 8 页。

器，经研究全是真玉，其中7件（4件玦，1件管状玦，2件匕）是透闪石软玉，另外1件凿是阳起石软玉。以上8件全是真玉，而且明显出自不止一块玉料，说明查海玉人鉴别玉料已达到相当高的水平，已经脱离了用玉初期真假玉混杂鉴别不清的阶段①。查海真玉器的发现，说明了玉器文化与新石器时代在我国是共同到来的。1990年夏，中国地质科学院地质研究所又对查海遗址新近出土的9件玉器（6匕，1玦，1双刃斧，1珠）经类比肉眼鉴定，除珠外也是真玉②。

查海玉器全部是透闪石、阳起石软玉，即真玉，是真玉透闪石软玉的范例，可见查海人当时已经熟练地掌握了对软玉的识别、加工和使用，充分证明查海遗址不仅是我国远古玉器的起源中心，也是迄今世界考古史上发现最早的人类琢制、使用真玉器的遗址。查海玉器比诸以往西方认为最早的真玉器，即俄罗斯雅库特遗址新石器时代晚期文化层（距今第五千纪）所出之软玉器早出了3个千纪③。所以距今8000年的查海玉器，是目前全世界考古发掘发现最早的人类识别、制作、使用的真玉器，被公认为“世界第一真玉”。

四、查海玉器的制作工艺

新石器时代查海遗址距今约8000年，文化内涵丰富，出土了数量众多的软玉制作的玉器。苏秉琦先生认为查海的玉器解决了3个问题：一是对玉的认识，二是对玉的加工，三是对玉的专用。查海先民已经开始识别玉、加工玉、使用玉器，是我国制玉史和玉文化起源的最早中心，这也是社会发

---

①资料来源：闻广《中国古玉的研究》，《建材地质》，1990年第2期，第7页。

②资料来源：闻广《中国古玉研究的新进展》，《中国宝玉石》，1991年第4期，第32页。

③资料来源：闻广、荆志淳《中国古玉地质考古学研究》，《中国地质科学院地质研究所文集(29－30)》，1997年，第275～280页。

展、社会分工、社会开始分化的表现，是辽河流域文明之源。查海先民对这种高品质透闪石和阳起石软玉玉料的认识、加工和使用，绝不是玉文化的初始状态，而是发展了很长的历史时期后形成的早期玉文化阶段，先民这种辨玉能力与玉器制作技术是相辅相成又相互促进的。查海先民在对外的物品交流、部落征战、部落交换等过程中，可以得到玉器的“成品”或玉石原料，或者在周边山间河谷中拾得玉料，得到玉石原料这就要求将其加工成所需的玉器制品，这是一个长期认识和实践形成的过程，是玉器加工史的历程，是那些在制作石器之人中的“能工巧匠”逐步成为专业玉器加工匠人的过程。

通过对查海不同类型玉器的研究和鉴赏，可知查海先民对玉料的识别能力之强，从种类、式样、规格到工艺水平都是比较规范的，从中可知查海先民已经有了社会分工，出现了专业的制玉匠人。《论语·卫灵公》记载：“工欲善其事，必先利其器”，① 这里的“器”指的就是工具，而且是指锋利、利于加工的适合工具，因此研究查海玉器的制作工艺，也就是研究查海先民用什么工具，使用什么样的方法来制作查海精美玉器的。我国古代对制玉技术最早的记述是春秋时期的《诗经》，记载有：“……它山之石，可以为错。……它山之石，可以攻玉”②“如切如磋，如琢如磨”③，说明在春秋时代及以前，主要是用石质工具琢磨玉器，这可从查海遗址出土的玛瑙、石英岩、硅化木等各种坚硬的石质工具得到验证。查海玉器的制作是先民在石器的加工技艺中沿袭下来的，石器的制作是用打制、琢制、磨制、钻孔等基本工艺完成的，这种工艺完全被早期的制玉工艺承袭下来。所以，按照查海玉器制作的类型和制作技术可以将制玉工具基本分为以下几大类：

打制工具：即是按需所用的各种材质、形状、大小不同的石块、石片、

①资料来源：杨伯峻《论语译注》，中华书局，1982年，第163页。
②资料来源：周振普《诗经译注》，《诗经·小雅·鹤鸣》，中华书局，2002年，第276~277页。
③资料来源：周振普《诗经译注》，《诗经·卫风·淇奥》，中华书局，2002年，第79页。

石条等。

琢制工具：专门制作的圆形、棱角显著的琢石，材质以坚硬的石英岩为主。

切割工具：各种长短、薄厚、大小、材质等不同的陶片、石片、玛瑙片、木片、骨片、贝壳等，还有植物纤维制作的粗细不同的线绳，或用动物皮制作的皮条、皮筋、皮绳等。

钻孔工具：树化石（硅化木）、玛瑙等材质坚硬的长条锥，还有按钻孔所需要而选择的各种细石器，还有各种粗细不同的质地比较坚硬的木条或木棍等。

研磨工具：各种圆形的研磨器，大小不同的砺石或颗粒粗细不同的河沙等。

抛光工具：各种木质、骨质工具，陶片、动物皮毛、植物叶片、细河沙等可以用来抛光的种种东西。

辅助工具：制作玉器时的石质、木质的工作台，如大石板、树桩等辅助工具，或其他一些临时的辅助材料，如盛水的陶罐等。

查海玉器，特别是玉玦、玉匕、玉管等装饰品的制作和使用，表明查海文化时代玉、石分化已经形成，玉器与石器工艺也已分化，自成系列，但制玉工艺与制石工艺并未完全脱离，很可能玉匠还是石匠，玉匠仍借用磨制石器的工艺来制作玉器。经过对查海玉器制作工艺的深入研究，可知，8000 年前查海先民已经熟练掌握了后世制玉的基本技术，奠定了中国数千年制玉技术和玉雕工艺的基础。

查海先民的制玉技术基本为开料、用砂、切割、琢磨、钻孔、抛光等工序流程。

（1）开料。开料主要是针对某些比制作所需玉器大的玉料。方式一是，直接使用简单原始的方法利用比较坚硬的石头，如花岗岩、鹅卵石等砸开大块的玉料，或是砸去玉璞外面包裹的玉皮或石头。方式二是，制玉技术进步后有目的、有计划地用片切或线切技术分割玉料。玉料开好后，就要选取大小合适的玉料进行设计定形，或是直接使用大小合适的玉料，采用打制的方法加工想要得到的玉器，敲打下去玉料多余的棱角，逐步修整完成玉器的基本外形毛坯，即将玉器的大致形状打制出来，进而再对毛坯进行琢制、磨制、钻孔和抛光等工序，这样的方法主要用于玉斧、玉锛、玉凿等的制作。

（2）用砂，即利用解玉砂治玉。砂同“沙”，沙一般指天然流水冲刷基岩或含沙土壤等而形成的自然沙子；砂一般是指工程、制造等人工生产时所用的沙子，常写作“砂”。明末宋应星的《天工开物》记载：“中国解玉砂，出顺天玉田与真定、邢台两邑。其砂非出河中，有泉流出精粹如面，借以攻玉，永无耗折。”① 这便说出用解玉砂加水制成砂浆治玉，即用解玉砂对玉进行研磨、切割、抛光等加工。清末画家李澄渊给英国医生卜士礼所作的《玉作图说》中，对解玉砂及制作进行了详细描绘和解释：捣沙图说和研浆图说合为一开。捣沙图说：攻玉器具虽多，大都不能施，其器本性之能力不过助石沙之能力耳；研浆图说：磨光宜用极细黄沙去浆浸水以适用②。此图说详明地描述了解玉砂在治玉过程中的重要作用。

经过对查海玉器加工痕迹的研究，同时综合众多学者对我国新石器时代玉器制作工艺的研究成果，可知此时查海先民在制作玉器过程中，已经使用了重要的媒介——解玉砂，并且此时已经能够熟练地运用解玉砂攻玉了。查海遗址出土的玉器全部为阳起石和透闪石软玉，即真玉，因为软玉硬度比较大，摩氏硬度大约为6.5，就需用解玉砂加水为介质来开料、切割、钻孔、琢磨等。查海时代先民使用的解玉砂，就是就近取材粗细不同的普通河沙，因河沙颗粒的主要成分是比软玉坚硬，形状不规则的石英颗粒，石英砂的主

①资料来源：潘吉星《天工开物译注》，上海古籍出版社，1998年，第314页。

②资料来源：马未都《马未都说收藏·玉器篇》，中华书局，2008年，第172页。

要成分为二氧化硅，摩氏硬度大约为7，可在与软玉的接触磨合过程中起到磋磨去料的关键作用。查海遗址地处辽河支流绕阳河的源地，山地土壤为沙质风化岩，在遗址附近的沟壑和两侧河流中，雨水和河流的冲刷带走了疏松细小的泥土颗粒，大量粗细不同质地坚硬的河沙会沉淀下来，河沙的主要成分为二氧化硅颗粒，硬度大于软玉，先民会精选不同粗细的河沙作为解玉砂，加水混合作为研磨介质，在玉料的切割、琢磨、钻孔等不同的工艺流程中使用。解玉砂的使用是玉器加工技术里程碑式的进步，缩短了制玉时间，大大地提高了制玉技术水平。

（3）切割。切割也可以说是一种开料方式，就是因制作玉器的器形不同需要对玉料进行加工设计，如要制作玉匕、玉玦等片状玉器，就需对玉料进行切割定形。根据研究可知查海玉器的切割方式主要为片切和线切两种方式。

1）片切割，就是用木片、骨片、贝壳、石片、玛瑙片等以片状形状为主的物体，沾水加解玉砂来对玉石进行切割，用以设计切割完成玉器的整体外形，这是对玉料最简单直接的切割方法，同时片切既可以切割，还可以磨沟、槽等。

片切基本操作方法：事先将玉料固定在一块方便人体加工的平坦大石头或是木板、木桩之上，准备好适当大小、薄厚均匀的木片、石片、玛瑙片或骨片等，还有水和解玉砂。

如需切割玉料，或在玉料上通开长口等，则需用比玉料长的“锯片”，加水和解玉砂在玉料上来回锯割，一般会留下较平直的切割痕迹，切口痕迹大部分都研磨光滑，也有锯片多角度进入器物的切剖面会有平行的较长弧线纹，也有玉器的切割面基本上是留下“直来直去”比较光滑的切割痕迹（图5－3）。

如需在玉料上开长短不一的直线或弧线口，则需准备适当宽度的“锯片”，加水和解玉砂依开口长短来回或弧线滑动研磨，即可切割出直线或不同弧度的开口，因切割滑动方向、角度不同，一般切割痕迹为较短的向下侧凹陷的弧线纹（图 5 -4）。查海遗址 17 号房址出土的 A 型玉斧（图 5 -5）和采集的 A 型玉凿（图 5 -6）上有长长的弧线形切痕，切痕清晰规范，显示出制玉匠人熟练专业的切割技术。从查海玉器的制作工艺来看，不仅是承载着查海制玉工匠高超熟练的制玉技术，还体现出当时以制玉技术为代表的查海文化时代先进的生产力水平。

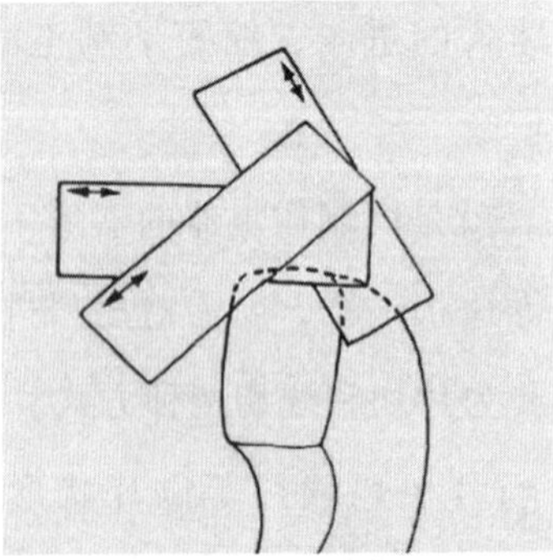

图5-3　使用长边多角度切割示意图

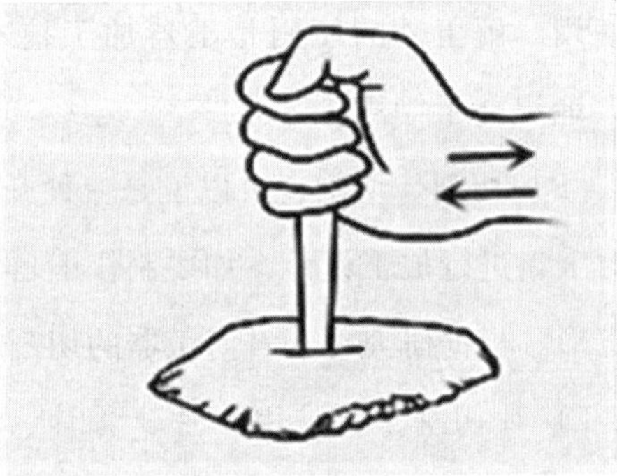

图5-4　使用短边滑动切口示意图

图5-5　玉斧(F17:33)片切割痕迹

图5-6　玉凿（采:20）片切割痕迹

2）线切割，就是以柔软的线加水和解玉砂作为切割工具对玉料进行切割。老子说："天下之至柔，驰骋天下之至坚。无有入无间。"① 意思是说，

①资料来源：陈鼓应《老子注译及评介》，中华书局，1984 年，第 237 页。

天下最柔软的东西，能驾驭天下最坚硬的东西，无形的力量能穿透没有间隙的东西。老子的这一哲学理念，是对新石器时代发明线切割技术的最好诠释。线切割相比片切割有着不可比拟的效果，可以做到片切割做不到和做不了的一些切割。线切割有弓线切割和徒手拉动线切割两种形式，前者是将绳绑在弯弓上切割，类似使用弓弦在切割，后者是一人双手或是两人攥住绳的两端来回拉动切割（图5－7）。弓线切割因可将弓弦绷得较紧，所以切割口较手动线切割口平整规范。

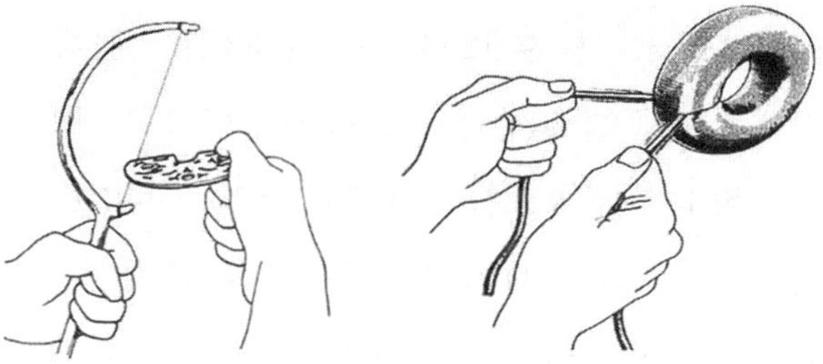

图5－7 线切割示意图

线切割基本操作方法：事先将玉料固定在一块方便人体加工的平坦大石头或是木板、木桩之上，准备好与切割宽度粗细合适的皮条、皮条绳、麻绳等柔软的线绳，还有水和解玉砂。将线绳蘸水粘解玉砂，或是线绳蘸加水的解玉砂浆，以绳代锯来回拉动切割，主要依靠附着在绳上的解玉砂来磋磨去料切割，砂绳的切割面显示切痕流畅。再有，砂绳不仅能够切割，还能扩大孔壁，诸如套取玉芯等。

在《淮南子·说山训》中有关于以柔克刚的记载："厉利剑者必以柔砥，击钟磬者必以濡木，毂强必以弱辐。两坚不能相和，两强不能相服，故梧桐断角，马氂截玉。"① 这之中便说了用马尾巴或马鬃毛编结成绳子，加水和解玉砂就能截断玉石。关于新石器时代能否制作绳子的问题，河姆渡遗址一期，距今7000～6500年，第一期文化就出土了绳子，出土时有的残留在骨

①资料来源：张双棣《淮南子校释（下）》，北京大学出版社，1997年，第1708页。

粗方銎之中，有的穿于陶器的器耳之中，也有在陶釜等炊器内。绳子用细长纤维先搓成小股，再用2~3股合搓成绳子，粗细不一。标本T216（4A）：34由两股搓成，残长35厘米，粗2厘米；标本T231（4A）：126出土于标本T231（4A）：123陶釜内，较细长，长231厘米，粗0.2厘米；标本T233（4A）：88用3股各粗0.5厘米的细绳合搓成粗绳，残长39厘米，粗1.5厘米；标本T233（4A）：140亦用3股0.5厘米的细绳搓成，残长22厘米，粗1.5厘米；标本T222（4A）：173也为细绳①。可见，进入到新石器时代，人们不仅使用绳子，而且已经能够熟练地制作绳子，方法与我们现在无异。查海遗址现在野外仍然生长有苘麻，它的茎皮可产生一种长而强韧的纤维，是搓麻绳的优质材料（图5-8）。

图5-8　苘麻

我国玉文化研究学者曾做过沙绳切割玉料的模拟试验②：将玉料固定，用普通麻绳蘸湿沙子对玉料进行来回拉切运动，4毫米粗的麻绳在不断更换下，约半小时能将截面4厘米×5厘米的玉料截断。我们也做了这样的实验，证明了此结论。早在距今8000年前，线切割技术就在中国北方辽河流域出现了，查海文化的玉器中就开始大量运用线切割技术来切割玉玦缺口，包括后来的红山文化中也是利用线切割技术去料取芯。查海遗址的玉玦也是使用了沙绳切割技术，玉玦是先片切成厚度合适的玉片，由玉片打磨钻孔制成玉环，后环内穿沙绳切割出口成玦。线切割在玉玦上起点的方向可以是任意

①资料来源：浙江省文物考古研究所《河姆渡——新石器时代遗址发掘报告》，文物出版社，2003年，第154，370~371页。

②资料来源：徐琳《中国古代治玉工艺》，紫禁城出版社，2011年，第29页。

的，里外、左右、侧边均可，因软性工具的特性及手工操作的不平衡性，玦口常出现波状起伏和弧线痕，有些玦口不平整而宽窄不一，如查海 F43M：2 和 F43M：1 这对玉玦，环内玦口因刚开始绳切位置不能保证固定于一点而略显“V”形，切口平面有弧度较小的切割弧线纹（图 5－9）。总之，查海玉玦是先做成玉环，然后用沙绳拉动切割玉环而制成缺口的玉玦。这种“沙绳切割”制玉玦的技术，普遍见于中国东部沿海地区、东北地区和日本列岛北部、俄罗斯滨海地区的新石器文化中，对揭示中国史前玉器的加工工艺特征、文化传承关系都将起到重要作用。

图 5－9　玉玦 F43M：2 和 F43M：1

（4）琢磨。琢磨是两种制玉工艺琢和磨的合称。

琢，即琢击，就是连续使用坚硬的石块对玉料毛坯进行适度的反复敲打，击打下小块碎屑，使其表面逐渐平整，击打的石块被称为琢石，一般都为较硬的石英岩。查海遗址出土的石器数量最多的是敲砸器，亦作为琢石（图 5－10），总计为 562 件，多选用多棱角的圆形、椭圆形石英岩自然石块，不经加工或稍经加工，直接使用，敲击点痕迹多集中在棱角处，琢痕显著密布[①]。打制与琢制，是石器

图 5－10　琢石（1. F49：①14；2. F49：①18）

①资料来源：辽宁省文物考古研究所《查海——新石器时代聚落遗址发掘报告》，文物出版社，2012 年，第 608～609 页。

主要的制作方法，用于石斧、石铲等大型石器制作工艺之中，再有就是应用在玉器的打制和琢制过程之中。在玉器的成形阶段，使用这种工艺用琢石直接打击，将玉器粗坯打制成型，尤其用在玉斧等形体较为浑圆的工具制作过程之中，琢玉也成为玉器制作工艺中最古老的技艺。

磨制，即将琢制等定形的玉器毛坯，放在砾石上或用砾石单向或来回往复摩擦，将粗糙面进行磨平、磨细，磨制平整，修整出细部的沟槽等，如制作玉斧、玉锛等工具，开始只是磨出刃部，渐渐发展到器体的通体磨光，起初的目的可能仅仅是为了更加便于使用，进一步磨制后定形，待钻孔、抛光后成器。查海遗址出土了研磨器35件（图5－11），有圆形、椭圆形、圆角方形和圆角长方形，主要为花岗岩材质，琢、磨兼制，用途不一；出土砾石194件，选用花岗岩等自然有型平面石块，不经加工直接使用，磨面下凹，磨痕明显，磨面有单面、双面和多面（图5－12）①。研磨器和砺石的基本功用是磨制，区别是手拿研磨器来磨制需要加工的石器或玉器，砺石是手拿需要加工的石器或玉器在砺石上摩擦，有些时候，如果砺石较小，二者的使用方法是混淆的，这种一器多用的现象时至今日也是常有的。另一种方式可称为软磨，即用软木片、兽皮等先附着解玉砂来磋磨，或用软木、兽皮等直接磋磨，其实也是一种抛光前的磨平过程。

（5）钻孔。查海遗址出土了6件石钻头（图5－13），为硬度较高材质的树化石和青色页岩，还有139件可以复合嵌于木棒内使用的刮削器，7件尖部使用明显的棱锥形小尖状器，95件以玛瑙材质为主的石叶，这些都可作为钻孔工具②。查海遗址钻孔方式主要有两种方法：凿琢法打孔和实心锥

①资料来源：辽宁省文物考古研究所《查海——新石器时代聚落遗址发掘报告》，文物出版社，2012年，第608页。

②资料来源：辽宁省文物考古研究所《查海——新石器时代聚落遗址发掘报告》，文物出版社，2012年，第609～611页。

钻孔。

图5-11 石研磨器（F45:53）

图5-12 砺石(1.F21:9 ;2.F30:71)

凿琢法打孔，即将坯料固定，利用棱锥形小尖状器小心锤凿，或两面锤凿，通透以后如认为孔小，也可采用扩孔方法扩大。查海石器中那些带有规范的两侧对琢而成的圆形和椭圆形琢孔的石铲，足以说明当时查海人已经熟练地掌握了凿琢法打孔。如两面对凿琢为圆孔的石铲标本 F30：51（图 5－14）等，椭圆形孔的石铲 F33：59（图 5－15）等。凿琢法打孔的孔壁斜面边缘为均匀密布的琢点坑，不像钻孔的孔壁周缘平滑，孔洞为比较规范的倒漏斗形。

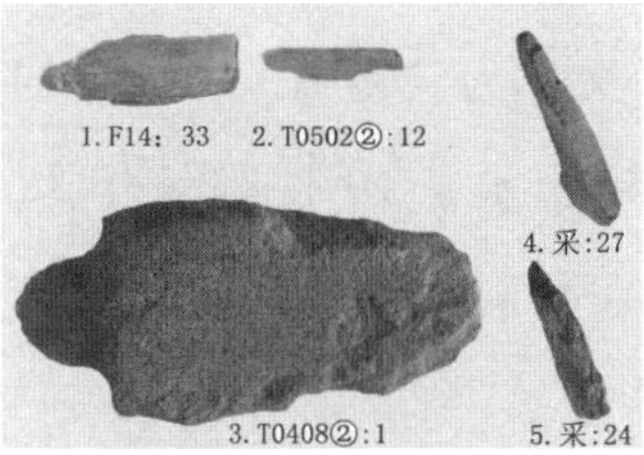

图5-13 石钻头

图5-14 石铲（F30:51）

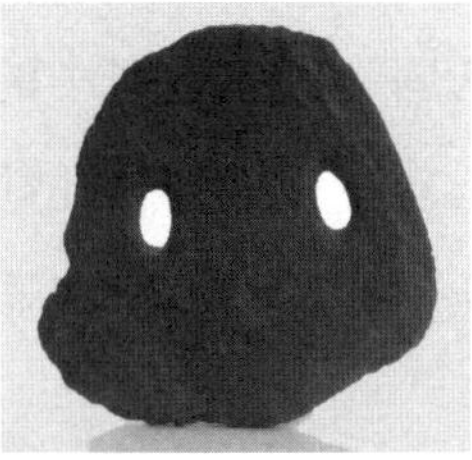

图5-15 石铲（F33:59）

实心锥钻孔，查海石环、玉器的钻孔为此种钻孔方式。此种钻孔方式最开始应为手工直接钻孔，观察查海玉器的钻孔，应是已经使用了手工拉杆打孔弓钻，还有桯钻。使用桯钻钻孔，分为单面钻与双面对钻两种。单面钻因受钻面用钻时间较长而孔径外大内小，其孔形似上大下小的漏斗状，而孔壁稍显凹弧形。从查海陶器工艺以及大量陶纺轮的出土，还有中孔磨得极其光滑的12件石饼形器来看，应是钻杆上的配重器，查海先民应熟练地使用了诸如弓杆（桯）钻打孔（图5－16）。

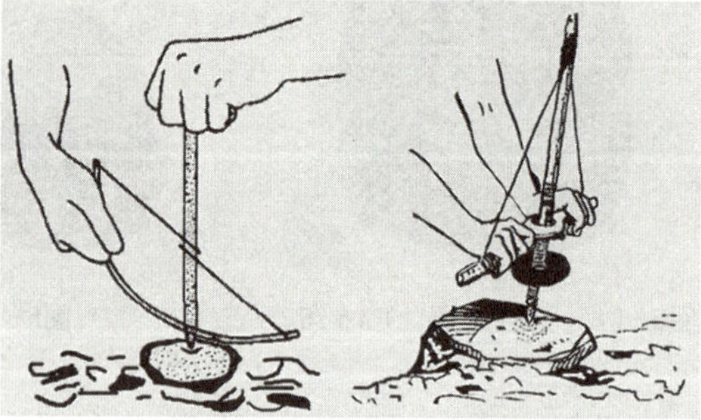

图5－16　弓杆（桯）钻

复原实验操作：首先制作钻弓和钻杆（图5－17），即是将钻头、细石叶或尖状器安装捆绑固定在一木棍头，做成钻杆，在钻杆下方还可安装上圆饼形器配重（图5－18），以利于增大钻杆旋转惯性力度，这样的钻杆既可以手工搓动打孔，又能将钻杆缠绕在钻弓弦上，拉动钻弓带动钻杆往复高速旋转，钻头处加水和解玉砂旋转琢磨打孔。因这种钻头为保证韧度基本为三角形或多棱锥形，所以钻孔都呈外孔大内孔小，有一对斜度的漏斗形。如是两面对钻孔，则形成两个相对相反的漏斗形，孔形是两端大，中间小，这种在器物表面一处位置上用锥钻做两面对钻的钻孔法，可称为“单面对钻法”，钻得的孔形为两端大，中间小的斜形孔道，又犹如隧道，所以又称为“隧孔”。查海的玉玦、玉匕的钻孔即是此种类型的钻孔。查海遗址还出土了10件有窝石器，应是在给石器、玉器等钻孔时垫在下边的钻垫石，在孔洞钻通后又钻在下边

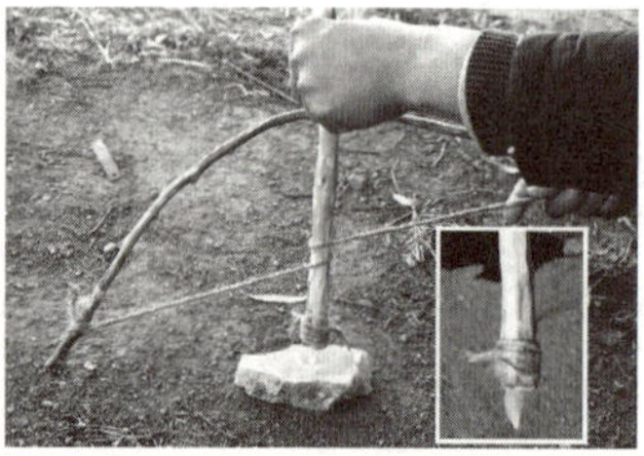

图5－17　装柄玛瑙钻头

图5－18　石饼形器(F26:44)

图5－19　有窝石器(F32:85)

钻垫石上形成的众多窝坑，是杆（桯）钻对钻留下的台痕，为的是当钻透器物时，不致因钻头的压力而把器物的孔缘崩损，并能保持钻具长期安全地使用，钻垫石有双层保护作用（图5－19）。

（6）抛光。抛光后世又称为“碾磨”“光亮”等，是对已经制作完成玉器的最后“美颜”，一般是用细砺石、木头、兽皮等工具直接或加水和精细的解玉砂对玉器进行细磨。抛光的过程实际上是一种精细的研磨作业，它涉及抛光剂和抛光工具，即将抛光剂附着在抛光工具上与玉器发生摩擦，使玉器显出亮丽的外表，查海先民的抛光剂主要为水和细沙，也或许有动物、植物性油脂。抛光工具分为两类：一类用于抛光玉斧、玉匕等凸形表面的玉器，通常都用硬质的细砺石、木片、兽骨等，或用其在玉器上抛光，或手持玉器在其上面摩擦抛光；另一类玉器的表面为弧面或曲面，如玉玦、玉匕等，利用软质抛光工具，如木条、毛皮等，查海先民也发现动物毛皮因含有少量的油脂，用此抛光后会使玉器发出凝脂状的光泽，效果应最好，更加表现出了玉石质地细腻、色泽美丽的特征。

查海玉器数量多，形制简单规范，实用性较强，做工细润精致，通体打磨光洁，具有相当高的工艺水准。可见，查海先民从玉材的选用、器形的设计和器物的加工上，都受到一定观念的严格规范，充分反映出了我国北方地区新石器时代早期玉文化的特征。

8000年前的查海玉器清晰地诠释了中国史前时代的玉文化，这是我国古代玉器及玉文化的发端，也是远古制玉技术产生和发展的重要时期。查海先民琢玉的技巧是高超的，利用石头、木片、河沙、毛皮等如此原始简陋的制玉工具，却能琢磨出如此精致的玉器，另人叹为观止。查海先民在长期玉器制作的实践中，探索总结出的制玉技术和工艺经验，发展到新石器时代晚期已经是比较完善的，奠定了后世中国数千年制玉技术和玉雕工艺发展进步的基础。探讨查海文化的制玉技术发展历程，分析玉器的雕琢基本技法，不仅是对8000年前查海制玉技术发展历程的重现，还是对以制玉技术为代表的新石器时代先进生产力水平的研究。

五、查海玉器的基本特征

8000年前查海文化的玉器应是中国玉文化的早期阶段，玉器出土的地点相对比较分散，没有固定的地点，聚落遗址文化堆积层、房址、居室墓、祭祀坑都有出土，另外还有部分为采集的玉器。查海时代的生产力水平还比较低下，玉石一般都比较坚硬，制作打磨不易，还不太可能利用玉石制造大量的工具。因此查海玉器数量较多，但种类单一，造型简单，一种是以斧、凿为代表的生产工具，磨制精细，刃部锋利，另一种是以玦和匕形饰为代表性的装饰品，开口和钻孔技术成熟。查海玉器是研究查海文化的社会发展、经济结构、宗教思想、风俗习惯等重要的考古学资料，可以说，查海新石器时代的玉器是中国玉文化的早期阶段，是文明起源的标志，自身的文化特征明显。

第一，从玉器的造型和种类上看，查海玉器造型朴素原始，种类不多，形体较小，题材简单，时代特征显著。查海文化的玉器造型简洁古朴，形体偏小，器形略显单一，基本以方形、圆形和条形为主，类型主要分为实用工具和装饰品，实用工具主要有斧、凿等，装饰品主要有玦、匕形器、管、环等。查海玉器在很大程度上表现出了辽河流域史前玉器在发生和初步发展时期的原始性和简单性，体现出玉器的初始功用和先民用玉过程中对玉精神情感的发展变化，是玉文化开始出现的历程，玉文化自产生就开始了它对中国社会数千年的深远影响。

第二，从玉器制作工艺上看，查海玉器皆通体磨光，素面无纹饰，形制规范，已经组合使用。查海玉器制作工艺方面是玉器均通体磨光，素面，无纹饰，棱角分明。装饰品玉匕、玉玦从出土情况来看，已经成对出现组合使用，功能性清晰，而且形制规范，这种玉器创作初期的代表作是后世玉玦、玉匕的制作标准样式，这种规范的造型样式风格成为中国玉文化的源头，一直影响着中国传统玉文化数千年。

第三，从玉器的功用来看，突出了实用的使用功能。查海玉器与当时的社会、经济生活联系密切，实用性为主，使用痕迹特征明显。查海玉制工具使用痕迹明显，玉斧和玉锛顶端敲砸痕迹严重，部分刃口有大块的使用崩疤，有的是残段，如标本玉斧 F36：109、F17：33、F38：34 和玉凿 F20：10、F46：124。作为装饰品的玉匕，部分因使用而沿穿孔处断裂，后经二次钻孔而继续使用，遗留有原来孔洞的边缘痕迹，如玉匕标本 F7M：5、F54：108、F16：16，而玉匕标本 T0709②：1 两端均已折断残缺。查海玉玦、玉匕、玉管等是查海先民为满足审美需求而制作的装饰品，这些实用装饰品反映出查海先民的审美观念，审美意识倾向。

第四，从玉料材质方面看，查海玉器全是真玉，原料珍贵。查海玉器均为透闪石和阳起石软玉，即真玉，硬度较大，润泽美丽，不轻易有次生变化，能长期保持原貌，在自然界中因储量较少且不易获得而尤显珍贵。可见查海先民识别、制作、使用真玉的水平极高，选择软玉这种珍贵的玉器，先民不惧软玉加工困难并还追求崇拜坚硬的玉质，并在使用过程之中还逐渐给这些珍贵的玉器赋予了道德意识、社会意识和宗教意识。玉器的生产是先民精神生活中的一项基本内容，满足人们精神的需求，查海先民不仅崇龙，而且尚玉，生前用玉，死后葬玉，表现出礼制萌芽已经发生，从此玉和礼密不可分，相伴相生中国传统文化数千年。

第五，从时间上看，查海玉器重塑了中国玉文化的历史，是中国玉文化的源头。查海玉器制作工艺的开料、切割、琢磨、钻孔、抛光等工序的流程，反映出以查海为代表的辽河流域的古代先民在玉器设计、制作和意识形态的发展上已经有了一个相当高的水准，代表了当时制玉的最高水平，它对周围地区及其后世产生的影响是巨大而深刻的，奠定了中国数千年制玉技术和玉雕工艺发展和进步的基础。这些玉器在使用中逐渐融入了礼制思想，成为原始神器，人们赋予玉器以特殊的意义，开启了中国玉文化的历史，查海8000年前的玉器是中国博大精深玉文化的源头。

第六，从在中国玉文化中的地位来看，查海遗址出土的玉器是中国新石器时代考古发现最早的真玉器。有玉必有工，有工必有寓意，查海玉器在中国史前玉器发展史上占有重要地位，不仅是东北地区新石器时代玉器发展的最早阶段，也是中国史前玉器发展的最早阶段，这些珍贵的真玉器是研究中国玉器制作工艺和中国博大精深玉文化的重要考古学实物资料，是中国乃至世界上人类加工、使用过最早的真玉器。

第二节　查海玉料的来源

关于查海遗址出土的玉器原料来源的探讨，不仅是对查海先民活动时间、空间和活动线路的探寻，还是对原始先民不同聚落间交流互动、不可低估的远距离文化传播能力的认可。查海遗址出土的玉器全部为透闪石、阳起石软玉，即真玉，查海遗址所在地阜新地区不产此类玉石，在遗址附近也没有发现玉器制作的遗迹和废料遗物，查海玉器都是加工好的装饰品和工具。古代关于玉的产地，《尚书·顾命》记载周王朝使用“大玉、夷玉”①，大玉

①资料来源：江灏、钱宗武《今古文尚书全译》，贵州人民出版社，1993年，第403页。

是指华山出产的玉，夷玉是指东北出产的玉。《尔雅·释地》载“东方之美者，有医无闾之珣玗琪焉。”① 晋代郭璞对其注释为：“医无闾，山名，今在辽东。珣玗琪，玉属。”辽东医无闾就是指现在的医巫闾山。阜新查海遗址地处辽河水系重要支流绕阳河源地的向阳台地上，西侧为医巫闾山山脉向北延伸到此的余脉。珣玗琪是一种美玉，而这里不产玉石，在遗址附近也没有发现玉器制作的遗迹和废料遗物，所以非常有可能就是指查海遗址或其附近红山文化精美的玉器遗物，或是阜新所产多彩多姿的玛瑙。查海遗址独特的地理环境使其成为文化交流的枢纽，既有利于文化的成长，又利于文化的传播。据此可探究查海玉器和玉料的几种来源地和来源的途径。

一、迁徙携带说

查海玉器是查海先民从其他地区迁徙携带而来，可称为迁徙携带说。人类经历了百万年的旧石器时代，到近万年的新石器时代已经是遍布世界各地了。恩格斯说：“从采用鱼类（我们把虾类、贝壳类及其他水栖动物都包含在内）作为食物和使用火开始。这两者是互相联系着的，因为鱼类食物，只有用火才能做成完全可吃的东西。而自从有了这种新的食物以后，人们便不受气候和地域的限制了，他们沿着河流和海岸，甚至在蒙昧状态中也可以散布在大部分地面上了。”②

此时查海人的智力和我们相比已经没有太大差异，来到查海此地之前曾经在某一软玉产地居住、途经等若干的可能性下采集、识别、加工和使用软玉，因对软玉性质认识的逐步加深，继而珍爱崇尚，制成与先民生产、生活

①资料来源：《尔雅》卷六《释地》，《汉魏古注十三经》下册，中华书局，1998年，第62页。

②资料来源：恩格斯《家庭、私有制和国家的起源》，《马克思恩格斯选集》第四卷，人民出版社，1995年，第19页。

息息相关的各种玉器，玉器已经成为他们生活的一部分了，所以他们会随身携带迁徙。辽宁葫芦岛市杨家洼新石器时代遗址①，碳 14 测定数据距今年代为（8250 ± 120）年，加树轮校正遗址距今年代相当于 8500 ~ 9000 年。杨家洼遗址与查海遗址距离较近，位于查海遗址西南 170 多千米的渤海西部，杨家洼遗址出土了一件玉斧，标本 T7②：14，通体磨光，加工细腻，体呈扁平，两面弧刃，长 6.2 厘米，宽 5 厘米，厚 0.8 厘米，大小形制与查海出土玉斧相当。还有一件玉球，标本 T2②：13，通体磨光，呈淡黄绿色，直径 2 厘米；一件残玉环，标本 T11②：2，残损。杨家洼遗址出土的陶器以及玉器与查海遗址相比具有承前启后的关系，二者存在文化的渊源关系。所以可以这样推测，如果查海人就是从像杨家洼遗址这样的地方迁徙而来的，那么他们必然会随身携带这样高硬度的玉器工具和这样精美的玉器装饰品。

二、征战掠夺说

查海先民在与其他部落的冲突征战中掠夺而来的玉器，即征战掠夺说。人类社会进入到新石器时代，随着生产力的发展，农耕定居生活促进了人口的增长，定居部落逐渐扩大，需要更大的生存空间以获取食物等自然资源，不可避免地就会开始发生武力冲突，像这种战争的目的不是“阶级压迫”所致，紧紧是为了抢夺生产资料、人口、食物等。正如马克思所说：“古代部落对部落的战争，已经开始蜕变为在陆上和海上为攫夺家畜、奴隶和财宝而不断进行的抢劫，变为一种正常的营生。一句话，财富被当作最高的价值而

①资料来源：辽宁省文物考古研究所、葫芦岛市文物管理办公室《辽宁葫芦岛市杨家洼新石器时代遗址发掘简报》，《博物馆研究》，2005 年第 2 期，第 32 ~ 36 页。

受到赞美和崇敬，古代氏族制度被滥用来替暴力掠夺财富的行为辩护。”①人类最初的战争只是用木棒和石块等天然的武器，进入到新石器时代，人类已经熟练地掌握了人工磨制和钻孔技术，这一时期经过人工磨制的石斧、石刀等更加锋利，钻孔后可以安装木柄等做成复合工具，杀伤力更强大。同时弓箭等已经普遍发明使用，于是出现了石镞，即石质的箭头，恩格斯曾在《家庭、私有制和国家的起源》中说道：“弓箭对于蒙昧时代，正如铁剑对于野蛮时代和火器对于文明时代一样，乃是决定性的武器。”②弓箭以及石球等进攻性武器，这些冷兵器既是原始的狩猎武器，又是原始部落征战的兵器。查海遗址就有石镞和大量的石球（敲砸器）出土。

查海遗址聚落的西北角是聚落地势最高处，排水最好，地势干燥，这里有大小不一成排的 14 个窖穴，内侧临近还有一些分散的窖穴，在这些窖穴内多数都有柱洞，据此可知当时窖穴上面应有遮挡风雨的木架结构，由此可以断定这里可能是聚落主要粮食的存储之处。在这成排窖穴的外侧有两堆相距约 4 米的石块堆积遗迹，其中，一石块堆南北长 2.5 米，东西宽 1 米，高 0.35 米，另一石块堆南北长 1.7 米，东西宽约 1 米，高 0.43 米。两堆石块多是石英岩、花岗岩、玄武岩等质地坚硬的多棱体天然石块，基本形状为圆形和方形，大小在 4~10 厘米③。根据石块大小和所堆放的位置，可推知这些石块不是防范本部落，而是为了防御外来部落侵犯抢夺粮食的抛掷武器，亦可知查海时代部落战争的频繁和激烈程度。查海聚落遗址东北部发现并清理出两段外围壕沟遗迹，壕沟底部都已经开凿到了基岩层。壕沟 G1 为南北

①资料来源：中国人民解放军军事科学院《马克思恩格斯军事文集》第 2 卷，战士出版社，1981 年，第 413 页。

②资料来源：恩格斯《家庭、私有制和国家的起源》，《马克思恩格斯选集》第四卷，人民出版社，1995 年，第 20 页。

③资料来源：辽宁省文物考古研究所《查海——新石器时代聚落遗址发掘报告》，文物出版社，2012 年，第 557 页。

走向，由北向南延伸并已经清理出了 30 米，向南继续延伸部分未做进一步清理；壕沟 G2 为东西走向，由东向西延伸并已经清理出了 7 米，向西继续延伸部分没做清理①。查海聚落遗址壕沟的基本功能是排水防洪，防止野兽的侵害，其中最主要的还是防御敌人侵袭，保护本部落的生命、财产不受损害，查海聚落外围壕沟也是部落之间相互征战的客观遗存证据。

所以说，查海文化时代，像查海这样的氏族部落之间常会因为争夺或守卫领地、食物、人口等会发生部落间的征战，查海先民征战胜利后就会得到诸如玉器等财富。

三、岫岩来源说

岫岩来源说，即从软玉产地岫岩获取，又可称为“贸易交换说”，这是目前学界比较主流的看法。中国的软玉矿藏主要分布在新疆的和田、四川的汶川、河南的淅川、江苏的溧阳、台湾的花莲、辽宁的岫岩等地。查海玉器从质地、色调、光泽等方面都与岫岩透闪石玉料标本相近，所以学界认为这些玉器应该是从软玉产地岫岩获得。

一种来源方式是查海先民前去岫岩而获得。查海先民沿着聚落两边的河流向南依次经八道河、东沙河、绕阳河、外辽河、海城河可到达软玉产地岫岩偏岭镇细玉沟，而且所经过的地方是河流谷地和冲积平原，没有高山和深谷，先民从查海到达软玉产地岫岩非常有可能，在这里与“岫岩人”贸易交换获得玉器制品或采集得到玉石原料。王时麒②对岫岩软玉的产出类型、颜色分类、矿物组成、结构特点、物理性质和化学成分进行了研究，并与新疆

①资料来源：辽宁省文物考古研究所《查海——新石器时代聚落遗址发掘报告》，文物出版社，2012 年，第 548 页。

②资料来源：王时麒《岫岩软玉与红山文化》，《鞍山师范学院学报》，2004 年第 3 期，第 40 ~ 43 页。

和田软玉进行了对比，剖析了两者的相同点与不同点，在此基础上与红山文化的玉器进行了对号分析，提出了红山文化玉器的玉质特点可以与岫岩软玉对上号，而与新疆和田软玉不同，岫岩软玉为红山文化玉器的主要来源。岫岩软玉对东北亚史前文化影响重大，确定了距今 8000 ~ 4000 年东北地区的兴隆洼文化、查海文化、红山文化、新乐文化的大批精美玉器，主要为岫岩闪石玉所制①。所以说，那个时代查海先民很有可能到达过距离自己最近的软玉产地岫岩，与人交换到玉器或采集到玉料而归，又有可能是与拥有岫岩软玉的当地部落交换而得。

另一种来源方式是岫岩软玉对外“贸易”交换到查海。岫岩软玉文化交流到查海的方式有两种：其一是软玉产地的人或偶尔到达过软玉产地的人将玉依河流交流到查海，或是已经有了从事交换的人群——早期商人的出现。其二是因为查海此时已经是“著名”的大型中心聚落部族，玉器的特殊功用促使玉料在部落与部落间交换到达查海，这也是查海部落开始社会等级分化的标志。北沟遗址是岫岩发现的一处新石器时代遗址②，这是一种全新的文化类型，既有红山文化类型的压印陶纹，又有龙山文化的典型器物，而且延续了 2000 多年。人们在这里定居的自然环境并不优越，一些专家推断这些人是以采玉制玉为生，而且存续了几千年之久，就像现在一些因某些自然资源而形成的资源型城市，因受对外交流相互间的影响，所以岫岩北沟这里会有几种不同文化类型存在数千年的北沟遗址。在“2011 岫岩玉与中国玉文化学术研讨会”上，邓聪等数十位研究玉器的专家学者用最新的研究成果证明③：在距今 7000 ~ 8000 年阶段，内蒙古东南以至东北 3 省，均已使用岫岩透闪石软玉，形成了中国北部早期透闪石玉器流通网络的雏形，红山玉器是

①资料来源：王时麒等《中国岫岩玉》，科学出版社，2007 年，第 119 页。

②资料来源：许玉林、杨永芳《辽宁岫岩北沟西山遗址发掘简报》，《考古》，1992 年第 5 期，第 398 页。

③资料来源：李政《岫岩玉 玉文化 玉器考古学研究》，《中国文物报》，2011 年 8 月 5 日，第 7 版。

岫岩软玉。所以说，查海文化的玉器或玉料是查海先民通过贸易手段从并不算遥远的岫岩获得，这样也反映出古代先民已经具有了较强的物质、文化交流能力和非常大的活动空间。

四、就近取材说

查海玉器的玉料是来源于附近大凌河和西辽河流域的就近取材说，又可说是当地采集说。辽西与岫岩距离遥远，存在玉料采集和运输等诸多问题，我们发现，距离岫岩一带玉矿较远的查海遗址，却是现今所知最早使用软玉的部族。反之，距离岫岩越近的遗址，出土岫岩玉器的年代却越晚①。随着在西辽河和大凌河流域红山文化遗址大量玉器以及玉器半成品和玉石原料的发现，“红山玉”开始逐渐被人们所认知，特别是在辽宁省北票市发现的含有闪石类的大型玉矿，更加吸引了专家学者的深入研究探讨，就近取材说开始被学界认知接受②。

研究学者也通过对辽西朝阳、凌源、喀左等大凌河上游和老哈河流域的努鲁儿虎山山麓（红山文化的主要分布区之一）进行考古调查③，发现这一地区有青玉、粗黄白玉、墨玉和“鸡骨白”一类的软玉，现存地点一般没有矿脉，多是在山地、河滩砾石中拾获的河磨料。辽西人根据“河磨”的谐音而称之为“蛤蟆”，又根据玉皮颜色称之为“黄蛤蟆”或“白蛤蟆”等，“蛤蟆”是最好的玉石或玛瑙籽料。查海、兴隆洼、白音长汗等遗址玉无大器的时代特征，便说明采集的玉料是较小的河磨玉或两岸山地的山料，这是

①资料来源：邓聪《东亚玦饰的起源与扩散》，山东大学东方考古研究中心编：《东方考古》第1集，科学出版社，2004年，第23页。

②资料来源：张旭《北票研讨红山玉文化发源地》，《辽宁日报》2015年6月19日，第9版。

③资料来源：王绵厚《辽西凌源红山文化玉料产地的考察与思考》，《中国文物报》2014年12月19日，第6版。

与当时生产力水平相适应的。查海文化被称为“前红山文化”，是红山文化的源头，此时先民已经开始了农耕定居生活，聚落靠近河流，因当时草木植被茂盛，出行和远距离渔猎都是沿着河流而行，是临水而居，逐水而行，所以在河滩及两岸山地很容易发现并获得玉料，并在石器的生产制作中开始认识和使用“玉料”，因此种原料较少，所以开始珍爱并崇尚。查海玉器中的玉斧和部分玉锛、玉玦即为鸡骨白，另有玉锛为黑色，玉匕或部分玉玦为浅绿色，与全新的考古发掘和学者调查玉器的玉质、颜色等物理特征完全一致，说明查海的玉器原料很可能是就近取材于当地的大凌河、辽河流域的山地、河滩。

另一个玉器依河流而来的佐证就是查海遗址石器的来源途径和产地。查海遗址目前已经发掘出各种石制品 2411 件①，其中制作大型石器石铲的灰绿色和深灰色页岩遗址附近根本没有，也没有发现石器加工制作的遗迹和废料堆积物，这样的页岩产自遗址东南大约 10 千米的沙拉勿束山和西南约 10 余千米的海棠山。我们通过实地野外踏查得知，查海遗址东侧的河流向南约 6 千米就向东汇入八道河，沙拉勿束山就在八道河畔，先民应是顺着河道抵达这里，在这里加工好石铲等石器的成品沿着河流运回查海居住地使用的。

第三节　查海玉器的文化内涵

玉器是史前人类创造的一种物质与文化共生的双重遗产，它的识别、制

①资料来源：辽宁省文物考古研究所《查海——新石器时代聚落遗址发掘报告》，文物出版社，2012 年，第 605 页。

作、使用中蕴含着多种技术与信息、思想与文化。关于查海玉器的功能，我们可根据它的材质、造型和出土时的位置及伴生物，再加上考古及历史学资料佐证，综合各种相关材料，可对查海玉器的功能做出较为肯定的推测、判断。据此，查海玉器其使用功能大致可分为3类：装饰类、工具类及特殊用途的器物。实用工具有玉斧、玉凿等，装饰品有玉匕、玉玦、玉管等，特殊用途的有玉匕。玉器作为一种考古学文化遗物，不仅具有一般文化遗物的实用性，而且具有精神内涵的特殊社会功能，一身兼有多种用途，这是其他任何一种器物都无法比拟的，特别是蕴含道德和礼制思想的玉器开始进入到人类的意识形态领域，使玉器的社会功能超越了某使用功能而倍受尊崇。查海玉器作为早期玉文化的代表，它的社会功能凸显，部分玉器已经具备了礼器的特征，文化内涵丰富。

一、玉乃石之美

人类是有复杂思维能力的高级动物，不仅有物质需求，还有精神需求。为此，人类需要进行各种社会生产活动，各种产品的使用价值是为了满足人的物质需求，产品的文化价值和审美价值是为了满足人的精神需求，反之亦然。据此可知，查海玉器的功能是先实用，然后审美，最后发展为崇尚的玉器。

（1）查海先民在制作石器工具满足其实用的物质属性中发现了玉石之美。查海先民最早对石与玉的认识同很多部族人群一样，是没有本质区别的，选择不同石料制作生产工具来使用，看重的是石料的形状和材质，即易于取得，便于加工，坚硬耐磨，坚韧不断。从查海玉器的玉质、类型和出土地点等可知查海玉器作为“高端”生产工具的使用功能，这是其最基本的功能。查海玉质为软玉，摩氏硬度为6.5左右，先民将其磨制成精致的玉斧、玉凿等实用的工具，相对于磨制的石斧、石凿等质地更加坚硬。这些玉斧、玉凿等刃部磨制得非常锋利，在它们的上端顶部及刃口均留有不同程度的崩痕，有的刃口还残缺，可见其是一种经常使用的实用生产工具，且是非常坚硬、锋利的“高端”生产工具。

随着社会的发展，查海人在石器的制作和改进过程中，劳动技能和造型能力也在不断进步，已经熟练地使用了磨制、打孔技术，先民将石斧通体磨光，石铲打孔，这不仅仅是为了让这些工具使用方便，提高劳动效率，也是人类最初审美意识的萌发。从查海这些玉器的工艺来看，当时查海先民加工、琢磨玉器的工艺成熟，极具古朴的神韵，足见当时已有了专业的制玉“工匠”，特别是磨制技术的成熟，更加显现了一些美石——玉的细腻质地，美丽的色彩，温润的感觉，让人喜爱，为之着迷。于是，查海先民也就由最初单纯追求玉质工具的使用功能，逐渐演化为以玉制作带有审美价值的装饰品，成为人类的审美对象，于是开始主观地追求其造型、色彩和质感等，来满足人们审美的精神需求。

（2）查海先民发现玉之美后开始在实用中展现玉石之美。人类劳动创造了物质财富的同时又创造了精神财富，玉的识别和使用就是孕育于石制生产工具的制作、使用过程当中的，是人类在原始美感的引导下，由物质产品向精神产品发展的必然趋势，如果说制造生产工具是物质文明的开端，那么使用玉器则意味着精神财富的创造。查海先民在石器工具制造的劳动中对玉和石已经有了比较、鉴别和选择，逐步认识到玉石质地优于各种石料，特别是玉石经过磨制后显现的美丽色彩，光泽细润，坚韧耐磨等性质惹人喜爱。

随着查海先民劳动经验的积累和思想认识的进步，开始有意识地选用玉石制作生产工具或者装饰品，如玉玦、玉匕、玉管等，使用和佩戴这些真玉制品逐渐变成了一种时尚的崇拜，并主动开始加以追求。查海玉石制品的实用物质属性不仅是作为一种高端的加工工具，还加入了为满足查海人的审美而佩戴的实用精神属性，此时真正意义上的玉器便产生了。所以，查海先民从主观上识别了玉，也就是认识到玉与石的差别，在这个把玉石转化为玉器的技术过程中所产生的意识上的认识，是从感性认识到理性认识的升华，既是玉器产生的思想渊源，也是制玉技术发展的推动力，这种技术进步与认识发展之间的内在关系，是人类思想认识的一个社会发展过程，加速了社会变革和等级出现，是文明的进步。

（3）查海先民在展现玉之美中为满足实用功利目的开始崇尚玉之美。查海先民发现了玉石之美，开始寻找追求玉石之美，在玉器的美中，材质美是内在基础，造型美、纹饰美、工艺美是外在表现。查海先民对玉器的实用审美渐渐加入了对玉器的崇尚审美因素，而且开始追求实用功能和审美表现的统一，也就是开始了从实用器物向纯粹审美的艺术过渡，玉器也就成了“原始艺术品”。查海玉器装饰品玉玦、玉匕、玉管、小玉环等的制作和使用，表明这些玉器的实用属性就是审美属性，实用的目的只是为了审美。查海玉器由实用情感过渡、升华到审美情感，实用的物质属性完全与审美的精神属性结合，成了一种文化现象，是中国博大精深玉文化的源头。

随着社会的发展，查海玉器也由最初的实用价值向审美价值转变，玉管、小玉环成为项饰，玉玦成为一种耳饰，且是耳饰之祖①。这正是查海先民为了装饰自己在审美情感的驱动下，他们的审美原则，诸如对称、光洁、色彩、钻孔等不断地介入，这些实用物的实用情感已经融入了更多的审美情感加以崇尚，这也是一个渐进的发展过程，也是人类文明进步的过程。马克思说：“艺术对象创造出懂得艺术和能够欣赏美的大众，——任何其他产品也都是这样。因此，生产不仅为主体生产对象，而且也为对象生产主体。”②

①资料来源：孙守道《查海玉玦耳饰之祖》，《友报》，1994 年 8 月 26 日，第 3 版。

②资料来源：马克思《〈政治经济学批判〉导言》，《马克思恩格斯选集》第二卷，人民出版社，1975 年，第 95 页。

随着查海人对这些实用物品审美情感的不断加深，这些玉器也就成了为符合自己审美情感而制作的实用艺术品了。

查海玉器从实用艺术品到审美艺术品，从实用情感到审美情感，这是原始艺术的发展历程，也是一个渐变长久的过程。随着生产力的发展，查海部落定居生活的安定与提高，增进了人们社会交往和思想观念的进步，自然而然地会产生精神生活的需求，在原始美感的引导下加之爱美的天性驱使查海人去追求美，由物质文化向精神文化发展就成为必然趋势，最终从玉这种物质中得到审美需求的满足。于是查海人开始使用精心琢磨的美玉来打扮自己，并已经显现开始崇尚使用玉器，这是一个漫长的、不断探索的艰难历程，也是基于人类自身审美观念发展的必然。

二、德礼凸显

查海玉器“藏礼于器”的社会功能凸显，已成为“德”和“礼”的载体，成为查海先民重要的物质和精神双重载体。先民的玉器最初只是作为一种生产工具来使用，随着生产力的发展，先民在其意识形态领域对玉器逐渐赋予了思想和情感，玉器开始在原始生产工具单一的功用基础上，演变并发展成原始的佩饰和礼器，被赋予了更特殊的意义，融进各种礼制内容，导致社会继续分化。

再有，对于查海这些珍贵玉器的使用者，很有可能就是制作者，他们是部落的“智者”，或是巫觋之人，掌控着玉器的制作和使用，并逐渐开始专用，他们更能诠释、主宰玉器的通神功用，在祭祀等仪式中代表神灵的话语、旨意，进而进一步把持、神化玉器的神性。所以说，随着查海先民用玉情感的日益加深，一些玉器已经是具有了礼制用玉的作用，先民不仅生活中用玉，死后还葬玉，就是这种礼制思想萌芽的表现。玉器种类和数量的多少能反映出墓葬等级的差异，是一种玉礼制的雏形，文明凸现的反映，是史前玉文化的重大体现。

我国著名考古学家苏秉琦先生非常重视查海玉器的发现，他认为："查海玉器已解决了3个问题：一是对玉材的认识，二是对玉的专业化加工，三是对玉的专用。社会分工导致社会分化，所以是文明起步。"① 查海遗址43号房址的居室墓出土了2件白色玉玦，两玦间距离很近，从随葬品出土的位置推断，这对玉玦是位于墓主人头骨两侧，结合兴隆洼遗址117号居室墓，同样在人头骨两侧出土了一对玉玦，再有兴隆沟遗址7号居室墓在墓主人左肩部出土了一件玉玦，另有一件玉玦滑落到了右肱骨内侧，综合这些遗址的玉玦出土情况可知，查海文化时代的玉玦是一种耳饰，是为审美而佩戴，又可能兼有显示身份、地位、等级的社会功用。查海遗址F7M出土的6件玉匕分为3对放置在小孩的脚、腰和颈部位，再由此综合兴隆洼居室墓出土的玉匕②、锡本包楞墓的玉匕③等来看，这些墓葬的陪葬品都不多，但随葬了形制规范，高规格组合使用珍贵的玉匕等玉器，说明这些死者随葬玉匕、玉玦可能不是为了显示财富，而是标识身份和地位的象征，是早期礼制用玉的代表。《礼记·聘义》说："夫昔者，君子比德于玉焉。温润而泽，仁也；……天下莫不贵者，道也。诗云：'言念君子，温其如玉。'故君子贵之也。"④

所以，借此可综合分析查海玉器的功用，那就是已经蕴藏着"德"和"礼"的社会功能萌芽，德、礼功能凸显。

①资料来源：苏秉琦《华人·龙的传人·中国人——考古寻根记》，辽宁大学出版社，1994年，第78、127页。

②资料来源：中国社会科学院考古研究所内蒙古工作队《内蒙古敖汉旗兴隆洼聚落遗址1992年发掘简报》，《考古》，1997年第1期，第20页。

③资料来源：巴林右旗博物馆《内蒙古巴林右旗锡本包楞出土玉器》，《考古》，1996年第2期，第88页。

④资料来源：杨天宇《礼记译注（下）》，上海古籍出版社，2004年，第841页。

一是以玉饰（示）人的装饰、展示功能，当做配饰，玉的丽质能给人以美的感受，玉色更能体现生命力的存在，所以为审美而佩戴。

二是以玉别人的“政治”功能，部落首领、巫觋、功臣等地位、等级、权力和财富等身份的象征。

三是以玉比德的思想功能，玉本身温润光泽，惹人喜爱，代表品格高尚和真善美，更是一种吉祥物，是将玉人格化并赋予思想道德价值的初始阶段。

四是以玉通神的宗教功能，祭祀、巫术等宗教活动场合使用具有特定意义的法器，成为原始巫术中最高深的道具，是沟通人与神的灵物。

五是以玉享祖（神）的殓葬功能。玉玦和玉匕多在特殊的居室葬出土，体现出死者特殊的身份，所以死后仍要享用，成为灵魂再生转世之物，这是一种亲情，更是原始鬼神灵魂观念的反映。

从社会学角度看，人类的聚居生活就是社会，会产生各种关系，就需要有衡量、调节人与人、人与社会之间的关系准则，8000 年前查海时代也需要、也会有这一准则，虽是没有文字记载的年代，但我们从先民遗留物的代表——玉器破解可知，制作佩戴玉器饰品是先民的生产活动，这种活动不仅是物质生产活动，更是查海人一种构思、规划、创造的精神思想活动，是在生产劳动过程中形成的人类智慧。当时查海先民已经有了社会分工，出现了社会等级、权力观念，社会开始分化，查海玉器已经超越了实用工具的阶段，成为承载查海先民社会生活和精神活动的载体，从查海先民生前用玉，死后殓玉即知玉器的社会功用，这是他们思维方式和精神面貌的体现，已具“德”和“礼”的功能。虽然目前查海玉器只出土了 44 件，且形制简单，但这是中国玉文化的起源，玉器已成为物化的礼。

三、玉玦文化带

查海玉玦是东北亚玦文化起源地和玦文化起源的中心。古代世界范围内早期识玉、用玉的地区除中国外，只有中美洲的玛雅人和新西兰的毛利人，但他们比中国晚得多，中国是世界玉器起源的最早中心①。查海玉玦的形状就是玉环、玉柱（玉管）上从孔缘向外锯开一个豁口，共出土了7件，年代之早、数量之多、功用特定、形制规范等特点使其成为玦文化的代表而影响深远。

现今东亚地区年代最古老的玦饰群出现在距今8000～7000年前，分布在北纬40度～50度，以辽宁西部为中心地区，北面达黑龙江东北部，横跨俄罗斯的滨海地区，由日本海进入北海道，南面则以燕山南麓为界②。东亚地区的玦饰起源可能是一元的，据现今东亚地区考古的发现，最古老的玦饰在中国东北出现后即向四方扩散，一般来说，距离中国东北越远的地方，玦饰出现的年代越晚。如日本的本州及九州，在距今7000～6000年玦饰已全面分布；黑龙江一带约7000年出现，同期俄罗斯也可能出现玦饰；长江中下游7000～6000年出现玦饰；岭南、粤北与环珠江三角洲在4500年以后才出现玦饰；越南北部红河三角洲及北部沿海距今4000年出现玦饰，越南南部玦饰出现要迟到距今3000年前；台湾及菲律宾群岛玦饰出现年代的上限大约在距今4000年前。辽河流域兴隆洼、白音长汗等遗址也都先后有玉玦出土，但尤以8000年查海文化最早且位于玦文化带中心，因此可以说，玉玦作为一种文化现象，由辽河流域查海文化起源，依河流向外扩散传播，到达东南海岸线再沿着海岸线传播并在众多的河流入海口逆河流而上，传到靠

①资料来源：田广林《中国东北西辽河地区的文明起源》，中华书局，2004年，第221页。

②资料来源：邓聪《东亚玦饰四题》，《文物》，2000年第2期，第41页。

近海岸线的东北亚各地，形成了以查海遗址为中心的东北亚玦文化带。查海时代使用形成制度化和规范化的玉玦，历经8000年延续传承影响至今。

查海玉器伴随中华民族走过了8000年的历程，在这么悠久的岁月中，罕有一件器物有如此旺盛的生命力，先民对玉料的鉴别、采集和加工集中体现了查海文化时代的生产力水平，反映了当时的社会形态和思想意识，是社会开始分化的表现。查海玉器的社会功能已超越了一般的装饰品，附加上了社会意识，成为统治者或上层人物“德”和“礼”的象征。没有社会分工生产不出玉器，没有社会分化也不需要礼制性的玉器，因此，辽西一带的社会分化早于中原①。玉文化的社会功能所体现的是中国传统的价值标准和道德观念，因此可以说，玉器时代即是中国文明的初始时代，它在反映文明发展中具有敏感性和超越性，查海玉是中国博大精深玉文化的渊源地，也是世界玉器起源的最早中心，查海玉文化对辽河文明、中国文明的形成有着开端的意义，是中华民族文化的基石，也是区别于世界上其他文明起源的一个重要标志。

四、万年文明起步

查海玉器是中国“上万年文明的起步”。著名考古学家苏秉琦先生将北方地区的红山文化，概括为是中国国家起源问题发展三类型之一的原生型，这是中国万年以来历史的发展趋势，是关于中国文明起源和古国家形成的一个系统概念，他非常重视查海玉器并提出：“查海玉器已解决了3个问题：一是对玉材的认识，二是对玉的专业化加工，三是对玉的专用。社会分工导致社会分化，所以是文明起步。”查海玉器的社会功能已超越了一般的装饰

①资料来源：苏秉琦《关于重建中国史前史的思考》，《考古》，1991年第12期，第61页。

品，附加上了社会意识，成为统治者或上层人物“德”和“礼”的象征。七八千年前的阜新查海和赤峰地区兴隆洼文化所反映的社会发展，已到了氏族向国家进化的转折点，所以文明起步超过万年，特别是查海、兴隆洼遗址都发现了选用真玉精制的玉器，它绝非氏族成员人人可以佩戴的一般饰物，正是从这一时期起，玉已被赋予了社会意识，被人格化了。没有社会分工生产不出玉器，没有社会分化也不需要礼制性的玉器，因此，辽西一带的社会分化早于中原，这是苏秉琦先生后来形成的“上万年的文明起步”理论的重要依据。

查海玉器的使用和使用这些珍贵稀有玉器的人就是社会分化的表现，查海玉器的发现，使学界认识到玉器在东北地区出现甚早，是东北史前文化的一个重要区域特点，确立了与中原、东南沿海并立的东北文化区，大大提升了东北地区在中华大地史前时期的地位。先有玉，然后有“礼”，中华文明起源的模式在于礼制的成熟①，查海玉器的使用和传播是中国“上万年文明的起步”。

五、玉文化的传播

河流是文明的孕育者，又是文明的传播者，查海遗址地处我国北方辽河水系重要支流绕阳河源地，属辽西低山丘陵区，是内蒙古草原和辽河平原中间的过渡地带，南为邻近渤海的辽西走廊，东西沟通松花江流域和大凌河流域。查海遗址在东北亚独特的地理位置使其成为文化交流的枢纽，既有利于文化的成长，又有利于文化的传播，孕育的查海文化彰显出独特的文化内涵。

---

①资料来源：薛志强《论兴隆洼文化在中国文明起源中的地位与作用》，《大连大学学报》，2008 年第 5 期，第 14 页。

查海玉文化依靠河流在我国北方扩散传播。查海遗址在北方辽河流域特殊的地理位置使其成为古文化的生长点和交汇带，查海先民可以由居住地东边的河谷沿河流向东、向南进入绕阳河等辽河流域水系流经的地方，可到达沈阳新乐遗址、丹东后洼遗址等，到达已发现多处新石器时代遗址的辽东、辽南乃至鸭绿江、松花江、黑龙江流域。现已研究表明，查海文化是新乐文化的母体文化，是其渊源，而新乐文化是东北东部的主体文化，是东部文化圈的源头，形成的文化圈当是它的流①。查海先民蹚过定居地西边的河流，翻过一道山岗，这个山岗乃是医巫闾山山脉向北延伸的余脉，也是辽河流域和大凌河流域水系的一个分水岭，所以查海先民向西可到达牤牛河，向北进入老哈河等大凌河、西辽河水系流经的地方，在这里的胡头沟②、兴隆沟③、白音长汗④等新石器时代遗址都有玉器出土，从这些玉器的材质、工艺和形制等多方面研究看应是源于查海文化。北京山顶洞人遗址出土有磨孔的海蚶壳做的装饰品，这种海蚶产于渤海湾一带⑤，说明1万多年前当时人的活动范围之大，就能够到达渤海边。由此可知，查海先民也能顺辽河、大凌河到达渤海边，沿海岸线和入海河流而将查海玉文化传播到朝鲜、日本、俄罗斯等东北亚各地。

查海遗址是中国博大精深玉文化的渊源地和世界玉器起源的最早中心，中国悠久的历史中罕有一件器物像玉器一样有如此旺盛的生命力，精致的查

①资料来源：周阳生《新乐文化源流及其相关问题》，《辽河寻根 文明溯源——中华文明起源学术研讨会论文集》，文物出版社，2012年，第35页。

②资料来源：方殿春、刘葆华《辽宁阜新县胡头沟红山文化玉器墓的发现》，《文物》，1984年第6期，第1~5页。

③资料来源：中国社会科学院考古研究所内蒙古工作队《内蒙古敖汉旗兴隆沟新石器时代遗址调查》，《考古》，2000年第9期，第30~48页。

④资料来源：内蒙古自治区文物考古研究所《内蒙古林西县白音长汗新石器时代遗址发掘简报》，《考古》，1993年第7期，第865~874页。

⑤资料来源：郭沫若《中国史稿》第一册，人民出版社，1962年，第17~18页。

海玉器蕴含着文明初现的时代特征，开始了中国上万年的文明起步。查海先民识别、加工和使用软玉的“查海智慧”是中国玉文化的早期阶段，充分代表了查海文化时代的生产力水平，集中体现了当时的思想意识和社会形态。玉器的使用和传播也成为中国文明起源又一个新的要素和内涵，是中国文明起源的标志，查海玉文化对辽河文明、中国文明的形成有着开端的意义。

六、玛瑙细石器

细石器文化是新石器时代以打制使用形状细小精巧的石器为标志的人类物质文化发展阶段，中国细石器文化广泛分布于东北、内蒙古、宁夏、甘肃、新疆等一带。安志敏在研究海拉尔的细石器时指出：“细石器是一种特殊的技术工艺所产生的石制品，原则上以间接打法所剥离的细石核、细石叶以及用细石叶加工的石器为代表，它们一般是为了装备骨、木等复合工具专门制作的石刃。严格地讲，细石器一词，应以上述细石核和细石叶有关的石制品为限。”① 细石器以石髓、玛瑙、燧石、沉积岩等制作而成的有多角锥状石核、细长石片（或称石叶）、小石片等。

查海遗址出土了大量的细石器，总数为275件，出土位置主要在房址居住面和地层内，而且已经发掘出的55座房址近半数内都有出土，特别是53号房址出土最多，为108件，几乎占细石器总数的2/5。查海遗址的细石器选料多为玛瑙、燧石、沉积岩等，经过打制、压制、压削、点打击等制作方法剥落石叶等细石器。剥落的各种细石器的石核上留有清晰的长条线、波状线、放射线等。查看这些石核和各种细石器，可见查海人制作这些精致细小工具的技术是相当高超娴熟的，这些精心制作的细石器工具很小，有的仅长

①资料来源：安志敏《海拉尔的中石器遗存——兼论细石器的起源和传统》，《考古学报》，1978第3期，第89～315页。

1～2厘米，刮削器一般宽0.5厘米左右，而有的确长达2～4厘米，查海人制作细石器的精湛技术令人叹为观止。

因为玛瑙在世界各地分布很广，所以原始先民使用玛瑙材质的细石器较多。阜新地区玛瑙资源丰富，采集和利用的历史渊源久远，所以在查海遗址考古发掘出土了大量的玛瑙细石器，说明阜新先民早在8000年前就已经采集、加工、使用玛瑙了。

1.查海遗址玛瑙细石器特征

查海遗址附近有丰富的玛瑙资源，易于采集。细石器是一种易消耗、损失的细小工具，因玛瑙资源丰富，容易获得补充，在查海遗址附近地区，作为能制作细石器的石料最丰富的就是玛瑙。

玛瑙的摩氏硬度高。玛瑙在矿物学中属于玉髓类，主要成分是二氧化硅，是火山喷发二氧化硅的胶体凝聚物，摩氏硬度可达7，比重2.55～2.91。玛瑙质地坚硬，致密细腻，光洁度高，颜色美丽，是制作细石器的良好材质。

玛瑙易于加工制作细石器。玛瑙易于打制石叶，而且石叶片较薄，边缘锋利，如打制作为钻孔用的尖状器同样是比较尖细锐利，利于使用。

2.查海遗址玛瑙细石器种类

查海遗址玛瑙细石器主要有石核、石叶、刮削器、尖状器等，但对于某一用途同样又不是固定的，比如某一石叶既可作刮削器，又可作切割器等。

3.查海遗址玛瑙细石器制作方法

自然采集，就是对自然采集到的外形可直接作为工具使用的玛瑙片、玛瑙条、玛瑙锥等不做加工，直接使用。

人工制作，将采集到的玛瑙按照预想工具而打制成石叶、刮削器等。查海人会按照剥离后得到的实际形状加以使用，比如适合钻孔，则去用于钻孔，适合切割就用来切割等，所以用途依形而定，一器多用，不会拘泥。

4. 查海遗址玛瑙细石器基本功用

查海遗址出土的细石器材质基本是以玛瑙为主，特别是玛瑙石叶占多数，一些尖状器也是以玛瑙为主，可知查海先民已经充分地认识到了玛瑙材质的特点，直接使用，或是将其所需的玛瑙材质安装在骨柄、木柄之上，作为一种复合工具使用，成为生产、生活中作为细加工的主要工具，究其主要有以下几种使用功能：

玛瑙镞，就是查海先民用玛瑙细石器做的箭头，将其安装在细木杆头上，作为弓箭的箭头，用于狩猎时远距离射杀猎物。玛瑙镞多为长三角尖形，表面光滑平整，材质坚硬致密，造型精巧，顶端尖锐锋利，方便实用。

刮削器，也是查海先民使用较多的玛瑙细石器之一，主要用于分离动物毛皮、骨肉等。一般为细长的玛瑙石叶，又可将多个石叶并排嵌入安装在骨柄或木柄上作为刮削工具使用。

尖状器，就是玛瑙锥和玛瑙钻，主要用于陶器的钻孔和石器、玉器的琢孔或钻孔，特别是能够琢制玉器，亦可安装各种手柄将玉器等钻孔。玛瑙摩氏硬度约为7，软玉摩氏硬度大约为6.5，使用玛瑙锥可对玉器进行琢制、钻孔，孔洞呈现外面大内里小的倒漏斗形。

切割器，选取侧边锋利的玛瑙片，可直接使用，又可选取一块或几块能平整齐顺安装（镶嵌）在骨柄或木柄之上，做成一种复合工具，成为一把锋利的“小刀”使用，提高使用效率（图5－20）。

图5－20　细石器玛瑙刀

阜新查海遗址不仅是中国博大精深玉文化的起源地，也是中国玛瑙文化的发源地，8000 年前的查海先民最早采集、制作、使用玛瑙细石器，是中国玛瑙文化的源头。阜新玛瑙文化是玉文化的重要组成部分，同样与文明发展一脉相承，经过数千年的积淀和发展，慢慢地承载着阜新地方文明发展的历史记忆、生产生活智慧、文化艺术结晶和民族地域特色。

阜新从元、明、清历史时期直到现代，玛瑙雕刻的精湛技艺都在中国玉文化史上留下了辉煌的印迹。2006 年，“阜新玛瑙雕”作为阜新地方传统手工技艺，被列入了第一批国家级非物质文化遗产保护名录。特别是 2016 年 9 月，阜新被世界手工艺理事会授予“世界玛瑙之都”特色文化城市荣誉称号，这是将阜新悠久的历史和厚重的文化浓缩在玛瑙中，以玛瑙为媒，把阜新推介给了世界，在世界玛瑙文化发展史上具有里程碑意义。这标志着阜新玛瑙产业正式步入全球视野，迈上了世界级的台阶，对于当今增强阜新城市创新和创意旅游业发展潜力，拉动阜新城乡旅游业发展，促进现代服务业提速增效都将起到巨大的推动作用。

第六章　谷物作酒　仪礼初始
——查海遗址谷物酿酒和酒文化研究

中国是酒文化的王国，酿酒历史悠久，在数千年的文明发展史中，酒与文化的发展基本上是同步的。现代科学研究和大量的考古资料表明，我国谷物酿酒的起源是一体的，即都是新石器时代原始农业出现以后，而分布又是多源的，黄河流域在仰韶①、磁山和裴李岗②文化时期开始酿酒，长江流域酿酒出现在河姆渡文化时期③，在北方辽河流域谷物酿酒则是起源于这一地区新石器时代文化的代表——查海文化时期。查海遗址是我国谷物酿酒和酒文化的起源地，这是查海先民在长期农业劳动过程中观察和实践的经验总结，是集体智慧的结晶，查海酒是物质和精神的载体，又是查海文化一独具特色的新内涵，辽河流域早期文明带着查海酒的馥郁醇香，历经 8000 年岁月的酝酿，折射出中华文明的曙光。

---

①资料来源：李仰松《对我国酿酒起源的探讨》，《考古》，1962 年第 1 期，第 41～44 页。

②资料来源：包启安《史前文化时期的酿酒（一）酒的起源》，《酿酒科技》，2005 年第 1 期，第 78～85 页。

③资料来源：李仰松《我国新石器时代出土的“双联杯”和“三耳杯”及其有关问题》，《河南文博通讯》，1980 年第 4 期，第 13～17 页。

第一节　我国谷物酿酒的起源

一、酿酒起源的传说

酒先于人类在自然界就客观存在，不是人类发明了酒，而是发现了酒。酒是一种发酵含酒精的饮料，它是微生物中一种酵母菌分解糖类产生的。在自然界中，酵母菌是一种分布极其广泛的菌类，尤其自然界中含糖较高的水果、蜂蜜等物质，更容易繁衍滋长酵母菌，某些情况下的特定环境中，成熟的野果、蜂巢落下会聚集在水坑中或岩石的凹穴中，由于受到果皮上或空气中酵母菌的作用，很容易产生含有酒精具有酒味的液体——酒，这是一种自然现象，所以酒是自然界的一种天然产物，先于人类社会就已经在自然界中存在。我们的日常生活中，在水果店就能常常嗅到由于水果腐烂而散发出来的阵阵酒香。如宋代周密的《癸辛杂识》里有一篇《梨酒》，是关于山梨被贮藏在陶缸中后竟变成了清香扑鼻梨酒的记载："有所谓山梨者，味极佳，一意颇惜之，漫用大瓮储数百枚，以否盖而泥其口，意欲久藏，旋取食之。久则忘之。及半岁后，因至园中，乎闻酒气熏人，疑守舍者酿热，因索之，则无有也。因启观所藏梨，则化而为水，清冷可爱，湛然甘美，真佳酿也，饮之辄醉。"①

我国古代，往往将酿酒的起源归于某个人的发明，把这些人说成是酿酒的

①资料来源：（宋）周密撰、吴启明点校《癸辛杂识》，中华书局，1988 年，第 130 页。

祖师，由于影响非常大，以致成了正统的观点。对于这些观点，宋代《酒谱》曾提出过质疑，认为“皆不足以考据，而多其赘说也”。这虽然不足于考据，但作为一种传统文化认同现象，不妨罗列出以下几种脍炙人口的酿酒传说。

1. 猿猴酿酒说

猿猴的主要食物就是水果，它们会经常性有意或无意地收集、储藏一些水果，特别是在水果成熟的季节，会收贮大量水果，如果存储的地方是比较低洼的石坑，堆积的水果受自然界中酵母菌的作用而发酵，在石坑中将会自然地“酿造果酒”。这种猿猴或有意、或无意收集储存水果成酒的现象，被人误以为猿猴主动酿酒。这种成熟的水果聚集成酒的现象，从古至今一直在发生、延续，当今在某些猿猴生活的森林地区，这种现象仍然在发生，是一种很自然的现象。猿猴的确是一种非常嗜酒的动物，关于这种猿猴酿酒古来就有很多的记载。清代人徐珂所著的《清稗类钞》饮食类中有“金粟香陆武园饮猿酒”的记载：“粤西平乐（今广西壮族自治区东部，西江支流桂江中游）等府山中多猿，善采百花酿酒。樵子入山，得其巢穴者，其酒多至数石。饮之，香美异常，名曰猿酒。”① 明代文人李畔在他的著述《篷栊夜话》中，也有过类似的记载：“黄山多猿猱，春夏采杂花果于石洼中，酝酿成酒，香气溢发，闻娄百步。野樵深入者或得偷饮之，不可多，多即减酒痕，觉之，众猱伺得人，必嬲死之。”②

2. 黄帝造酒说

我国最早的一部医学典籍《黄帝内经·素问》中，记载了黄帝与岐伯讨论上古酿酒用途的情景：“上古圣人作汤液醪醴，为而不用也？”岐伯回答：“自古圣人之作汤液醪醴者，以为备耳！”③ 这之中提到了一种古老的酒——醴酪，即用动物的乳汁酿成的甜酒。《黄帝内经》一书是后人托名黄帝所作，

①资料来源：（清）徐珂《清稗类钞》第十三册，中华书局，1986 年，第 6348 页。

②资料来源：（明）李畔《篷栊夜话》，齐鲁书社，1996 年，第 118 页。

③资料来源：姚春鹏译注《黄帝内经》，中华书局，2011 年，第 75 页。

黄帝是中华民族的共同祖先，很多发明创造都出现在黄帝时期。

3. 夷狄造酒说

《世本》载：“夷狄造酒。夷狄始做酒醪，辨五味。”① 关于夷狄做的“酒醪”，就是一种糯米经过发酵而成的“醪糟儿”，醪糟儿洁白细腻，稠状的糟糊可当主食，上面的清亮汁液味道较甜，含有一定的酒精，类似于黄酒的制法。《战国策》载：“昔者，帝女令夷狄作酒而美，进之禹，禹饮而甘之，遂疏夷狄，绝旨酒，曰：‘后世必有以酒亡其国者’。”② 这是最为详尽的关于夷狄酿酒的说法，基本意思是说：夏代大王禹的女人，命令夷狄去酿造美酒，夷狄经过一番努力，做出来的酒味道很好，于是奉献给夏禹品尝，夏禹喝了之后，觉得的确很美好。夏禹因为比较圣明，不仅没有奖励造酒有功的夷狄，反而从此疏远了他，从此以后决定不喝美酒，并且还警告道：后世一定会有因为饮酒无度而误国的君王。这段记载虽是为了记述夏禹的圣明，同时又道出了夷狄酿酒的故事。《说文解字》关于酒的解释也载有：“古者夷狄作酒，禹尝之而美，遂疏夷狄。”③

4. 杜康（少康）造酒说

《世本》中载有：“杜康造酒，少康作秫酒。”④ 《说文解字》中解释“酒”字的条目中说：“少康者，杜康也。”意思是说少康就是杜康。农作物之中的高粱又被称为“秫”，少康作秫酒，指的是少康用高粱为酿酒原料来酿酒，所使用的原料是高粱，则杜康就是高粱酒的创始人。曹操的《短歌行》中有“何以解忧，唯有杜康”的著名诗句。

5. 江统发酵酿酒说

《北堂书钞》载有江统所著《酒诰》的说法：“酒之所兴，乃自上皇，

①资料来源：刘晓东等点校《世本》，《二十五别史》，齐鲁书社，2000 年，第 70 页。
②资料来源：（西汉）刘向《战国策》，上海古籍出版社，1985 年，第 846 ~ 847 页。
③资料来源：（汉）许慎撰，（清）段玉裁注《说文解字注》，上海古籍出版社，1981 年，第 1246 页。
④资料来源：刘晓东等点校《世本》，《二十五别史》，齐鲁书社，2000 年，第 70 页。

或云夷狄，一曰杜康。有饭不尽，委余空桑，本出于此，不由奇方。①”江统对造酒起源于黄帝或夷狄、杜康的说法产生怀疑，认为酒的发明创造是人们将剩饭丢在树洞里，长久堆积自然发酵成酒的。在当时社会生产力水平下，这样带有发酵原理的认识，相比黄帝、夷狄、杜康造酒的说法有一定的科学酿酒道理，江统也成为提出发酵成酒的第一人。《酒经》也有“空桑秽饮，酝以稷麦以成醇醪，酒之始也”的说法。

二、谷物酿酒的必要条件

中国是最早掌握酿酒技术的国家之一，中华民族有着悠久的历史和灿烂的文化，越来越多的考古发现证明，早在新石器时代我国先民就已经开始酿酒。酒从大自然的自酿到人类主动酿造经历了漫长的历史时期，《淮南子》载“清醠之美，始于耒耜”②，醠是一种浊酒，就是说真正的人工谷物酿酒开始于农耕生产活动以后，揭示了酿酒与谷物的渊源关系。这是古人对酿酒起源问题比较客观的描述和最明确的解释，酿酒起源的民间传说是人类认识事物感性阶段的产物，谷物酿酒不是圣贤发明观点的提出，而是古人在酿酒起源问题上科学理性认识的巨大飞跃。

谷物酿酒的起源必须具备酿酒所需的社会经济基础、酿酒技术、酿酒容器、酿酒发酵介质等物质与精神方面的综合条件，而最根本的还是要有稳定并且能够持续的经济基础作为支撑，这个稳定的经济基础就是农业的出现和发展，如果没有农业的出现，就不可能有谷物酿酒的起源，农业是谷物酿酒形成最重要的前提条件。谷物酿酒要求“秫稻必齐，曲蘖必时，湛炽必洁，

①资料来源：（隋）虞世南、（清）孔广陶校注《北堂书钞》卷一四八《酒食部七》，中国书店，1989年，第630页。

②资料来源：张双棣《淮南子校释（下）》，北京大学出版社，1997年，第1796页。

水泉必香，陶器必良，火齐必得”①，这六项谷物酿酒要求又称“古遗六法”，是一套完整而宝贵的实际操作经验和技术要领，这同时也指出了酿酒需要的物质条件基础，即谷物、曲蘖、陶器、泉水。

现代关于酿酒起源的科学研究发现②：在距今40000～50000年人类就发现、认识、初步学会了酿酒，但只是简单地重复大自然的自酿过程。根据考古学和文字记载，在距今5000～7000年前后人类开始大规模地酿酒，这便是人类进入新石器时代农业出现之后，开始促成了人类酿酒时代的到来。

三、新石器时代的谷物酿酒

中华民族是最早掌握谷物酿酒技术的国家之一。一般来说，谷物酿酒重要的物质基础是需要有酿酒原料和酿酒容器，我国新石器文化时期，人们已经开始定居生活，农业生产逐渐繁荣，谷物粮食产量大幅提高，在收储、保管这些粮食的过程中，因当时的生产力水平低下，保管方法简单，设施简陋，所以谷物会发霉、发芽。这些发霉、发芽的谷物成酒现象经常发生，人类天性会被此吸引，醉人的酒香使人迷恋，所以，随着人们对此现象认识的加深，逐渐明白了谷物成酒的原理，并在实践中逐步掌握了谷物酿酒技术，开始人工主动地酿酒，开始饮酒。陶器是农耕定居生活先民制造最多的物品，在我国各地新石器时代遗址中，发现了众多的陶制酒器，有了酒，才会有专用的酒器，反之，有了酒器，也就证明有了酒。这些酒器说明我们的祖先在很早的时候，就已经和酒产生了关系，已经掌握了酿酒技术，饮酒之风开始盛行。我国新石器时代不同地区的考古文化之间差异较大，地方特色均较浑厚，表现在陶酒器的器形和组合上也各不相同，考古发现我国新石器时

①资料来源：李学勤《十三经注疏·礼记正义（中）》，北京大学出版社，1999年，第554页。

②资料来源：张文学、赖登燡、余有贵《中国酒概述》，化学工业出版社，2011年，第4页。

代已经能够用谷物酿酒的代表性文化遗址主要有：

1. 磁山文化时期

磁山文化以河北武安磁山遗址为代表，距今年代7355～7235年，早于仰韶文化。磁山遗址考古发现了大量的灰坑遗迹，还有大量的石器、陶器等生产、生活遗物，充分表明了磁山文化已经有了非常发达的农业经济。磁山遗址考古发掘揭示的第一文化层遗存发现灰坑186个，这类灰坑一般是贮存粮食的窖穴，其中62个明确发现有粮食堆积。第一文化层发现的陶器中有陶杯12件，漏斗形器1件 。第二文化层遗存有灰坑282个，其中灰坑中明确发现有粮食堆积的18个。磁山遗址第一、二文化层中明确发现有粮食堆积的窖穴有80座，穴内粮食一般堆积厚度0.3～2米，其中有10座窖穴堆积在2米以上，出土时部分粮食颗粒清晰可见，不久即风化成灰。取H65的标本作灰像分析，发现有粟的痕迹，所以窖穴内所藏粮食应是粟，即是谷子。磁山遗址出土了大量的石器、陶器、骨器等遗物，在陶器中有43件陶杯，应为酒器，还有3件陶制漏斗形器，应为制酒工具。可见，磁山文化时期，已经出现了谷物酿酒，人们已经开始饮酒①。

2. 裴李岗文化时期

河南新郑裴李岗遗址是目前中原地区已发现的新石器时代早期遗址之一，遗址年代距今7445～7145年，它包括住址和墓地两部分。住址于1978年曾发现陶窑1座，在居住区的北部（距窑址约30米），发现有不少内含草秸和带植物秆痕迹的红烧土，这一迹象表明当时在这里曾经建造过房屋，结合窖穴、陶窑的发现来看，很可能裴李岗遗址曾有过比较完整的村落。裴李岗遗址出土的生产工具以石镰、石铲和石磨盘最有代表性，结合碳化谷物和猪、狗、羊等遗骨进行考察，当时人们在从事农业生产，显然已经有了比

①资料来源：河北省文物管理处、邯郸市文物保管所《河北武安磁山遗址》，《考古学报》，1981年第3期，第303～383页。

较发达的农业①。所以，裴李岗文化具有鲜明的农业色彩，农业生产是最主要的活动，种植的作物以粮食作物为主，南部地区主要种植水稻，北部地区则可能种植粟，当时的农业已经进入到耕作农业阶段，具有一定的生产水平，基本上可以保证人们的生活需要②。众多因素表明，裴李岗文化时期已经具备了谷物酿酒的物质和精神基础。

3. 河姆渡文化时期

河姆渡文化距今7000～5000年，主要以河姆渡遗址三、四层为主，先后通过两次考古发掘，可知河姆渡遗址的先民过着以耜耕农业为主的定居生活，从事着古老的稻作农业活动。遗址附近的平原地带有河姆渡先民垦种的大片稻田，遗址先后两次发掘出土的194件很具特色的骨耜，证明了这一时期农业经济是骨耜稻作农业，这也反映了当时的生产力水平，河姆渡遗址大批稻谷的发现就是证明。同时河姆渡遗址也出土了大量的陶器等生活用具，在稻米的种植、食用、保存等过程中，完全具备了酿酒的物质与精神条件，先民已经能够酿造米酒③。

4. 仰韶文化时期

仰韶文化距今7000～5000年，广泛地分布在河南、湖北、陕西、山西、甘肃等地，是以彩陶文化为代表的遗址，代表性遗址有仰韶遗址、半坡遗址、姜寨遗址、庙底沟遗址、北首岭遗址等。

半坡遗址中发现了200多个窖穴，绝大多数是用来储存食物和用具的，多密集在居住区内，和房屋交错在一起。早期窖穴中的115号窖穴，是一个

---

①资料来源：中国社会科学院考古研究所河南一队《裴李岗遗址1979年发掘简报》，《考古学报》，1984年第1期，第23～51页；开封地区文物管理委员会《裴李岗遗址1978年发掘简报》，《考古》，1979年第3期，第197～205页。

②资料来源：李友谋《裴李岗文化》，文物出版社，2003年，第140～149页。

③资料来源：浙江省文物考古研究所《河姆渡——新石器时代遗址发掘报告》，文物出版社，2003年，第370～372页。

口小底大的圆形袋状坑，口径 1.15 米，底径 1.68 米，深 0.52 米。坑底有一圈小浅槽，坑壁用细腻的黄土涂抹厚约 1 厘米。窖内堆积粮食腐朽后所形成的壳灰，呈灰白色的半透明状，厚达 18 厘米。半坡时期人们的日常生活用具主要是陶器，遗址中收集到的陶片在 50 万片以上，完整和能够复原的器皿将近 1000 件，这些陶器类型丰富，我们现在日常生活中所使用的器皿，在当时都已经出现。从陶器的形状、质地等特点和生活实际需要来看，主要有钵、碗、壶、杯盘、盂、缸、罐、瓮等。出土的小口尖底瓶、长颈壶和带流罐这类器皿，最大的特点是有一个小的口和细的颈，或有倒水的流。陶器皆细泥陶质或细砂硬陶质，制作精美，坚固，部分有彩绘。

半坡遗址出土了大量的陶器、石器、骨器等生产、生活用具，还有大量碳化的粮食，表明这一时期先民已经过着以农耕经济为主的定居生活，农业得到了进一步发展，大量的碳化谷物表明这些粮食不仅保证了人们的日常生活，还能够使用谷物酿酒，出土的大陶瓮、罐，还有碗、杯、壶、小口尖底瓮等，应是原始的酒具，反映出酿酒在当时已进入盛行期①。

5. 大汶口文化时期

大汶口新石器时代文化距今 6400～4500 年，大汶口文化是新石器时代文化，以山东省泰安市大汶口遗址而得名。大汶口文化墓地出土的石器制作精细，棱角齐整，通体磨光，骨（角）器同样是制作精细，还出土有制作精细的玉铲、玉指环、玉臂环、玉笄等。陶器主要有鼎、壶、罐、杯、尊、瓶等，并施以彩绘和镂空纹饰。出土陶鼎 168 件，陶壶 206 件，陶罐 138 件，陶杯 171 件，其中单把杯 37 件，筒形杯 38 件，高柄杯 93 件，其他类型 3 件。陶杯中最具代表的一件高柄杯为标本 25：27，高达 26.1 厘米，杯柄镂空两排圆孔和半月形孔，盖柄镂对称圆孔、三角孔，可见这些制作精美的陶

①资料来源：中国科学院考古研究所、陕西省西安半坡博物馆《西安半坡——原始氏族公社聚落遗址》，文物出版社，1963 年，第 45～135 页。

杯等应是酒器。史前时期总的生产力水平较为低下，美酒对一般氏族成员来说是一种不可多得的奢侈品，而较为精美的酒器也多出土在大型墓葬中。大汶口墓地第25号墓中的现象反映出，史前时期人们对酒的重视和珍爱，以至于这些文化中最具辉煌光亮的创造物都与酒具密不可分，制作难度大、造型精美的器物，几乎都是酒器①。

1979年，在山东莒县陵阳河大汶口文化M17中出土了一组大型陶器和各种类型的“饮酒器具”100多件，墓主人因而被认定为是职业酿酒师，大型陶器则属于成套酿酒器具，其中包括酿造发酵所用的大陶尊，滤酒所用的漏缸，贮酒所用的陶瓮，用于煮熟物料所用的炊具陶鼎，并在陶缸壁上发现了一幅刻画图案，据分析应是滤酒图。同处还发现了饮酒器具，如单耳杯、觯形杯、高柄杯等，共计100余件。据考古人员分析，墓主生前可能是一名职业酿酒者②。

第二节　查海谷物酿酒的条件

一、聚落的定居生活

查海聚落的定居生活是谷物酿酒起源的基础。查海遗址是我国辽河流域新石器时代早期文化遗存的代表，遗址现存面积达12500多平方米，已发掘

①资料来源：山东省文物管理处、济南市博物馆《大汶口——新石器时代墓葬发掘报告》，文物出版社，1974年，第50~120页。

②资料来源：王树明《大汶口文化晚期的酿酒》，《中国烹饪》，1987年第9期。

面积7800多平方米，从发掘所揭示的遗迹来看，已明确了该聚落的布局、内部结构和文化内涵，查海聚落形态已经发展到了一个比较完善的形式。查海聚落由壕沟、房址、窖穴、墓地、祭祀址等组成，遗址外围挖有壕沟，内部居住区房址从早期到晚期排列密集，规划得井然有序。查海遗址中心长达19.7米的龙形堆石是我国最早的龙形象，紧邻下方为中心墓葬，此外在房址内还有部分葬俗独特的居室葬，可知当时应有了龙崇拜和祖先灵魂的观念。遗址已经揭露的55座房址面积在20～157平方米，小型房址是只能居住三四个人的一个“家庭”，且没有居室窖穴，居室窖穴都出自大、中型房址，最大的46号房址面积达157平方米，位于部落中央龙形堆石上方，在其中发现了一对特大号石铲，没有明显使用过的痕迹，推断是部落首领或氏族酋长所拥有的一种身份和权力的象征。所以，综合分析46号大房子的特殊功用，应是部落首领居住或部落聚会、议事的公共场所，反映出查海部落已有社会等级分化，生活有着一定的组织结构，具备以家庭为单位的生产模式，氏族制度严密，是具有严密的氏族组织社会性质或部落首长制的典型中心聚落遗址①。

查海先民原始聚落的定居生活，促进了原始农业生产性经济的快速发展，人们的生活环境和生存条件有了很大的改善。随着生产力水平的提高，生产关系的复杂，促使了人类思维能力的飞速发展，直接反映在查海时代人类社会的经济形态和思想意识上，加速了社会分化，开始出现社会分工，有了专门从事石器制作、陶器制作和玉器制作的手工业者，增加了人们知识、经验和思想的交流，促进了生产力和思想的发展，为谷物酿酒时代的到来做了物质、精神和知识技术的准备，加速了查海时代的文明进程，使谷物酿酒成为可能。

①资料来源：辽宁省文物考古研究所《查海——新石器时代聚落遗址发掘报告》，文物出版社，2012年，第656～672页。

二、兴起的农耕经济

查海聚落农耕经济的兴起为谷物酿酒提供了原料。谷物酿酒的出现要有稳定并且能够持续的经济基础作为支撑，通过对查海遗址及其周围考古出土的植物遗存、木炭、种子和果实的分析结果显示，7000aB. P. 后比现在更加温暖湿润，中国全新世气候变迁研究也显示了形似的趋势，查海时代的生业方式已出现植物栽培和动物驯化①。施少华研究认为：古文明的发展与气候变化密切相关，新石器时代古文化基本上是在全新世高温期中发展起来的，高温期中温暖湿润且稳定的气候使得人类得以空前的发展；气候变化对人类的生产方式、生产技术的发展也产生了重大影响，人工种植的谷物粮食此时出现，适宜稳定的气候环境使人们安居乐业②。8000 年前查海文化时代正处于中国全新世气候大暖期，良好的生态环境和气候条件使原始农耕经济逐渐繁荣，查海遗址出土与农业生产、加工有关的石器工具共计 840 件，其中典型器石铲最多为 349 件，石斧 146 件，石磨盘 139 件，石磨棒 170 件，石刀 36 件③。石磨盘和石磨棒是农业、采集加工的生产工具，有孔和无孔的石铲最多，其中双孔石铲是比较典型的石器。石铲是直接用于农业生产春种、夏锄的主要工具，而且数量较多，不仅是原始农耕经济生产技术进步的标志，还是确定原始农业出现和农耕水平的重要依据，表明查海已经进入到原始锄耕时代。

---

①资料来源：王育茜、吴文婉等《辽宁阜新查海遗址碳化植物遗存研究》，《北方文物》，2012 年第 4 期，第 17 页。

②资料来源：施少华《中国全新世高温期环境与新石器时代古文化的发展》，施雅风：《中国全新世大暖期气候与环境》，海洋出版社，1992 年，第 190 页。

③资料来源：辽宁省文物考古研究所《查海——新石器时代聚落遗址发掘报告》，文物出版社，2012 年，第 668 页。

查海遗址发掘出室内窖穴 23 个，主要是作为储藏食物之用；发现室外窖穴 34 个，都挖凿到了基岩层内，深浅不一，大小不一，直径 1 ~ 2 米，窖穴的壁和底部经过修整，比较规范。大的窖穴内还有柱洞、台阶和灶址，穴内土质为黑灰色，土质松软，有的还含有红烧土块和炭屑，根据窖穴形制和柱洞可知这些窖穴上部应有木架结构，其用途应为储藏粮食，少部分废弃后被用作垃圾坑①，窖穴内的灶址分析应是酿酒所为。

查海遗址大量的农耕石器、陶器，数量众多的窖穴及家猪的饲养，表明先民聚落定居生活已进入到农业生产性经济为主的农业经济时代。查海先民大量石制生产工具的使用提高了劳动效率，谷物粮食粟的产量大幅提高，收获量稳定增长，正是在保存、管理大量谷物粟的过程中先民开始接触、发现、认识到发霉、发芽谷物成酒的现象，并从中逐步掌握、运用这一现象而人工主动实践酿酒。如果没有农业谷物粮食的生产，就不可能有谷物酿酒的出现，农业是谷物酿酒形成最重要的前提条件，特别是适宜的气候条件使谷物产量大幅提高，保证谷物酿酒原料的提供，促使查海文化时代谷物酿酒成为可能。

三、发达的制陶业

查海聚落制陶业发达，为查海酒的酿造和传播奠定了物质基础。陶器的制造和使用是原始农耕定居生活阶段人类最伟大的发明，陶器的发明虽是偶然的，但确是与农耕经济密不可分的，它是人类第一个改变自然界物质特性的发明，成为新石器时代先民制造数量最多的一种物品，也是新石器时代的主要特征之一。查海聚落农业经济的发展繁荣加速了社会进步，已经开始出

①资料来源：辽宁省文物考古研究所《查海——新石器时代聚落遗址发掘报告》，文物出版社，2012 年，第 492 页。

现了社会分工，那些心灵手巧、有一技之长的先民们就开始专门从事手工业生产，逐渐成为某一手工业制作的匠人。从查海遗址发掘出土的遗物可知当时主要的手工业有石器制造、制陶、玉器加工、原始纺织等。原始农耕经济基础下，陶器的发明和大量使用改变了查海先民的生活方式，提高了生活水平，促进了社会分工和分化，加快了查海聚落社会的文明进程。

查海遗址出土了大量的生活用陶器，其中完整陶器、可复原陶器及残器共计1177件，这些陶器数量众多，但器形少，大型器多，小型器少，形制规范，工艺熟练，纹饰精美，为我国新石器时代这一时期夹砂红陶和夹砂灰陶的精品。查海遗址出土的陶器罐类为大宗，且以大型器为主，共有1014件，主要分为直腹罐、斜腹罐、鼓腹罐3类，少量小型罐类的形制又是大型罐类的缩小，小型陶器主要有碗、钵、杯等。查海的这些陶器素面较少，大部分都有单一和复合施纹，主要以压印、压划、戳触、附贴、贴塑、指压等方式施纹，器身上纹饰富于对比变化，纹饰以“之”字纹最为典型，其中出土的最大“之”字纹陶罐口径54厘米，高70厘米。陶器是查海文化时代生产力水平的标志性器物，也是迄今东北地区发现最早的陶器①。查海遗址陶器的出土位置主要在房址内，在房址居住面和堆积层出土陶器965件，聚落遗址地层出土陶器和陶片标本149件，窖穴和灰坑共出土陶器26件，中心墓地和居室墓仅出土陶器11件，可见这些陶器是查海先民日常的生活用品，其基本用途是盛水、装粮食、炊煮食物等，再有一个重要的功能就是能够酿酒、储酒、盛酒和饮酒。《礼记·礼运》记载人类社会在远古时代是“污尊而抔饮”②，就是说先民在没有盛装容器之前饮酒是掘地为坑做容器，手捧酒喝，后来人类有了用各种材料制作的专用饮酒器，如角杯、木杯、石杯，

①资料来源：辽宁省文物考古研究所《查海——新石器时代聚落遗址发掘报告》，文物出版社，2012年，第558～573页。

②资料来源：李学勤《十三经注疏·礼记正义（中）》，北京大学出版社，1999年，第666页。

或是可以用来盛装的各种植物果壳等。随着社会的发展，到了新石器时代人类发明并开始使用陶器，陶器的使用改变了原始农耕时代人们的生活方式，提高了生活水平，使人类摆脱了没有饮酒、盛酒容器的状况。查海遗址大量陶器的生产和使用，促进了谷物酿酒的发展和饮酒习俗的形成，特别是中期以后开始出现制作精美、矮而肥胖的鼓腹罐，与陶杯一样应是查海遗址中出现的酒器，有了酒才会出现酒器，有了酒器就证明已经出现了酒，表明此时查海先民已经掌握了谷物酿酒技术，进入了饮酒时代。

四、曲蘖的认识

查海先民对曲蘖的发现和使用。现代科学研究揭示了我国远古时代谷物酿酒的方式：一类是以谷物发芽的方式，发芽的谷物就是蘖，利用谷物发芽产生的酶将谷物本身的淀粉、蛋白质等转化成糖分，再在酵母菌酶的作用下分解成酒精；另一类是用发霉的谷物制成酒曲，用酒曲中所含的酶将谷物糖化发酵成酒①。关于曲蘖的最早文字记载是《尚书·说命下》："若作酒醴，尔惟曲蘖"②，说的是商高宗武丁和宰相傅说关于治国理政交谈时的一句比喻之话，意思是说我要做好甜酒，你就好比是曲和蘖，从这之中也可知当时人们对酿酒时曲蘖作用的认识已经达到了一定程度。我国著名微生物学家方心芳先生认为："我国最早的酿酒，用一种独特的方法——曲蘖酿酒法。在农业刚开始的时代，贮藏粮食的方法粗放，粮食发霉、发芽更是经常出现，这种发霉、发芽的粮食，就是天然的曲蘖。发霉、发芽的粮食浸到水中，就会发酵成酒，这就是天然的酒。古人因喜欢天然曲蘖酒，即模仿制造。"③

①资料来源：张文学、赖登燡、余有贵《中国酒概述》，化学工业出版社，2011 年，第 5 页。
②资料来源：江灏、钱宗武译注《今古文尚书全译》，贵州人民出版社，1993 年，第 183 页。
③资料来源：方心芳《对"我国古代的酿酒发酵"一文的商榷》，《化学通报》，1979 年第 3 期，第 94 页。

正如明代科学家宋应星所撰《天工开物》第十七篇《曲蘖》中所说的那样："古来曲造酒，蘖造醴，后世厌醴味薄，遂至失传，则并蘖法亦亡。"① 意思是说，古时用曲造一般的酒，用蘖造甜酒，后来人们嫌甜酒味淡，便不再普及，制蘖酿甜酒的方法也就随着失传了。其实，蘖法并没有亡，不过不常用来酿酒，而是用在做饴糖（麦芽糖）上了。

反映秦汉以前各种礼仪制度的《礼记》作于西汉，现存是东汉郑玄注本，可知至迟在汉代以前我国先民仍然是用曲蘖酿酒。在《礼记·月令篇》中已有明确的记述："仲冬之月，乃令大酋，秫稻必齐，曲蘖必时，湛炽必洁，水泉必香，陶器必良，火齐必得。兼用六物，大酋监之，毋有差贷。"这"六物"是指酿酒需要的物质条件基础：秫稻、曲蘖、湛炽、水泉、陶器、火齐，这六项谷物酿酒要求又称"古遗六法"，是一套完整而宝贵的酿酒实际操作经验和技术要领。我国古代发明的曲蘖并用于酿酒是当时的一项重要酿酒技术，曲蘖酿酒技术在酿造史上毕竟还是原始类型，到了西汉以后，我国酿酒化学才有了一个突破性的发展，这个突破性技术就是单独用曲酿酒，其结果大大地提高了出酒率以及酒的质量和产量②。

查海时代的谷物酿酒就是曲蘖共存的混合物发酵成酒，不能与我们现在高度蒸馏的白酒相比，当时的谷物因窖穴保藏不当，受潮后会发霉、发芽，发霉或发芽的谷物，受空气或水中微生物的作用，构成了极具糖化和酒化效力的天然曲蘖，就可以发酵成酒，散发出醉人的酒香。当人们把这些天然曲蘖浸放到水里时，便可以自然发酵成酒。查海聚落农业发展了，生产出来的谷物也逐渐多了，因当时的保管条件简陋粗糙，只能是用陶罐盛装、室内堆放和窖穴储藏，由于保管不善雨水渗入，自然受潮而谷物发霉、发芽成酒的

①资料来源：潘吉星《天工开物译注》，上海古籍出版社，1998年，第197~198页。

②资料来源：罗志腾《古代中国对酿酒发酵化学的贡献》，《西北大学学报（自然科学版）》，1979年第2期，第101~106页。

事也多了起来，于是查海先民因受美妙的酒香所吸引而饮用，醉酒似仙而迷恋上这种“酒”，模仿进而人工加以利用发芽、发霉的谷物，就制成了适于酿酒的原始曲蘖。查海先民用谷物酿的酒，其实就是一种浸泡酒，即用煮熟的谷物与曲蘖混合后，放入陶罐密封发酵一段时间，这期间在微生物糖化谷物过程中会产生酒精，再经浸泡出酒。发酵产生的酒精达到13～15度，因酒精的原因曲蘖停止继续发酵，所以产生的酒精较少，只能是发酵低度的“水酒”而已，是最早的醴（古代的一种甜酒），近似于现在的酒醪。同时，又非常类似于我们今天的啤酒，因为啤酒是采用发芽的谷物酿造的，发芽的谷物既是糖化剂，本身又是酿酒原料，是一种度数很低的酒精饮料。这就是查海原始的谷物酿酒技术，是原始先民长期观察实践后的经验总结，这是当时的生产技术所决定的。

现在我们看这种酿酒的方法似乎过于简单，但这不是凭空设想，从民族学方面研究我们就能找到答案，我国许多少数民族家庭都会自酿水酒，如云南省佤族人的谷物酿酒技法就是如此①。多年前，我国的一些粮食储备单位（粮库），基本上还是建造普通粮仓储备谷物粮食，因这种储藏方法简单粗放，没有密封充氮气等科技手段，某些粮仓因潮湿等原因谷物会发霉、发芽而散发出酒香，这是一种严重的粮食存储事故，但这也是谷物粮食自然成酒的实例。再从社会学来看，从查海当地多年前贮存谷子的方法就能找到答案：查海当地过去因没有现代化的防潮、防霉存储设施，仍沿用原始方式储存谷子，即按储藏谷子的多寡在地上挖一个窖穴，用谷草编制成粗绳旋绕在土坑底及四壁，再垫以均匀的谷草后装入需要储藏的谷子，谷堆顶部用厚实的谷草覆盖后填土踏实做以伪装，这样简单易行的方式可以隐蔽、安全地储藏谷子二三年，日后取出谷子时，土坑窖穴底部和周围一层谷子因潮湿而发

①资料来源：李仰松等《佤族社会历史调查（一）》，云南人民出版社，1983年，第101页。

芽、发霉会飘散出诱人的酒香。发芽、发霉的谷物就是最原始的酒曲，也是发酵原料，如果浸泡在水中就会发酵成酒，因是曲糵混合在一起发酵，所以酒精含量少，酒味清淡①。综合这些因素可知，查海原始先民已经掌握了谷物酿酒技术。

五、优质的水源

查海遗址附近优质的酿酒水源。我国酿酒非常注重水质，酿酒用水需水量充沛稳定，水质优良，清洁，水温较低，水为酒之魂，所以“造酒必籍乎水，但水有清、浊、咸、淡、轻、重之不同。盖淡，清者必过轻，咸、浊者必过重。何地无水？何处无酒？总不免过轻过重之弊，而且性有温寒之别”②。自然界的水中或多或少含有无机物、有机物及各种微生物，因为水质优劣对酿酒谷物的糖化发酵速度、程度和品味关系密切，所以酿酒用水的水源和水质极为重要，需要水量充沛稳定，水质优良，清洁没污染，水温较低。《齐民要术》载：“收水法，河水第一好；远河者取极甘井水，小咸则不佳。”③ 明确指出酿酒第一等好水是河水，原因是河水流速大含盐类少，离河远的，用含盐类矿物质少的甜井水，稍微有一点咸味的就做不出好酒。

查海遗址地处辽西丘陵地带，坐落在一靠近河流沿岸漫丘南坡台地上，四周山峦绵亘，北侧为绕阳河支流的狭长河谷，遗址东侧为连通北部河谷的大沟壑，近邻遗址南侧有一东西走向的冲沟，当地俗称为“泉水沟”，沟内有一出水量极大的山泉，现称“玉龙泉”，泉水四季涌流，清凉平和，水质极佳，至今附近的人们仍在常年饮用。查海遗址两侧的河流和近处的泉水符

---

①资料来源：袁翰青《酿酒在我国的起源和发展》，《中国化学史论文集》，三联书店，1956年，第78页。
②资料来源：（清）童岳荐、张延年校注《调鼎集》，中国纺织出版社，2006年，第253页。
③资料来源：缪启愉《齐民要术校释》，中国农业出版社，1998年，第492页。

合酿酒需“甜水”的要求，并且还是极其优质的酿酒水源。正如欧阳修《醉翁亭记》所述“酿泉为酒，泉香而酒洌”①。

第三节 查海谷物酿酒方法的探讨

查海文化时代谷物酿酒已经成为可能，是因为具备了谷物酿酒所需的物质基础和社会精神思想条件，查海酒作为查海先民制作的一种神奇饮品已经渗透到了人们的物质生活和精神生活层面，大量的遗迹和遗物是查海谷物酿酒最直接有力的证据。

一、少量酿造法

查海先民的少量酿酒法就是直接用陶罐盛装的自然发酵酿酒，这也是查海遗址出土的陶器之中罐类是大宗的原因之一。查海遗址出土了大量的生活用陶器，其中罐类完整的、可复原的及残器就达1014件，这些陶罐不仅体型较大，而且数量最多，其中口径20~35厘米，高在30~50厘米的陶罐占绝大多数。我们比照遗址已发掘的大小不同的55座房址来看，尽管大、中、小型房址内出土的陶罐数量不一，但平均下来每座房址使用的陶器仅陶罐中就多达20来个，远远多于日常生活所需，据此，可推知这些过多的陶罐用途，那就是用来酿酒和盛酒之用。

①资料来源：（宋）欧阳修、李逸安点校《欧阳修全集》，中华书局，2001年，第576页。

查海先民在长期的生产劳动过程中，经过观察并认识到在什么条件下谷物发霉、发芽才能成酒，不仅发现了这一现象，而且还逐步掌握了这一现象的规律，开始在实践中主动模仿，利用发霉、发芽的谷物酿酒，因为发霉的谷物为曲，发芽的谷物为蘖，所以就是用曲蘖酿造“查海酒”，这是一个长期的实践过程，也是人类文明进步的发展过程。“查海酒”酿造的基本过程：先民首先将谷物浸泡，然后放到陶罐里蒸熟，待放凉到适宜温度拌入已经发霉、发芽的谷物，即相当于拌入了曲蘖，放在温度适宜的地方让其自然发酵成酒。因为蘖可以使谷物中的淀粉糖化，曲中含有的酶等物质可以使糖类转化为乙醇和各种酯类，乙醇就是酒精，酯类带有芬芳，所以“查海酒”基本上就是一种带有甜味和香味含有酒精的饮料，类似于史书记载的醴，或是类似于现代的酒醪，既可以连渣带酒一起食用，又可以适当加水发酵喝汁液，这些汁液就是“查海酒”。

大约汉代以前，人们用粮食酿酒后，是连渣（米）带酒一起吃的，所以才叫“吃酒”。大约东汉以后，人们在饮酒的时候才开始过滤掉这些酒渣，因为是刚刚过滤的酒还比较浑浊，故被称为“浊酒”，所以后世才会有“滚滚长江东逝水……一壶浊酒喜相逢……”“莫笑农家腊酒浑，丰年留客足鸡豚”“浊酒一杯家万里，燕然未勒归无计”等流传千年的经典诗词。

这种直接用不去皮的谷物酿酒的方法，从现代的民族学就可以找到答案，我国云南省佤族酿酒的技术就是如此，他们的酿酒程序是，先将小米或是稻谷（不去外壳）用锅蒸煮（原始人可用陶釜、陶罐等炊器），然后拌入酒曲（发酵物），置一篾筐内（陶器中）使谷物发酵，过 15 ~ 20 天取出泡酒。用这种方法制出的酒称为“水酒”。将经煮熟发酵的谷物装入一坛子里，再加生水相溶合后即可饮用，我国少数民族地区几乎家家都会制作①。

①资料来源：李仰松《我国谷物酿酒起源新论》，《考古》，1993 年第 6 期，第 535 页。

现代微生物学研究发现，谷物自然发酵过程中，当发酵到一定程度，大约是当酒精含量达到13%～15%时，因酒精的杀菌作用则基本停止继续发酵，所以“查海酒”含有酒精度数不高，和现代的蒸馏酒白酒的酒精度数不可比拟，但应有现代黄酒的酒精度数，又加之查海时代制作工艺和饮食卫生等综合因素，不易保存。现代部分少数民族地区自酿水酒的情况也是如此，所以查海酒基本上是随酿随喝，用以满足日常生活饮酒需要。如果要是规模较小的祭祀、祭祖等活动用酒，可按照此次活动规模大小和用酒多少直接利用陶罐来酿制，这种小批量的酿酒方法，不仅方便快捷，而且是查海先民主要的酿酒方法。

二、大量酿造法

查海酒的大量酿造法：一是增加陶罐容积，就是制作更大的陶罐，但因技术工艺和制作陶罐黏土的性质变得非常困难；二是增加酿酒陶罐的数量，但需要更多的陶罐和适宜的管理空间。怎样解决大规模的祭祀、祭祖等活动的用酒需求，智慧的查海先民便发明了人为控制温度、提高发酵速度、缩小发酵时间的人工窖穴大量酿酒法。

查海遗址发现的窖穴基本都挖在黄土层和基岩内，较为规整，西北5个成排大的窖穴H19～H23内还有柱洞和台阶，H16和H26内还有灶址。对这些主要用于储存粮食的窖穴用途进一步分析：从这些大型窖穴的缓步台阶看此类窖穴是经常使用，为方便人们进出而修建的台阶。窖穴底部遗留有灶址，分析这种窖穴内的火灶用途与房址内的火灶用途是不一样的，应是有某种特殊的专用，因为房址内的火灶是先民用来取暖、夜晚照明、烧烤或蒸煮食物等平常生活之用，先民不会到窖穴内来做这些事，何况直径只有2.5米左右的窖穴灶内生火后是难以容身的，那么，窖穴内的灶址是用来做什么的呢，又是有什么特殊的专用呢？通过对查海文化综合研究，对比国内同一时期新石器时代文化遗址所发现的众多窖穴，分析可知，查海遗址窖穴内的此种火灶应是查海先民谷物酿酒时所用（图 6－1）。

图6-1　西北成排的窖穴

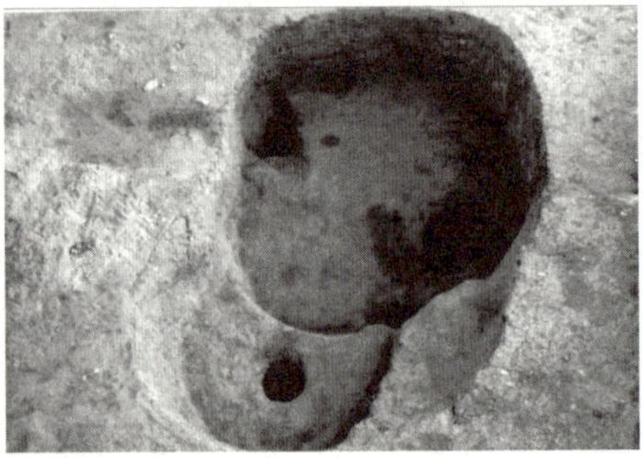

图6-2　19号窖穴（由北向南）

方式一，就是人为控温，陶罐盛装，窖穴内存放发酵酿酒。窖穴内温度较为恒定，可以保证谷物发酵时有比较恒定的温度，如果窖穴内温度过低，可以设灶生火提高窖温，满足查海先民在温度较低的季节饮酒、祭祀等用酒需求，比如，可以保证在非常寒冷的冬季酿酒或为已经酿造出来的酒保温之用，不至于查海酒因含有酒精度数较低而冰冻。查海先民这种酿酒方法与小批量酿酒方法类似，其主要特点是在窖穴内比较恒温，温度过低又可设灶生火控温，保证酿酒的发酵速度。具体方法是在窖穴底部用陶罐蒸煮谷物，蒸煮完毕随即摆放在窖穴周围发酵酿酒，如果谷物发酵酿酒时温度较低，可在窖穴底部灶内生火提高窖穴内温度，保证谷物发酵速度和出酒率。从这种窖穴内的柱洞遗迹可知上部曾有木架结构用以遮蔽阳光和风雨，利于存储谷物，也可在此酿酒。所以可以推说，此种上有盖，下有灶的窖穴可能就是查海先民谷物酿酒的地方，是酿酒的“厂房”，只不过是每一个酿酒的“厂房”内只有一个酿酒窖穴而已（图 6－2）。

方式二，就是事先在此种窖穴底部灶内生火来提高窖穴内“室温”，而且经过火烤过的地面硬结不易渗漏，还达到了高温消毒灭菌的目的，保证出酒品质，待达到一定温度后熄火放入拌有曲糵的谷物来发酵酿酒，利用窖穴余温提高发酵效果和速度，且可一次性投入较多的谷物大量酿酒，待谷物发酵出酒后放入陶罐盛装，再适当地加水浸泡发酵出酒，即可饮（食）用。此种利用窖穴来发酵谷物，待谷物发酵后再用陶罐浸泡出酒的大量酿酒方式，大幅提高了查海酒的产量，是最为便捷、简单、易行、高产的谷物酿酒之法，类似于现代的“半固态法酿酒技术”①，其基本工序是浸谷—蒸煮—冷却（保持温度在30～35摄氏度）—配曲（拌入曲孽）—糖化（放入罐内，温度30～35摄氏度）—发酵（7～10天）—泡酒这几个基本阶段。

窖穴大量酿酒可以满足查海部落大型的祭祀、征战等大量的用酒需求，查海文化酿酒应是窖穴谷物酿酒的渊源地，此种窖穴酿酒方式绵延数千年，一直影响至今。查海遗址当地的土壤为黄褐色的红沙黏土，而窖穴内的积土为黑灰色，还含有少量的红烧土及炭屑，还有残碎的陶器、石器等，分析这些都是原始酿酒的“窖泥”和残存发酵谷物的混合土，是历经8000年后形成的，这些更有待于从科技考古方面作进一步研究。查海遗址的窖穴是圆形或椭圆形的土坑窖，一般直径大小在2米左右，深在1米左右，现在查海遗址附近的辽宁三沟酒业的酿酒窖池，大小就是长、宽、深为2

图6－3　三沟酒业窖池

①资料来源：张雪松《半固态法酿酒技术的探讨》，《中国酿造》2004年第1期，第26～27页。

米，同样还是土坑窖穴（图6－3）。现代的酿酒窖池四壁因为谷物发酵带酒曲的窖泥还需反复培养利用，保持本窖池发酵的酒始终拥有自己别具一格的特有风味，所以现代会有以“窖”命名的各种酒，应是源于查海谷物窖藏发酵成酒的历史渊源，因此，带有柱洞、缓步台阶及灶址的窖穴应是查海先民谷物酿酒的遗存。

三、关于酿酒原料谷物剩余的问题

查海文化时代酿酒原料谷物——粟，当做“口粮”食用后是否有剩余用来酿酒，也就是谷物酿酒材料的供应问题，即谷物产量大小问题。

查海先民的谷物产量应当很大。查海遗址出土了大量的生活用陶器，生产工具中用于农耕的石铲349件，谷物收割工具石刀36件，谷物加工工具石磨盘139件，磨棒170件①，这些大量的生产、生活用具足见查海聚落农耕经济的繁荣。再有，查海时代农耕经济虽是一种原始的农耕经济，生产方式和生产力低下，但那时的土地资源是丰富的，刀耕火种的生产方式可以在火烧过后的大片土地上种植谷物，虽然广种薄收，谷物的产量不高，但大面积播种还是能有丰厚的收成，所以查海遗址会有众多储存谷物的窖穴，而收获的谷物也不一定都由窖穴存储，陶器盛装、室内堆放等都有可能，因此查海先民每年收获大量的谷物是可能的。

查海时代先民食物来源丰富有保证。查海时代自然资源条件较好，植被茂盛，野果、野兽很多，查海先民通过采集和狩猎活动更容易获得丰富的果实和营养丰富的肉食。通过对查海遗址及其周围考古出土的植物遗存、木炭、种子和果实的分析结果显示，距今7000年前后，聚落周围普遍生长着

①资料来源：辽宁省文物考古研究所《查海——新石器时代聚落遗址发掘报告》，文物出版社，2012年，第606页。

包括麻栎属、桦木属、杨属、榆树属、朴树属在内的阔叶树属，反映出距今7000 年前后比现在更加温暖湿润，中国全新世气候变迁研究也显示了形似的趋势，查海时代的生业方式已出现植物栽培和动物驯化。因此，良好的生态环境和气候条件适宜查海先民的生存发展，就像人们形容过去自然资源较好的北大荒是“棒打狍子瓢舀鱼，野鸡飞到饭锅里”一样，因自然生态良好，当时的食物来源丰富，查海先民吃饱是没问题的，也应该不是以谷物作为主要的食物来源，那个时代人们生活受到威胁困扰的主要还是疾病、死亡或部族征战，不一定是因为食物的短缺而经常性的忍饥挨饿。

查海先民种植谷物首先是为了食用，其次还非常有可能是为了用谷物酿酒，来满足查海部落生活中大量的饮酒需求。我们知道，古时最早的谷物发酵酒是“浊酒”，称之为“醠”“醪”等，是连汁带渣一起吃的，所以古时喝酒称为吃酒，至春秋战国时代人们贮存的还是“浊酒”，待到喝时才开始滤去糟粕喝“清酒”。查海部落生活中为出生或死亡、出征或凯旋等部落日常大事，为祭天或拜地、图腾或祖先等宗教活动中有大量的用酒需求，正所谓“国之大事，在祀与戎”①。如果查海先民的谷物产量用于吃饭没有剩余，或剩余很少，还能否用于酿酒？我国从事民族学研究的学者根据实地调查研究发现②，在原始社会或是阶级分化还不完全的民族，因饮食缺乏计划性，又有原始的平均主义思想，并不以为酿酒是一种浪费，这也符合当时人们生产水平和其相适应的思想意识。如我国 20 世纪 50 年代以前的独龙族、佤族、傈僳族等，他们的生产力并不高，几乎每年都缺粮，要靠采集度饥荒，但他们普遍有饮酒的习惯，有“无酒不成礼”之俗，不论大人、小孩，男人或女人都会饮酒，过着有饭大家吃，有酒大家喝，有工作大家做的习惯，这些都是原始平均思想的遗留。这些民族人们往往在粮食刚刚收获下来便大量

①资料来源：杨伯峻《春秋左传注（修订本）》，中华书局，1995 年，第 861 页。

②资料来源：李仰松《对我国酿酒起源的探讨》，《考古》，1962 年第 1 期，第 43 页。

酿酒（泡水酒），而泡过水酒的糟粕，特别是红小米，仍然可以食用，如不食用还可以喂猪，他们因饮食生活没有计划性，又有原始的平均主义思想，并不认为这是一种浪费。由此推知，查海先民与佤族的酿酒方法类似，酿酒与谷物用作口粮后有无剩余无关，现代世界各地一些后进的部族中，这样的酿酒和饮酒习惯也很普遍。

第四节　查海遗址谷物酿酒的见证物

陶器的出现为酒的酿造、存储和饮用创造了便利条件，有了酒，才能有专用的酒器，反之有了酒器，也就可以证明有了酒。特别是作为一种文化共生现象的陶制酒器是源远流长中国酒文化的重要载体，酒文化一经产生就始终伴随着中国传统文化数千年，流芳至今。在谷物酿酒起源的初期，不可能同时期出现专用的酒器，所以被说成为“污尊而抔饮”，这就是一个形象的比喻，说明我们的祖先在土坑发现野果成酒，或是酿造出了谷物酒，用手捧起来就喝，这是因为当时生产力落后，可以用来盛酒或饮酒的容器极少。

专用酒器的出现，应是在社会发展到新石器时代，人类过着原始农业定居生活，此时已经开始大量酿酒，在人们熟练地掌握制陶工艺后，随着人们日常饮酒和祭祀等因特定目的饮酒需求大增，逐渐开始制作用以区分普通容器，专为饮酒或专为酿酒、储酒，或为某种特殊场合喝酒的专用酒器，至此，专门用来饮酒的器皿——酒器便从普通容器中分离出来，这之后专用酒器的制作和使用随着社会的发展愈来愈繁杂，功利性也愈来愈浓重。

随着查海定居农耕经济的发展和繁荣，谷物产量增加，先民在长期的观察实践中已经掌握了谷物酿酒技术，这也标志着酒开始作为查海先民创造的一种物质出现在社会生活中。其中查海遗址出土的鼓腹罐和陶杯就说明查海先民已经和酒发生了关系，可视为利用谷物酿酒起源的表征和饮酒并形成饮酒习俗的物证。

一、鼓腹罐

鼓腹罐——特制的酿酒、盛酒和储酒器，查海酒和酿酒出现的物证。

查海遗址出土了大量的生活用陶器，以大型器陶罐最多，共计 1014 件，其中制作精美的鼓腹罐有 108 件①。从器形上看，这些鼓腹罐外侈口，束颈，显肩，腹外弧，平底或微凹底，其制作工艺明显比直腹罐、斜腹罐复杂困难。鼓腹罐器表全部有压印纹饰，其中 101 件以压印、压划等方式复合施纹，施纹大多以纹带形式分隔，形成颈、带、腹三部分不同的纹饰。饰纹直线与斜线、斜线与斜线、横线与竖线相互逆向措施或间隔，连线方式构成各式各样的几何图案，施纹中既有一定的规律性，又有它的随意性。鼓腹罐纹饰构成虽然线条质朴简洁，随意自然，但富于对比，变化多样，比例协调，可见线中有形，形中有律，于简洁中见美感，令人赏心悦目，彰显了查海先民“低调的奢华”。所以说，查海遗址出土的这些工艺复杂、造型规范、纹饰精美的鼓腹罐，其用途不可能只是作为普通生活中用来盛水、装粮食或炊煮之用，应是有专用的，经分析那就是酿酒、储酒和盛酒。查海人饮酒时盛酒的器皿是要登大雅之堂的，是要赏心悦目显示权势富贵的，必须要独具匠心，别出心裁，所以独特的造型、精美的纹饰决定了鼓腹罐特殊的用途——酒器。

再有，将鼓腹罐造型的敞口、束颈、显肩和颈部的弦纹联系在一起可

①资料来源：辽宁省文物考古研究所《查海——新石器时代聚落遗址发掘报告》，文物出版社，2012 年，第 565 ~605 页。

知，这一规范的造型有利于罐口覆盖捆扎密封，让谷物发酵糖化而酿酒和储存酒。再从古文字学来看，中国汉字造字方法的象形字就是由图画而来，酉字在《说文解字》中的解释是："就也。八月黍成，可为酎酒。像古文酉之形。凡酉之属皆从酉。"① 酉字在《新华大字典》中解释为：酉是象形字，甲骨文和金文中的酉都是酒坛的形状；酉与酒有关，两字古音相近，古文字往往以"酉"为"酒"②。汉字早期只有"酉"字，而无"酒"字，酒字是在秦末才开始出现的通假字。甲骨文酉字为"[illegible]"，金文酉字为"[illegible]"，小篆酉字为"[illegible]"。甲骨文是刻画在龟甲或兽骨上的文字，所以笔画几乎都是直来直去；金文是铸在青铜器上的铭文，所以笔画较为圆润。从字形上看，一目了然，甲骨文、金文和小篆的酉字完全就是查海遗址鼓腹罐敞口，束颈，显肩，圆鼓弧腹且饰有不同几何纹的造型，酉就是酒，酉字象形于查海的鼓腹罐——中国最早的"酒坛子"（图 6－4）。

图 6－4　鼓腹罐（F54：29；F30：16；F5：31；F5：2）

从查海遗址中房址的分期来看，复合施纹的鼓腹罐，早期房址不见，中期仅 43 号房址居室墓出土了一件，其他皆出土于晚期房址中③。分析其原因

①资料来源：（汉）许慎、徐铉等校定《说文解字》，中华书局，1985 年，第 494 页。

②资料来源：商务印书馆国际有限公司《新华大字典》最新修订版，2013 年，第 1043 页。

③资料来源：辽宁省文物考古研究所《查海——新石器时代聚落遗址发掘报告》，文物出版社，2012 年，第 605 页。

是查海先民过渡到农耕时代之后，劳动技术的进步、粮食作物的剩余经过长期的实践等促成了查海先民谷物酿酒业进入到了繁荣时期。鼓腹罐的产生和大量的制作、使用是和查海酒的产生、发展和繁荣相生相伴的，是“查海酒”产生的物证，是辽河流域查海先民谷物酿酒、饮酒和酒文化的载体，已经具有了“礼”的特征，不仅是查海酒产生的见证物，还是查海文化文明发展的标志。

二、陶杯等小型陶容器

陶杯——特定的饮酒器，查海酒和饮酒习俗出现的物证。

辽河流域及其附近与查海文化类型相同的几处遗址，只在兴隆洼遗址118号居室墓出土了陶盅和陶杯各一件①，南台子遗址出土了两件陶杯②，白音长汗遗址③和兴隆沟遗址④均少有陶杯（盅）出土，而查海遗址出土的陶杯多达30件，这些陶酒杯最有力地证明了查海遗址是辽河流域酿酒和饮酒习俗的起源地，而非其他地区。查海遗址出土的陶杯颜色主要以红褐色、灰褐色为主，按腹部的不同分为斜腹杯、直腹杯、弧腹杯，这些杯的口径4.5~10厘米，底径3.5~6厘米；高6~10厘米⑤。这些陶杯均为夹砂红褐陶，制作规范精致，器身外表施以几何纹饰，审美标准充分体现了由实用到饮酒

①资料来源：中国社会科学院考古研究所内蒙古工作队《内蒙古敖汉旗兴隆洼遗址发掘简报》，《考古》，1985年第10期，第99~100页。

②资料来源：内蒙古自治区文物考古研究所《克什克腾旗南台子遗址》，魏坚：《内蒙古文物考古文集》第2辑，中国大百科全书出版社，1997年，第53~77页。

③资料来源：内蒙古自治区文物考古研究所《内蒙古林西县白音长汗新石器时代遗址发掘简报》，《考古》，1993年第7期，第865~874页。

④资料来源：中国社会科学院考古研究所内蒙古工作队：《内蒙古敖汉旗兴隆沟新石器时代遗址调查》，《考古》，2000年第9期，第30~48页。

⑤资料来源：辽宁省文物考古研究所《查海——新石器时代聚落遗址发掘报告》，文物出版社，2012年，第570页。

专用的精神内涵。

图 6－5　陶钵（F43：78；F53①：12；T0208②：4；F43①：15）

查海遗址出土的陶罐中有 40 多个大小与陶杯相当的小斜腹罐、小直腹罐和小鼓腹罐，这些小罐外形就是此类大陶罐的小型化，它们的容积近似于陶杯，还出土了容积比陶杯略大一些的陶钵 77 件（图 6－5），另外还有一些陶碗等。这些数量众多的小陶器，器形虽小，但同样是制作工艺讲究，各种形制的小陶器的口径、腹径、底径和高以及壁厚都比例协调、匀称，表面饰有“人”字纹、短弧线纹、网格纹等压印、刻划纹饰，多数纹饰富于对比变化，如进口为弦纹，腹部压划鱼鳞状弧线纹等，显现出查海先民对这些小陶器的重视与珍爱，又足以说明以陶杯为代表的这些小陶器用途的特殊性。

从古至今，一器多用的现象比比皆是，就像水杯也可以喝酒，反之酒杯也可以喝水，但是，如果用酒杯喝水，毕竟还是用非水杯喝水，这种不适合的道理是显而易见的，并且，通常喝水用的杯会比喝酒用的杯大得多，所以，我们按此常理思维来考虑，查海这些以陶杯为代表的小陶器绝非是一般的饮水之物，而是饮用一种特殊的饮品——查海酒，这也就是说有了酒才能应运而生酒具，有了酒具也就证明出现了酿酒和饮酒。

查海遗址出土的陶杯同鼓腹罐一样在早期房址没有出现，在中期房址才开始少量出现，晚期房址中数量、器形增加，出现了喇叭口式杯①，这和鼓

①资料来源：辽宁省文物考古研究所《查海——新石器时代聚落遗址发掘报告》，文物出版社，2012 年，第 654 页。

腹罐一样也显示“查海酒”是在查海农耕经济发展繁荣、生产力水平提高后开始出现的，从中期开始出现酒杯到晚期酒杯数量的增多，可见饮酒人数开始增多，饮酒的习俗逐渐形成。查海遗址出土的陶杯不同的大小、不同的形制和不同的纹饰或许就是使用者不同身份和地位的反映，这些不同等级、不同地位的人使用“酒杯”的不同，显示了查海社会的等级分化，并一直影响到以后的青铜时代，这是一个长期发展的历程，也是查海社会逐渐分化的过程。

三、家猪的饲养

查海遗址出土的大量猪骨也是出现谷物酿酒的佐证。

查海先民谷物酿酒的方法是直接用不去皮的谷物酿酒，这种酿酒后的“酒糟”还是很有营养的，谷物酿酒后用此喂猪，应是营养丰富的猪饲料，所以遗址会有大量经过驯养过的成年猪骨出土。

查海遗址猪骨遗存出土的地点多，数量大。查海遗址 1992 ~ 1994 年 3 次发掘出土了大量的动物遗骨，经山东大学东方考古研究中心研究，可鉴定属种的哺乳动物遗骨 759 件，其中有 482 件为猪骨（图 6 - 6）。猪骨的数量在全部动物遗骨中的比例最高，已经发掘出的 55 座房址中有 53 座中发现了猪骨的遗存，灰坑、房址、墓葬和地层中都有猪骨发现，可见查海先民与猪的关系密切，猪是日常生活中最重要的动物，已经开始驯养家猪，猪不仅是食肉的主要来源，还具有宗教等其他方面的意义。经对查海遗址出土的这些猪骨的研究鉴定，对比与之相近的兴隆洼遗址猪骨出土情况来看，可知查海遗址可能已经开始驯养家猪了①。

查海遗址出土的猪骨都是成年猪。从这些猪骨的年龄结构上看，大于 2

①资料来源：辽宁省文物考古研究所《查海——新石器时代聚落遗址发掘报告》，文物出版社，2012 年，第 628 ~ 630 页。

岁的比例最高，约占49%，1~1.5岁的约占38%，1.5~2岁的约占13%。从死亡年龄结构来看，查海遗址的猪以成年个体为主，未见1岁以下的幼年个体（图6-7）①。从这点分析，查海的猪应是经过人工饲养的家猪，或者说是经过人工饲养长大以后才食用的猪。如果是狩猎获得的野猪，查海先民不会仅狩猎成年猪，应该有一部分幼猪，而狩猎获得的野猪多数应是被杀死，捕获的活幼猪畜养起来是有可能的，但是应该有狩猎时被杀死的幼猪，但查海遗址却未见幼猪个体的猪骨遗存。据此综合分析查海猪应是人工饲养长大到1岁以上的成猪再食用。猪性格温驯，适应力强，繁殖率高，一胎多子，成长快，出肉率高，猪肉鲜美，营养丰富。猪属于杂食动物，好饲养，而且能够吃掉查海聚落的大量生活垃圾，包括人的排泄物，有利于环境卫生，一些出土的汉代陶猪圈上面就是人的厕所。从查海遗址众多地点大量猪骨的出土，可知当时查海先民已经大量地饲养猪，数量应该很多，能够满足先民主要的食肉来源。

图6-6 F20灶内出土的猪头骨

图6-7 F6出土猪属臼齿

过去，查海遗址所在的阜新地区，农村养猪都是散养，即使是有猪圈也是不关圈门，任猪自由地出入，散逛在村里、河滩、山间野地里自己觅食，但早晚还是要喂食一些粮食等精饲料，利于增膘和让猪回家管理。《调鼎记》

①资料来源：辽宁省文物考古研究所《查海——新石器时代聚落遗址发掘报告》，文物出版社，2012年，第630页。

就有关于谷物酿酒养猪的记载："和糟而喂，并要厚薄均匀，一日喂两次足矣。"①

猪是杂食性动物，好喂养，出肉率高，用谷物酿酒后产生的糟醪养猪可以说是最好的精饲料，从古至今已延续了几千年的谷物酿酒后用来养猪的方法从查海文化可见渊源。

第五节　查海酒文化的内涵

酒是人类最古老的食物之一，它的饮用历史几乎和人类历史同步，而酒又不仅是一种食物，它还具有特殊的思想文化价值，即酒文化。酒文化是以酒为载体，以酒行为为中心的特殊文化形态，它是伴随人类开始饮酒而产生的。查海先民从大自然中受到了启发，在定居农耕劳动实践中经过长期的探索和总结，已经掌握和完善了谷物酿酒技术，开创了谷物酿酒的先河，农业文明的特征就更加突出了。查海文化时代谷物酿酒已经成为可能，是因为具备了谷物酿酒所需的物质基础和社会精神思想条件。著名史学家柳诒徵说："种谷做酒，宴其部族，而酋长尊属，遂由之起。古代初无尊卑，由种谷做酒之后，始以饮食之礼而分尊卑也。"② 这个意思是说，酒是伴随着人类文明而出现的，酒在中国文化中地位重要。查海先民已经开始酿酒并形成了饮酒习俗，遗址出土的鼓腹罐和陶杯就是查海酒出现的重要物证。查海酒作为

①资料来源：（清）童岳荐、张延年校注《调鼎集》，中国纺织出版社，2006 年，第 270 页。

②资料来源：柳诒徵《中国文化史（上）》，东方出版社，2008 年，第 16 页。

查海先民创造的一种蕴含丰富精神情感的载体，已经渗透到了人们的物质生活和精神生活层面，共同演绎再现了8000年前查海先民原始的农耕生活。

一、查海酒的物质属性

查海酒的物质属性，是具有查海文化时代特征的查海酒的属性，也就是酒的根本自然属性，主要包括酿酒技术方法、酒具和饮酒行为等。关于查海酿酒技术方法和酒具等已经进行了研究，现就查海先民饮酒行为这种社会物质属性进行相关探讨。

根据现代科学研究表明，谷物发酵成酒，即产生酒精，适当温度下当谷物发酵的酒精浓度超过13%～15%时，因酒精的杀菌作用谷物就停止了发酵。黄酒就是一种谷物酿造酒，与白酒不同，没有经过蒸馏，属于低度酒，所以酒精度数一般多为15度左右。据此分析，查海酒应是有一定酒精含量的，从查海遗址出土陶杯的大小来看，杯都不太大，容积都在100毫升左右，就是说只能装不到100克酒，可见查海先民酿造的查海酒还是有一定度数的，即酒精含量应该相当于现代黄酒的度数，所以饮用查海酒的陶制酒杯都不太大，是与查海酒的酒精度数相适应的。从酒的根本物质属性来说，查海先民酿酒就是为了喝，用来满足饮酒的社会需求，因酒精的作用还可得到身体和精神的慰藉。从查海遗址的考古发现分析查海酒的基本物质属性有：

（1）查海酒用于治病养生的基本医疗作用。酒为“百药之长，嘉会之好”①，酒能当药养生祛病，《黄帝内经》说：“自古圣人之作汤液醪醴者，以为备尔。”② 查海先民最初的饮酒行为虽然还不能称之为医疗保健，但饮酒能适当地治疗一些诸如头疼脑热、身体不适这样的小病小灾，这样的根本

①资料来源：金少英、李庆善《汉书食货志集释》，中华书局，1986年，第299页。

②资料来源：姚春鹏译注《黄帝内经》，中华书局，2011年，第75页。

作用查海先民是能够切身感受到的。巫和医在远古时代是没有区别的，酒作为药，是巫医的常备药物之一。医的繁体字是“醫”，会意字，从殹，从酉。“殹”是治病时的叩击声，“酉”是用以医疗的酒，二字各有本义。今用“医”为简体字，本义是治病的人。《说文解字》对醫的解释是：“治病工也。殹，恶姿也；醫之性然，得酒而使，从酉。王育说：一曰殹，病声。酒所以治病也。《周禮》有醫酒。古者巫彭初作醫。”① 中国传统医学书籍《名医别录》认为：“酒，味苦，甘辛，大热，有毒，主行药势，杀邪恶气。”② 在现代医药科学中，一般临床和医疗上仍主要是使用酒精杀菌消毒，传统中医在服用一些药物治疗时还需要饮用黄酒，以利于中药有效成分的更好发挥。

（2）查海酒可让先民祛湿御寒，特别是度过北方漫长而寒冷的冬季。查海遗址地处北纬 42 度左右，这里冬季干燥漫长而寒冷，冬季的查海聚落是一个“缺衣少食”的季节。查海先民四季居住的半地穴式房屋是阴暗潮湿的，很容易患上诸如风湿这样的疾病。适当地饮用查海酒能够促进人体的血液循环，对全身起到一定的良性发热刺激作用，增强人体的御寒能力，祛湿御寒利于身体健康。

（3）查海酒可以消除疲劳和紧张。先民饮用查海酒，能够通过酒精对大脑和中枢神经的作用，起到消除疲劳，松弛神经，愉悦心情的功效。现在我们都知道，适量的饮酒能促进血液循环，疏通经络，行气活血，祛风散寒，起到兴奋精神，强心提神，消除疲劳，促进睡眠等作用。

（4）查海酒可开胃消食，促进食欲。查海时代的社会条件和生产力是十分低下的，在漫长的查海文化时代，先民的生活是非常艰苦的，饮食单一，

---

①资料来源：（汉）许慎、徐铉等校定《说文解字》，中华书局，1985 年，第 495 页。

②资料来源：（梁）陶弘景集，尚志钧辑校《名医别录（辑校本）》，人民卫生出版社，1986 年，第 208 页。

基本是以烧、烤、煮为主，甚至是生吃食物，原始“烹饪”技法低下，也不会有什么主副食之分，以填饱肚子为主。这种情况下，先民适量饮酒能够增进食欲，增加唾液和胃液的分泌，促进食物的消化和吸收，促进新陈代谢，利于健康。

（5）查海酒可烘托、增加先民某些大型活动的特定氛围。查海先民在部族诞生新的生命时会饮酒庆祝；在人们死去时会饮酒寄托哀伤；在农业丰收、狩猎获得了丰富的猎物时会饮酒狂欢庆祝；部落征战前的誓师，或凯旋，或失败，都会饮酒用以庆祝或抚慰失败等。

（6）查海酒的酿造和饮用，促进了陶器造型艺术的发展。最为代表的就是产生了最早的专用酒器——鼓腹罐和陶杯，这些为酿酒、储酒、盛酒和饮酒而制作的酒器，在造型设计上也充分地证明了查海酒的产生。鼓腹罐和陶杯特定、规范的造型和富于对比变化的精美纹饰，无不彰显出查海谷物酿酒对陶器造型艺术的发展和促进作用，原始造型艺术得以空前的发展，乃至今天我们看来也是非常精致的陶器艺术精品。

所以说，查海酒已经与先民的社会生产、社会生活密切相关。适量饮酒能兴奋神经，舒筋活血，行气温胃，祛湿御寒，增加气氛，丰富了先民的生活，对生产和生活都产生了深远的影响。这时查海先民已经开始有了饮酒的需求，“百礼之会，非酒不成”①，饮酒习俗逐渐形成，它已渗透到人们的心灵深处，直接影响人们的思维方式、生活习惯，表现在饮酒行为上就是开始出现饮酒礼仪，这可以说是中国传统礼仪形成的源头，并一直延续、影响后世数千年。

二、查海酒的精神属性

查海酒的精神属性，也就是酒的社会文化属性，反映了查海文化时代的

①资料来源：金少英、李庆善《汉书食货志集释》，中华书局，1986 年，第 295 页。

一种思想意识形态。酒是一种蕴含丰富情感的特殊物质，充满了力度与魔性，使人产生难以磨灭的感受，这些酒文化的精神属性不仅仅停留在饮酒活动上，更普遍地蕴含在人们日常的思想意识之中，逐渐酒成了礼仪的载体。查海酒不仅仅是一种饮品，更是一种情感，一种文化，从诞生开始，查海酒与先民的生产、生活各个方面紧密相连，摆脱了纯粹具体“物”的状态，逐渐积淀升华成一种精神范畴的“文化”。从这个意义上说，酒文化不但是中国传统文化的重要组成部分，又是从整体上认识中国传统文化的一个重要视角。

查海酒文化通过物的部分来表现，即是以查海聚落的遗迹和遗物来展现。先民在改造自然环境中所获得的思想和行为方式，以及由此所孕育展现出来的习俗、礼仪、道德等意识形态范畴，随着查海聚落经济的发展和生产力水平的提高，查海酒文化的内容也愈来愈丰富。诸如，查海遗址出土的陶杯不同的大小、不同的形制和不同的纹饰或许就是使用者不同身份和地位的反映，这些不同等级、不同地位的人使用“酒杯”的不同，显示了查海社会的等级分化，并一直影响到以后的青铜时代。可以说，查海酒被先民用来表示一种礼仪，一种气氛，一种情趣，一种心境，先民饮酒重视情感和生命的激情碰撞，体现出了查海时代酒文化的精神内涵。

（1）查海酒是地位等级和身份的象征。查海聚落饮酒之人应是有身份和等级区分的，只能是地位、等级、权力、身份特殊的人才能饮酒，如巫觋、首领等为祭神、祭祖、庆祝等活动饮酒“助兴”，醉酒似仙，令人置身于人与神共处的幻觉氛围，仿佛真的是人神相接达到“似见神灵祖先”的出神入化效果，以此可以获得极大的心灵满足，更能营造出、展现出与祖先、神灵沟通的虚幻境界，助于欺骗、蛊惑人们迷信其中。

（2）查海酒是祭祀仪式的祭品。从查海墓葬形制和随葬品的使用、祭祀坑和龙崇拜等，可知当时祭祀仪式普遍。这种祭祀活动主要是祭祀神灵、祭祀图腾、祭祀祖先、进行部落征战誓师等，《左传》说：“国之大事，在祀与戎”①，意思是说，国家的大事，就是祭祀和战争，说明在古代祭祀是与军事同等重要的国家大事。祭祀为古代人们敬事鬼神等原始宗教仪式，酒是美好的精华饮品，被视为神圣之物，以酒为祭祀品，祭祀时奉献给神灵、图腾和祖先，是同祭祀仪式同样重要的与神灵、图腾和祖先等沟通的媒介，顺天应人，反映了远古人类文明偏低，以酒祭祀活动是原始先民们的重要精神寄托。

（3）查海酒用于先民祈福避祸的原始宗教仪式。原始宗教起源于巫术，这种仪式活动的主要人物就是巫觋，拥有特殊使命和本领，是能沟通天地具有“超自然力量”的人。那他们怎样沟通天地呢？主要是通过特定的歌唱、舞蹈和饮酒活动，就是“跳大神”，饮酒助兴会使歌舞更加热闹癫狂，接受神的旨意传达神的指示，沟通了天、地、神、人。查海先民寄托于这种祈福避祸仪式，老天爷就会保佑风调雨顺，粮食丰收，祛病消灾，部族平安。酒文化与巫术结合，使得传统酒文化蒙上了一层原始宗教的迷信色彩，这也是流传千百年来萨满教的渊源。

（4）查海酒具有较高的地位。正是因为查海酒是身份、地位较高之人用于祭祀享用，又是祭祀时重要的祭品，所以查海酒有很高的地位，这也是酒和礼相伴相生的根源，开启了中国酒文化的源头。

（5）在居室墓和居址墓都没有发现陶杯随葬品，所以陶杯是身份、地位比较高之人生活的实用器，主要用于特殊场合时饮酒使用，并且可能是经常频繁地使用，具有较高的使用率。

（6）酿酒、饮酒过程所制作、使用的酒器，促进了陶器生产制造水平的大幅提高。陶器的形制规格，精美的纹饰，为原始艺术的发展提供了更广阔

①资料来源：杨伯峻《春秋左传注》，中华书局，1995年，第861页。

的空间，激发了先民的审美情趣和审美意识，是将酒器向礼器转化的开端。

（7）查海酒文化所体现的是查海原始先民一种高层次的物质需求和精神需求。饮酒是一种高级的物质享受和精神享受，这之中所表现出来的酒文化便是社会文明进步的标志。查海酒可以活跃气氛，丰富生活，是查海先民“枯燥”生活的调味剂。查海酒它还是聚会饮用的美物，是“嘉会之好”，所以当时的人们崇尚并喜欢饮酒，饮酒风俗日已形成。

（8）查海酒重要的特殊地位，可以让我们清楚地看到中国酒的酿造史。在这之后，酒与文化同步前进，处处表现着相辅相成的活动轨迹，从此相伴相生中国传统礼制文化数千年。

酒是大自然赐予查海先民的美好之物，他们自从开始饮用便与此结缘，并且已经主动地酿造谷物酒，开始进入真正的饮酒时代。饮酒行为开始深入到查海聚落社会生活的各个部分，进而形成的饮酒习俗、酒礼和酒文化，同人类文化相伴相生影响着人类的文明进程。再有，从查海酒文化开始，贯穿于中国几千年的礼教思想，几乎没有一项不提到酒，祭祀要用酒，宴饮要用酒，用什么酒，何时用酒，如何用酒，都规定得清清楚楚，酒和礼成了一对密不可分的孪生兄弟。所以说，查海遗址是辽河流域悠久历史中酒的酿造和饮酒习俗的发源地。

三、关于查海酒文化研究意义的探讨

（1）确立了查海遗址是中国谷物酿酒和博大精深中国酒文化的起源地理论，开创了辉煌、生生不息的中国酒文化的先河。查海酒文化的研究对我国新石器时代聚落遗址内涵研究具有重要的学术价值和理论意义。

（2）查海酒是为我国酿酒工艺历史寻到了根，溯到了源，为中国谷物酿酒和酒文化起源的研究提供了考古学实证和坚实的理论基础。

（3）查海酒文化内涵研究，丰富了查海文化研究内容，是一项重大理论成果，填补了查海文化研究的空白，大大地扩展了查海文化的研究范围。此理论丰富、拓展了查海文化内涵，成为查海文化研究的又一特色，是一种全新的理论观点。

（4）查海酒文化为我国北方辽河文明起源研究提供了新的考古学研究理论依据。查海文化博大精深的内涵开启了辽河文明之源，同时，酒文化起源研究也成为中国文明起源问题研究的考古学实证和全新的理论基础。

（5）查海酿酒、饮酒过程所制作、使用的酒器，促进了陶器生产制造水平的大幅提高。陶器规范的形制，精美的纹饰，促进了原始艺术的发展，拓展了更广阔的创作空间，激发了先民的审美情趣和审美意识，是将酒器向礼器转化的开端。

（6）查海酒文化研究可增强阜新和辽宁人民的文化自信。在新形势下对查海遗址优秀文物资源的研究和利用，拥抱新时代，践行新思想，实现新作为，是找准历史和现实的结合点，寻根溯源萃取查海文化精华，以优秀文物价值来坚定民族文化自信，凝聚民族精神，延续历史文脉。

（7）查海酒文化研究成果转化可为地方文化繁荣和经济发展服务。紧跟时代，服务大局，让查海的文物活起来，促进地方将查海优势文化资源转化为文化生产力，为文化繁荣和经济发展服务，使文物保护成果更多惠及人民群众，满足美好生活需要。

（8）我国谷物酿酒的产生和发展是一个长期的历史过程，是人类一种重要的饮食文化，新石器时代的查海先民在劳动实践中经过不断地探索和总结，逐步掌握了谷物酿酒技术，开创了辽河流域乃至中国古代酿酒的先河。查海先民在酿酒和饮酒习俗中所展示的社会生活、意识形态，作为一种独特的文化形式影响交融着其他文化，成为中国传统文化的一部分，在中国的传统文化中有着特殊的地位，是人类文明进步的重要表现与标志。

四、查海谷物酿酒研究成果的转化和利用

辽宁阜新是玉龙故乡，历史悠久，人杰地灵，不仅是我国玉文化和龙文化的发祥地，而且还是我国谷物酿酒和酒文化的起源地。查海遗址的考古发现证明，辽宁阜新的造酒史可以追溯到8000多年前新石器时代的查海文化时期。

距离查海遗址约9千米的辽宁三沟酒业有限责任公司，始建于清朝同治元年（1862年），是阜新最大的酿酒企业。2015年，三沟酒业的品牌价值位列东北白酒行业第1位，中国白酒第47位。

2013～2015年，查海遗址谷物酿酒研究取得了突破性的进展。阜新查海遗址博物馆和辽宁三沟酒业有限责任公司，组织国内知名的相关专家，在省、市有关部门的支持下，积极挖掘、整合聚焦，终有所成，完成了辽宁省经济社会发展重大课题《从红山文化源头查海遗址探析我国谷物酿酒的起源》的研究。这项课题研究取得的成果，旨在充分挖掘、利用查海文化资源，为中国谷物酿酒和中国酒文化探寻到源头，把文物优势转变为文化优势，用文化力助推阜新社会的经济发展。这不仅为阜新争了光，为辽宁争了光，也为辽酒振兴和辽宁振兴提供了8000年的文化势能。

此项课题的研究，得到了时任阜新市委书记张铁民和辽宁省社科联主席杨路平同志的重要批示，明确指示予以大力支持，加大查海文化研究力度，为阜新文化和经济繁荣服务。此项课题研究成果已被“国家哲学社会科学学术期刊数据库”和“中国社会科学网”收录，《阜新日报》《辽沈晚报》《辽宁日报》等主流报刊相继报道，特别是2015年5月22日《辽宁日报》整版刊发的《8000年前“查海人”酿出我国最早的酒》，引起了社会广泛关注，中国社会科学网、人民网、新华网等国内知名网站相继转载，反响强烈，提

高了辽宁人的文化自信。2018 年 1 月，中央电视台发现之旅频道大型人文纪实栏目《记录东方》，从央视媒体的高度，以发现的眼光，探索的精神，对课题研究情况进行了相关访谈拍摄，制作了《酒祖三沟》专题片，并于 8 月 25 日在中央电视台发现之旅频道播出，真实地记录报道了课题的研究成果和成果所取得的社会效益和经济效益，社会影响反应良好。

查海谷物酿酒的相关研究成果已经被当地辽宁三沟酒业有限责任公司应用，2015 年，凭借“查海遗址是红山文化的源头，又是中国谷物酿酒和酒文化的起源地”这一研究成果，辽宁三沟酒业成功向国家商标局注册“红山酒祖”商标并进行生产销售，直接促使公司经济效益的大幅提高。2017 年，辽宁三沟酒业有限责任公司推出的三沟老窖“丝路”酒的酒瓶之上明确标有“阜新不仅是中国谷物酿酒的起源地，也是中国酒文化的起源地”。2018 年，查海遗址是中国谷物酿酒的起源地这一课题的研究成果，被辽宁三沟酒业列为未来 3 年“三沟酒业文化产业园项目”规划。这些研究成果直接促使辽宁三沟酒业公司经济效益的大幅提高，为阜新经济转型升级和辽宁全面振兴做出了贡献，取得了显著的经济效益和社会效益。

中国谷物酿酒的起源地文化助力百年三沟创新发展，将查海优势文化资源转化为文化生产力，为辽宁文化繁荣和经济发展服务。2018 年，辽宁三沟酒业以中国谷物酿酒的起源地文化为内涵，积极推进三沟产品聚焦战略，用 8000 年的红山酒祖文化打造三沟酒业的核心竞争力，以民族文化引领品牌文化。查海遗址是我国谷物酿酒和酒文化起源地的研究成果，用于辽宁地方酿酒企业的品牌宣传，已经取得了良好的经济效益和社会效益，查海遗址保护利用成果已经惠及人民群众，进一步满足了人民日益增长的美好生活需要。

第七章 科学保护 永续利用

——查海遗址保护与发展研究

查海遗址是辽河流域年代较早、保存完整、文化内涵丰富的一处新石器时代遗址，是重要的文物资源，它承载历史文明，维系民族精神，延续民族血脉，是老祖宗留给我们的宝贵文化遗产。查海文化蕴含的丰富传统文化精髓，是民族文化传承和发展的根本，更是民族优秀文化的象征与见证，这种文化自信实现了查海遗址保护与利用的统一。

科学保护、合理利用查海文物资源，积极推动文物保护成果创造性转化和创新性利用，使收藏在查海博物馆里的文物和在大地上展示的查海遗址本体都活起来，让文物说话，坚定我们的文化自信。8000 年查海智慧要我们弘扬民族文化，振兴民族精神，实现民族复兴，激发我们的民族自豪感和文化自信。讲好查海故事，就是讲好一个中国优秀传统文化故事，保护和利用好查海遗址这一宝贵的文化资源，是我们不可推卸的历史责任，其功在当代，利在千秋。

第一节　查海遗址的保护现状

一、遗址本体的保存现状

查海遗址在1982年第二次全国文物普查时被发现，被发现后立即引起了文博界的广泛关注。1986～1994年辽宁省考古研究所先后进行了7次发掘，发掘面积达7800多平方米，已经揭示了该聚落的布局，内部结构，文化内涵逐渐显露。查海遗址现存12500多平方米，目前查海遗址已经发掘完毕的部分大约占遗址总面积的一半，现已经用沙土回填做以保护，余下一半没有继续发掘，这部分遗址的考古文化层全部处于地下掩埋状，遗址保存环境基本保持了未受干扰的原始状态。

查海遗址的这片区域已经全部由阜新市政府进行了征地保护，查海遗址整体基本仍保持着1994年最后一次发掘后的原貌，遗址四周很大区域都是农田和果树林，远处为荒山，没有历代居民、建筑物等人为因素的干扰，原始自然风貌保存完好，能够较好地反映出8000年前的自然风貌。

查海遗址保护范围内南侧和东侧遗址内现存的地表冲沟，多年来地表在雨水的持续冲刷下，两侧边坡以及沟底损毁较为严重，已有向两侧扩延的趋势。1992年，为有效地保护查海遗址，对周围进行了征地，并以文物用地为边界建设了保护围栏，最初的围栏是木栅栏，后腐烂损毁。2002年，在原位置设置了铁丝网围栏，因年久失修，铁丝网已经锈蚀腐烂，多处的混凝土桩倒塌，不能起到隔离保护的作用，周边村民经常驱赶牲畜进入遗址内放牧，对遗址地表造成了一定的伤害。所以，急需对遗址冲沟边坡进行加固，重新安装围栏保护。

2015年，查海遗址部分地点的护坡、围栏保护工程方案得到了国家文物局的批复，对这两项工程进行了立项，并于2016年进行了施工，使遗址冲沟护坡得到了有效加固，防止了进一步的水土流失，遗址周围重新安装了金属围栏保护，保证了遗址的安全。

二、遗址本体的主要影响因素

根据《国家重大遗址总体保护规划纲要》，对遗址本体保存现状评估内容的规定，可知遗址自然破坏因素包括地震、洪水、风蚀、泥石流、暴雨、水涝、水溶、渗漏等，遗址人为破坏因素包括：耕作扰土、搬石建房、取土掏挖、房屋建设、挖坑掘池、过境交通、水利设施、村镇建设、城市建设、人型设施、特殊事件、盗掘、不当发掘、不当修缮、不当展示、缺乏管理、过度开放、部队占用、开山采矿、大型工企建设等。据此可知，查海遗址本体现存的破坏因素主要有：

1. 人为生产活动的破坏

（1）查海遗址保护范围的四周边缘为耕地，部分地段会有当地村民种植和采土行为。

（2）有些村民会将牛羊等牲畜偷偷赶入查海遗址内放牧，造成对遗址的踩踏。

（3）在以往查海遗址保护的工程施工过程中，施工车辆等对遗址本体的碾压。

（4）查海遗址在以前保护工程中的过度施工，重新对遗址本体保存和遗址景观环境造成威胁与破坏，如遗址内龙形堆石回填保护造成的过高的围栏和填土，严重破坏了原始自然风貌。

2. 自然破坏因素

查海遗址的自然破坏威胁主要来自水患——雨水，特别是暴雨对遗址本体及遗存边缘冲沟的冲刷，因为查海遗址地表属于风化岩的沙土，土质疏松，极易受到雨水的冲刷，导致水土流失，尤其对遗址坡地、探方等可造成明显威胁。

3. 植被对遗址保存的破坏

查海遗址上自然生长的植被，虽然能防止遗址的水土流失，但它们的根系又对遗址造成了很大的破坏。查海遗址生长的主要是草本植物，但近些年，自然生长了很多诸如榆树等乔木，需要及时清理，使其适度地生长，防止对遗址的破坏。

三、出土文物的保存现状

2012 年，由辽宁省文物考古研究所编著的《查海——新石器时代聚落遗址发掘报告》由文物出版社出版，系统地将 1986 ~ 1994 年的发掘成果做以整理，该报告将考古所获遗迹、遗物及研究成果分上、中、下 3 卷，总计 8 章 24 节，全部发表。《查海——新石器时代聚落遗址发掘报告》是对查海遗址 7 次发掘资料的全面准确整理，并对发掘资料精心综合分析，是研究查海文化权威、重要的考古学资料。

目前，查海遗址的出土文物主要保管在辽宁省考古研究所的牛河梁工作站，辽宁省博物馆、阜新市博物馆、阜蒙县民族博物馆有少量的陈列展出，阜新查海遗址博物馆陈列展出发掘的石器、陶器和玉器等代表性典型文物 150 余件。

四、遗址的保护与管理

1. 查海遗址的主要保护工作

查海遗址经过7次发掘后，丰富的文化内涵逐渐显露明晰，保护管理工作受到了各级政府的高度重视。

1988年12月20日，查海遗址被辽宁省政府公布为“辽宁省第四批省级文物保护单位”，并公布了保护范围和界线，使查海遗址得到了更好的保护和利用。

1991年，阜新市人民政府对查海遗址本体和保护范围进行征地保护。

1991年8月20～21日，阜新市在查海遗址举办了首届玉龙文化节。

1992年9月4日，查海遗址的发现与保护在阜新市人民政府重视下，建成了阜新查海遗址博物馆，同期对外开放，成为查海遗址的保护、管理、研究、展示机构。

1992年，在阜新查海遗址博物馆建馆的同期，阜新市政府修建了从国道101线至博物馆3千米的参观旅游专线公路，并于开馆日修筑完毕，正式通车。

1992年9月4日，在阜新查海遗址博物馆开馆之际，阜新市政府举办了第二届玉龙文化节。

1994年，为了进一步加强对查海遗址的重点保护力度，辽宁省和阜新市文物部门认真地整理汇总了查海遗址信息资料，积极上报国家文物局，全力争取将查海遗址申报为全国重点文物保护单位。

1996年11月20日，国务院公布第四批全国重点文物保护单位名单（国发〔1996〕47号），查海遗址被列为第四批全国重点文物保护单位。

1997年12月1日，阜新市人民政府向辽宁省文物局递交了《关于编制查海遗址保护区总体规划的报告》。

1998年6月16日，辽宁省文化厅组织相关专家，在阜新查海遗址博物馆召开《查海遗址保护区总体规划》论证会。

2000年10月，辽宁省人民政府下发《关于公布第五批省级文物保护单位保护范围和建设控制地带》（辽政发〔2000〕39号）的通知，其中确定了查海遗址的保护范围和建设控制地带。

2001年，根据辽宁省文化厅《关于制作省级以上文物保护标志碑的通知》（辽文物发〔2001〕106号），辽宁省人民政府为查海遗址设立全国重点文物保护单位文物保护碑，在碑上刻有查海遗址的保护范围和建设控制地带。

2005年5月，国家文物局对《查海遗址保护规划》进行了批复，原则同意该规划，并提出了必要的补充和修改意见。

2012年，国家文物局正式批准《查海遗址保护规划》，已经通过了辽宁省专家组的论证，正待辽宁省人民政府公布和阜新市人民政府实施。

2015~2016年，查海遗址部分地点的护坡、围栏保护工程和安防工程完工，消除了安全隐患，使遗址得到了有效保护。

2. 查海遗址的管理

1992年9月4日，阜新查海遗址博物馆建成并开馆，这是查海遗址的保护、管理、展示和研究机构，查海馆是建立在查海遗址发掘取得重大发现的基础上，为了展示查海遗址的出土文物而建成的一座专业性遗址博物馆。阜新查海遗址博物馆建于遗址南侧一条东西走向的大冲沟的南侧约50米处，建筑面积877平方米，建筑高11米，框架结构，模仿6个半地穴房址组成，外部为土红色仿树皮纹理的墙体。

3. 查海遗址展示宣传

阜新查海遗址博物馆展览分为馆内基本陈列“查海文化展”和户外遗址本体展示区两大部分。

博物馆内基本陈列“查海文化展”：博物馆室内展示分为5个展厅，从一展厅至四展厅分别展示的是从查海遗址发掘出土的石器、细石器、陶器、玉器等，还有一个全景画展厅，全景画高9米，周长60米，以全景油画形式描绘、再现了查海原始自然风貌和查海先民日出而作，日落而息的原始生活场景。

博物馆户外遗址本体展示区：查海遗址中央是在原址上按1∶1比例复制的龙形堆石，发掘的55座房址和龙形堆石下的墓葬、祭祀坑等都已经用沙土回填保护，露天展示它们的基本轮廓，以及遗址余下还未发掘的部分。

第二节　查海遗址的研究现状

全国重点文物保护单位查海遗址从1982年发现到1994年第七次发掘结束，曾引起国内外学术界的广泛关注，对查海聚落的性质和内涵进行了深入研究，取得了系列重要成果，促进了查海遗址的保护与发展。这些是初期的基础理论性研究，取得了一定的理论研究成果。当前，随着我国文物事业发展进入新时代，查海文化研究也被重新赋予了新使命和新要求，出现了科技考古和创新理论方法研究的新趋势，这标志着查海文化研究进入了新的历史时期，显现出了新的研究动态。

一、中国内地的相关研究

1. 查海遗址的发掘与聚落性质的研究

查海遗址1982年被发现后就引发了遗存性质与命名问题的讨论；1983

年孙守道等对查海遗址进行了复查并给出是距今7000多年新石器时代聚落遗址的判断；1985年苏秉琦查看了采集的文物标本后，指出查海文化类型当是红山文化主源之一，并提出先红山文化的观点①。这些是对查海遗址的前期考察和文物标本的鉴定而对查海文化做出的初步认识。

为进一步明确查海遗址文化内涵，1986～1994年，辽宁省文物考古研究所进行了7次发掘②，首次试掘便确定了遗址应是红山文化的前身和西辽河流域"之"字纹陶的发源地，测定年代约7600年，为我国北方地区新石器时代较早阶段的文化遗址。随后6次发掘的更多成果表明，查海发展演变更具完整性，有很鲜明的内涵特征，经过与兴隆洼遗存之间的对比分析后，将以查海为代表的遗存类型定名为查海文化，查海遗址聚落分期和内涵特征进一步得到了明确：是辽河流域发现年代较早、聚落完整、内涵丰富的一处新石器时代早期人类聚落遗址。

2012年，由辽宁省文物考古研究所编著的《查海——新石器时代聚落遗址发掘报告》出版，将查海遗址7次发掘的遗迹、遗物及部分研究成果共同发表，此报告以表述遗物和遗迹为主，对查海聚落内涵进行了部分梳理研究，是查海文化研究的重要考古学资料。

2. 查海文化典型内涵的相关研究

查海文化内涵特征的典型代表是玉文化和龙文化，也是查海文化的两大核心特征。

闻广在《中国古玉的研究》③（1990年）中鉴定查海玉器全是软玉，即

①资料来源：郭大顺《苏秉琦先生与辽宁文物考古工作》，《辽海文物学刊》，1989第2期，第135页。

②资料来源：辽宁省文物考古研究所《阜新查海新石器时代遗址试掘简报》，《辽海文物学刊》，1988年第1期，第11～16页；辽宁省文物考古研究所《辽宁阜新县查海遗址1987～1990年三次发掘》，《文物》，1994年第11期，第4～19页；辛岩、方殿春《查海遗址1992～1994年发掘报告》，《辽宁考古文集》，辽宁民族出版社，2003年，第12～43页。

③资料来源：闻广《中国古玉的研究》，《建材地质》，1990年第2期，第7页。

真玉，且是世界上最早的真玉器，这是查海玉器最早的权威鉴定。苏秉琦在《文明发端 玉龙故乡——谈查海遗址》① （1991 年）中指出查海玉器具备了德和礼的特征，是氏族向国家进化的转折点，文明起步超过万年。这是对查海玉文化内涵最深刻的阐述，是查海文化重要的理论来源。

在查海玉料来源方面，王时麒在《岫岩软玉与红山文化》②（2004 年）中，对岫岩软玉的物理性质和化学成分进行了研究，确定查海玉器来自岫岩闪石玉。王绵厚在《辽西凌源红山文化玉料产地的考察与思考》③（2014 年）中，认为查海玉料来源于西辽河流域努鲁尔虎山山麓的山地、河滩中。这是目前查海玉器来源的两种代表性说法。

郭大顺在《龙出辽河源》④（2001 年）中认为龙的起源虽然是多源的，但又不是对等的，而是有主有次的，辽河流域查海龙形堆石是最早的摆塑型龙。吉成名在《中国崇龙习俗》⑤（2002 年）中认为查海遗址是中国龙崇拜的发源地之一，以查海龙文化论证蛇就是人们赖以想象龙的依据，龙的原型就是蛇。胡晓奇在《龙的起源与龙文化研究》⑥（2014 年）中以查海龙为基础，独辟蹊径地研究龙的起源是龙卷风，这是一种还在探讨的新观点。这些研究主要针对查海龙纹陶片和龙形堆石分别对查海龙的原型进行了讨论，研究虽各有侧重点，但仍是以龙的外形为主要的研究方向，没有从根本上解决龙崇拜是与农业和农事相关的崇拜之谜。

---

①资料来源：苏秉琦《文明发端 玉龙故乡——谈查海遗址》，《华人·龙的传人·中国人——考古寻根记》，辽宁大学出版社，1994 年，第 127 页；纪兵《苏秉琦教授谈查海遗址》，《阜新辽金史研究》第一辑，新天出版社，1992 年。

②资料来源：王时麒《岫岩软玉与红山文化》，《鞍山师范学院学报》，2004 年第 3 期，第 40 ~ 43 页。

③资料来源：王绵厚《辽西凌源红山文化玉料产地的考察与思考》，《中国文物报》，2014 年 12 月 19 日，第 6 版。

④资料来源：郭大顺《龙出辽河源》，百花文艺出版社，2001 年，第 64 页。

⑤资料来源：吉成名《中国崇龙习俗》，天津古籍出版社，2002 年，第 127 ~ 133 页。

⑥资料来源：胡晓奇《龙的起源与龙文化研究》，苏州大学出版社，2014 年。

3. 查海聚落生计方式的研究

胡健等在《试析查海遗址的原始农业》① （1995年）中对查海遗址的遗迹和遗物进行了分析，认为查海聚落原始农业已经出现，这是对遗迹和遗物实用功能属性初步分析得到的查海聚落经济形态结论。

近些年，查海聚落有了科技考古研究的新动态，以获得更多查海人的活动信息，还原查海聚落的社会面貌。王育茜等在《辽宁阜新查海遗址碳化植物遗存研究》② （2012年）中，通过科技考古手段分析鉴定查海遗址的木炭和碳化种子、果实遗存，获得了对该遗址聚落周围植被及人类利用方式以及生业经济模式的初步认识：查海聚落7000aB. P.前后气候比现在更加温暖湿润，查海聚落生业方式可能已经出现了植物栽培和动物驯化。2012年，山东大学东方考古研究中心对查海遗址哺乳动物遗存部分标本进行了整理和鉴定，鉴定出猪骨的数量最多和频率最高，其他种属有鹿、马和牛等。综合植物、动物遗存的分析结果，查海聚落的生业经济模式对动物、植物的开发、管理和培育已经是先民生计模式的组成部分。

4. 查海聚落出土文物方面的研究

查海遗址出土的文物主要是石器、陶器和玉器，目前还没有对查海出土石器的专门研究，主要是玉器和龙形象研究较多。近些年随着文物研究创新理论的增多，有了对查海陶器的研究。陈继玲等在《查海遗址陶器风格变化的功能视角》③ （2015年）中把查海聚落的生活方式联系起来解析陶器风格变化的特征，从功能主义的视角研究查海陶器。范磊在《查海聚落遗址陶器分析及相关问题研究》④ （2017年）中采取定量考古学分析法，重新对一些

①资料来源：胡健《试析查海遗址的原始农业》，《农业考古》，1995年第3期，第27～28页。

②资料来源：王育茜等《辽宁阜新查海遗址碳化植物遗存研究》，《北方文物》，2012年第4期，第17页。

③资料来源：陈继玲等《查海遗址陶器风格变化的功能视角》，《边疆考古研究》，第18辑，第161～175页。

④资料来源：范磊《查海聚落遗址陶器分析及相关问题研究》，天津师范大学硕士研究生论文，2017年。

罐类进行分型定式，以数据形式总结查海陶器的特征。这些是陶器研究的一种新思路，特别是对陶制酒器分期研究具有借鉴意义。

中国内地学术界对查海聚落的研究成果很多，但基本是对查海单一或某一方面的研究，这是查海文化研究重要的理论源泉，特别是用科技考古手段与创新理论方法来研究查海聚落的新动态，更是具有重要的科学实证意义。

二、香港学者的研究

香港学者对查海文化的研究，主要是香港中文大学邓聪教授的相关研究，他在《东亚玦饰四题》①（2000 年）中指出：现今东亚地区年代最古老的玦饰群出现在距今7000～8000 年前，大约分布在北纬40 度～50 度，以辽宁西部为中心地区，这一地区代表的文化遗址就是查海和兴隆洼遗址，邓聪教授在《东亚玦饰的起源与扩散》②（2004 年）中论述：东亚地区考古发现，最古老的玦饰在中国东北出现后即向四方扩散。一般来说，距离中国东北越远的地方玦饰出现的年代越晚。史前玉玦广泛地分布在东北亚各地形成一个玦文化圈，尤以 8000 年前查海文化最早且位于玦文化圈中心，由此向外扩散，这一研究成果为查海玉文化的传播和影响提供了有力的理论支持。

三、国外的相关研究

1. 日本学者的研究

秋山进午在《查海遗址与查海遗址博物馆》③（1992 年）中，是以实地

①资料来源：邓聪《东亚玦饰四题》，《文物》，2000 年第 2 期，第 41 页。

②资料来源：邓聪《东亚玦饰的起源与扩散》，《东方考古》第 1 集，科学出版社，2004 年，第 23 页。

③资料来源：秋山进午《阜新查海遗址与遗址博物馆》，《东北亚考古学研究——中日合作研究报告书》，文物出版社，1997 年，第 334～342 页。

考察的形式对查海聚落进行研究，但基本还是对中国学者研究观点的肯定式研究，没有新意。内藤真作在《中国考古学寄思》①（1992 年）中对查海聚落遗址做了很高的评价，认为辽河流域的查海遗址是人类真正文明发祥之地。冈村秀典在《辽河流域新石器时代的居住形态》②（1997 年）中认为查海和兴隆洼遗址都不一定有农耕经济，其社会生产类型属于采集和渔猎经济，现在科技考古手段已经证明这是一种错误的判断。日本学者对查海文化的浓厚兴趣，并注重实地考察的研究态度值得在查海研究中学习借鉴。

2. 以色列学者的研究

2012～2017 年，以色列希伯莱大学、吉林大学和辽宁省考古研究所联合进行以查海遗址为中心“中国东北地区农业与定居的起源”的区域性田野考古调查项目。滕铭予、Gideon shelach（吉迪）等在《辽宁阜新地区区域性考古调查阶段性报告（2012～2013）》③ 中提出：在查海遗址的西南部、中部和东部，进行区域调查，辅以 GPS 定位，采用高分辨率的卫星图片记录，发现查海遗址周边存在着陶片分布密度非常高的查海文化类型的采集点，表明在新石器时代早期居住在这里的人口相对较多。

国外对查海文化的研究主要还有朝鲜、韩国、美国和俄罗斯等国家。近年随着国际文化交流的日益频繁，国外在人员、技术等方面对查海文化的研究也在逐渐增多。

---

①资料来源：内藤真作《中国考古学寄思》，收录于苏秉琦《华人·龙的传人·中国人——考古寻根记》，辽宁大学出版社，1994 年，第 153～155 页。

②资料来源：冈村秀典《辽河流域新石器时代的居住形态》，《东北亚考古学研究——中日合作研究报告书》，文物出版社，1997 年，第 171～187 页。

③资料来源：滕铭予、Gideon shelach（吉迪）等《辽宁阜新地区区域性考古调查阶段性报告（2012～2013）》，《北方文物》，2014 年第 3 期，第 3～9 页。

四、查海文化研究的意义

1. 研究目标

本研究旨在阐释查海聚落遗址重大考古发现和其丰富的文化内涵，坚持主动研究，创新实践，深入挖掘查海聚落文化背后蕴含的原始思想、人文精神和生活智慧，赋予查海文化新的时代内涵和现代表达方式。研究不仅为当今保护和利用好查海遗址这宝贵的历史文化资源提供了坚实的理论基础，还让查海文化博大精深的文化内涵融入现代生活，为地方文化繁荣和经济发展服务，让查海遗址保护利用成果惠及人民群众，满足人民日益增长美好生活的需要。

按照新时代文化事业发展的新需求，善于继承查海文化才能促其发展，在继承发展中才能创新，才能为查海遗址提供有力的学术支撑，推动查海文化研究成果创造性转化和创新性发展，把富有文化魅力、具有时代价值的查海文化弘扬起来，有助于更好地保护和利用好查海遗址这一老祖宗留给我们的宝贵历史文化资源。

2. 学术意义

本研究从考古学、民俗学、生态学等，特别是应用美学原理解决了查海文化龙崇拜的成因和内涵特征，确立了查海聚落龙崇拜是集龙、蛇和蟾蜍三位一体的特色龙崇拜。查海文化龙崇拜是一种以农业为题材的先民精神思想活动，是与农业和农事相关的崇拜，这是国内龙文化研究薄弱环节的突破性研究理论。

首次提出查海遗址玉文化是依河流和海岸线传播、影响的理论。即查海玉器和玉文化沿着遗址附近的绕阳河、辽河、大凌河扩散传播，并到达渤海边，又沿海岸线和入海河流将查海玉文化传播到东北亚各地。解决了查海玉器来源地、运输途径和文化传播的问题，为传统玉文化学术研究提供了新思路和新方法。

首次提出并确立了查海遗址是我国谷物酿酒和酒文化起源地的理论。这是查海文化研究的全新观点，丰富、拓展了查海文化内涵，填补了查海文化研究的空白，成为查海文化研究的又一特色，这是一种创新的理论观点，对我国新石器时代聚落遗址研究具有重要的学术价值和理论意义。

3. 社会意义

查海文化蕴含着丰富的传统文化精髓，是民族文化传承和发展的根本，更是民族优秀文化的象征与见证。在新形势下对查海遗址优秀文物资源的研究和利用，是找准历史和现实的结合点，寻根溯源萃取查海文化精华，以优秀文物价值来坚定民族文化自信，这种文化自信实现了查海遗址保护和发展的统一，凝聚民族精神，延续历史文脉。

不忘历史才能开辟未来，查海优秀的传统文化需要薪火相传，代代守护，更需要与时俱进，激活其生命力。所以，对查海文化的研究要紧跟时代，服务大局，使收藏在查海博物馆里的文物和在大地上展示的查海聚落遗址都活起来，让文化遗产融入现代生活。对查海这一优秀传统文化的研究和利用可大力促进阜新地方将查海优势文化资源转化为文化生产力，为阜新文化繁荣和经济发展服务，使文物保护成果更多地惠及人民群众，满足时代和人民的需要，在助力经济发展的同时更带来良好的社会效益。

第三节　查海遗址的科学保护

查海遗址坐落在查海村西南约 2.5 千米的一漫丘台地上，东西长约 125

米，南北长约100米，现存面积约12500平方米。1991年，为更好地保护和利用好查海遗址，遗址所在地的阜新市人民政府对查海遗址进行了征地保护，遗址保护范围内的土地全部征用，并在遗址保护区周围设立围栏保护。1992年9月4日，阜新查海遗址博物馆建成并开馆，这是一座专题遗址博物馆，是查海遗址的保护、管理和研究机构，多年来为查海遗址的保护和管理做出了大量贡献。1988年12月20日，查海遗址被辽宁省政府公布为辽宁省第四批省级文物保护单位（辽政发〔1988〕100号），并公布了保护范围和界线，使查海遗址得到了更好的保护和利用。1996年11月20日，查海遗址被国务院公布为第四批全国重点文物保护单位（国发〔1996〕47号）。

一、查海遗址的保护范围和建设控制地带

关于文物保护单位的保护范围和建设控制地带的具体要求，《中华人民共和国文物保护法实施条例》有详细条款规定，具体是：

第八条：全国重点文物保护单位和省级文物保护单位自核定公布之日起1年内，由省、自治区、直辖市人民政府划定必要的保护范围，作出标志说明，建立记录档案，设置专门机构或者指定专人负责管理。

第九条：文物保护单位的保护范围，是指对文物保护单位本体及周围一定范围实施重点保护的区域。

文物保护单位的保护范围，应当根据文物保护单位的类别、规模、内容以及周围环境的历史和现实情况合理划定，并在文物保护单位本体之外保持一定的安全距离，确保文物保护单位的真实性和完整性。

第十三条：文物保护单位的建设控制地带，是指在文物保护单位的保护范围外，为保护文物保护单位的安全、环境、历史风貌对建设项目加以限制的区域。

文物保护单位的建设控制地带，应当根据文物保护单位的类别、规模、内容以及周围环境的历史和现实情况合理划定。

第十四条：全国重点文物保护单位的建设控制地带，经省、自治区、直辖市人民政府批准，由省、自治区、直辖市人民政府的文物行政主管部门会同城乡规划行政主管部门划定并公布。

据此，2000 年 10 月 31 日，辽宁省人民政府下发《关于公布第五批省级文物保护单位保护范围和建设控制地带的通知》（辽政发〔2000〕第 39 号），其中划定公布了全国重点文物保护单位查海遗址的保护范围和建设控制地带。

保护范围：以查海遗址中心标桩为基点，南 200 米，东 220 米，西 65 米，北 76 米以内。

建设控制地带：保护范围外 200 米内为Ⅱ类建设控制地带，Ⅱ类建设控制地带外 200 米内为Ⅲ类建设控制地带。

2001 年 10 月 16 日，根据辽宁省文化厅《关于制作省级以上文物保护标志碑的通知》（辽文物发〔2001〕106 号）的通知，查海遗址制作了保护标志碑，碑身刻有保护范围和建设控制地带。

查海遗址保护范围要求：保护范围内为非建设地带，只准进行绿化，不得增添任何与文物保护无关的建筑，除用于遗址保护、排水以及展示所必需的设施外，不得增建任何其他建设工程。报文物主管部门批准的设施建设，必须可逆并不得损害遗址。不得改变地形地貌，并注意防止自然力对地形地貌的破坏。

查海遗址建设控制地带要求：建设控制地带内不得进行土石方工程；不得改变原有的自然环境和原有的地形地貌，封山育林，防止水土流失；不得增添任何建筑；不得建设污染文物保护单位及其环境的设施；不得进行可能影响文物保护单位安全及其环境的活动。遗址局部可用作耕地和果园。

二、查海遗址的保护原则

文物保护是指为保存文物古迹实物遗存及其历史环境进行的全部活动。查海遗址主要本体是由已发掘的近半遗迹、余下尚未发掘的地下遗存和其所处的自然环境组成。查海遗址因远离近、现代村落而无社会环境扰乱，所以保存条件较好，对其诸多相关保护的研究欲显明朗清晰，中规中矩，因此，查海遗址的保护原则亦可是古遗址保护的基本原则。《中华人民共和国文物保护法》规定：文物工作贯彻保护为主、抢救第一、合理利用、加强管理的方针。根据《中华人民共和国文物保护法》及其实施细则、《2015 中国文物古迹保护准则》和其他文物相关法律法规等，查海遗址的保护原则应是遵循古遗址保护的普遍原则。

（一）大遗址保护原则

1997 年 3 月 30 日，国务院颁发的《关于加强和改善文物工作的通知》（国发〔1997〕13 号），其中的第二条规定“正确处理文物保护与经济建设以及人民群众切身利益的关系，切实做好文物的抢救与保护工作”中，第一次提到关于大遗址保护问题：“把古文化遗址特别是大型遗址的保护纳入当地城乡建设和土地利用规划；……从根本上改变古文化遗址保护的被动局面。”

《2015 中国文物古迹保护准则》中，提出的大遗址保护及其规划的指导思想是：以多学科研究为先导，以重点大遗址治理为突破口，把大遗址保护展示体系建设与生态环境建设、经济发展结合起来，处理好长远与当前、全局与局部的关系，促进社会效益、生态效益与经济效益的协调统一。

2016 年 10 月 31 日，国家文物局为处理大遗址保护与国家经济社会发展之间的关系问题，进一步加强引导和指导，全面推进大遗址保护工作，研究编制了《大遗址保护“十三五”专项规划》（文物保发〔2016〕22号），其中第二条就明确了大遗址保护的基本原则：

（1）以人为本，传承文化，保护为主，合理利用。

（2）中央主导，属地管理，社会参与，成果共享。

（3）统筹规划，分步实施，分类指导，示范带动。

（4）科技支撑，创新发展，彰显特色，注重实效。

目前，查海遗址虽然还未被国家列入到大遗址保护范围，但遗址今后的保护工作应以大遗址保护的标准进行，坚持依法保护，统筹规划，突出重点，从实际出发，做好查海遗址的有效保护和合理利用。

（二）依据《2015中国文物古迹保护准则》的保护原则

1. 不改变原状原则

查海遗址要保持与遗址本体相协调的环境风貌，这是遗址保护的首要，也是文物保护法的要求。查海遗址必须要保持现状，要真实、完整地保护好查海遗址在历史过程中形成的价值，还要体现这种价值的原始状态，这也是弥足珍贵的，所以要原汁原味地保护好其原始的自然环境。

2. 真实性原则

这也就是通常所说的“修旧如旧原则”。查海遗址的文物价值在于原状原态，即要保护其原始自然状态，需要保护工程施工，尽量避免添加和拆除，任何改变或新添加的部分，都不是原来意义上的查海遗址本体，都不含查海历史信息，因此也就没有相应的历史价值，是对文物本体的损害。保留查海遗址自然状态就是查海遗址真实性的体现，查海这种自然状态的真实性，需要得到完整的保护。

3. 完整性原则

查海遗址的保护是对其历史文化价值、价值载体出土的文物、遗迹及遗址本体自然环境的各个要素完整、全部的保护。查海遗址的文化内涵丰富，这些不仅体现在空间上，如出土文物、遗址本体和自然环境，还表现在时间上，如查海遗址8000年的历史过程中被赋予的历史价值，都需要完整性地加以保护。

4.最低限度干预和使用恰当的技术原则

这也就是通常所说的保护方法得当和可逆性原则。查海遗址的保护应当最大限度地减少保护干预限制，避免因过度干预而造成的对查海遗址本体历史信息的改变，采取的保护措施应当延续现状。适当地采取一些预防性保护措施，由于查海遗址的不可再生性，任何保护措施和保护技术手段都要经过前期一定周期的实验方可应用，为以后的保护留有余地，尽可能地采用具有可逆性的保护措施，以便在以后有更好的技术措施时，可以撤销以前的技术措施而不对查海遗址本体造成损失。查海遗址本体保护是一种长期的行为，在现有条件下进行的各种保护措施，随着时间和科学技术手段的发展，都有可能有所改变，遗址保护的新方法、新技术和新理念等都会出现。因此，查海遗址保护必须遵循最低限度干预、技术恰当可逆处理的保护原则。

5.防灾减灾原则

灾害是造成文物遗址破坏的重要原因，灾害损失可以预防，这就需要制定合适的应急预案，采取必要的措施，消除潜在的威胁。查海遗址要预防灾害侵袭，防灾减灾，主要是遗址本体的自然损害，消除诸如雨水对遗址的冲刷形成的水冲沟，预防紧邻遗址南侧和东侧的大水冲沟的扩大。查海遗址对于人为及放牧行为踩踏等破坏，可建立相关的规章制度，完善监控设施，加强教育等措施，避免人为的损害。

三、查海遗址的保护与管理

查海遗址的保护管理工作，经过了发现、发掘、建馆、内涵定位、全国重点文物保护单位的公布等一系列过程。2012 年，《查海遗址保护规划》已经通过了国家文物局的审批，并通过了辽宁省专家组的论证，正待辽宁省人民政府公布后实施。简而言之，查海遗址的保护，就是大型室外遗址的保护，是为保存遗址实物遗存及其历史环境而进行的全部活动。从技术方面讲，就是通过物理的、化学的、生物的或者其相互结合的方法，增强查海遗址的本身抵抗不良外在环境的能力及改善遗址的保存环境，使遗址能长久保存，更好地为当前及将来利用。从管理方面讲，就是制定查海遗址保护的政策、法律法规及原则，加强对查海遗址的管理，延长查海遗址的寿命。关于查海遗址的保护和管理，我们应做好以下基本工作：

（1）做好人防工作，提供人才保证，建立高素质的查海遗址保护团队。通过加大培训等方式提高查海博物馆工作人员素质，同时吸引考古、博物馆学、环保等高素质人才的加入，同时还要加大宣传，普及文物、考古、管理、规划和相关的法律知识，充分做好查海遗址文物保护工作的人才储备和培养工作。

（2）做好技防工作，完善基础设施建设，增强遗址保护能力。查海遗址要按照有关标准和自己的实际，全面实施遗址安全评估，建设和完善安防、消防等安全防护设施，保障安全防护设施、设备正常发挥作用，确保设施设备的使用效能。

（3）保障保护经费，拓宽查海遗址保护经费来源的渠道，形成多元的保护经费投入机制。主要是政府增加资金的投入，还有文化建设中政府亦可通过一定的优惠政策，吸引社会资金投入查海遗址的开发与保护。再有还需培育查海遗址博物馆自身的造血功能，发展文创产业、旅游产业等，增强自身的经济活力来做好查海遗址的保护工作。

查海遗址的保护管理工作涉及多个学科领域，是博物馆管理工作的主要内容。查海遗址的保护利用工作，从总体上要按照《查海遗址保护规划》进行，在做好相应基础工作的前提下，按照保护规划，上升到中华优秀传统文化传承发展的高度，利用多年来查海文化的研究成果，寻求更高、更广的支持与合作。所以，查海遗址保护工作要统筹各方力量，通过不同的渠道、不同的保护项目、不同的保护手段等，凝心聚力，切实做好查海遗址的保护工作。

第四节　查海遗址文化旅游资源的利用

旅游资源是构成旅游业发展的基础，是一个国家或地区旅游业生存和发展的最基本条件，同时，旅游资源价值还决定着旅游业的发展未来。现代社会旅游业中，古文化遗址、遗迹是具有独特吸引力的人文旅游资源，更是开发较早的文化旅游项目之一。查海遗址是北方辽河流域重要的文化旅游资源，具有良好的旅游发展空间。查海遗址的发展与旅游结合，科学合理的保护、利用，是和查海遗址的发展实际需求相联系的，是加强遗址保护、深化遗址展示与利用的有效途径，符合现阶段大遗址保护的实际需要，具有鲜明的中国文化遗产保护特色。

一、查海遗址文化旅游资源

1. 查海遗址文化旅游资源的类别

旅游资源是指自然界和人类社会中凡能对旅游者产生吸引力，可以为发展旅游业所开发利用，能产生经济效益、社会效益和环境效益的各种事物和因素。2003 年国家标准《旅游资源分类、调查与评价》（GB/T 18972 ~ 2003），依据旅游资源的状况、形态、特性、特征将旅游资源划分 8 个主类：A 地文景观；B 水域风光；C 生物景观；D 天象与气候景观；E 遗址遗迹；F 建筑与设施；G 旅游商品；H 人文活动。查海遗址按照旅游资源分类标准属于“E 遗址遗迹”类史前人类活动场所的原始聚落景观。

2. 查海遗址文化旅游资源的构成

阜新查海遗址博物馆。该博物馆于 1992 年 9 月建成，是对外开放的一处专题性遗址博物馆，是查海遗址的保护、展示、研究和宣传机构，建筑面积 877 平方米，由 6 个仿半地穴式的查海房址组合而成，内设 4 个展室和 1 个全景画厅，展览面积 600 平方米。基本陈列是“查海文化展”，陈列展示查海遗址出土的部分文物，主要是石器、陶器、玉器等，代表性文物有世界第一真玉、龙纹陶片、蛇衔蟾蜍陶罐等。查海文化展体现了查海先民活动的特定历史背景、地理位置、自然环境等，反映出当时的社会生产力水平、宗教信仰以及社会生活的诸多方面，查海遗址博物馆是沟通、链接过去与现在的纽带和桥梁。

查海遗址本体展示区。查海遗址是人类长期活动后留下的文化遗存，是一个可触摸的历史实体，遗址本体的原地展示，主要是考古发掘出的房址、壕沟、墓葬、灰坑、龙形堆石等。查海遗址的中心是发掘出的长约 19.7 米的大型龙形堆石，这是目前我国新石器时代考古发现年代最早、形体最大的龙形象，被誉为“中华第一龙”。把遗址本体保护与展示结合在一起，将遗址本身及周围的自然环境妥善保存并有效展示，这既是对有效保护下来的文物及其遗址进行保护，又是有所展示的遗址，通过以遗址及周围的环境为展示内容，使人们在身临其境时有所感悟和体验，达到重温历史、沉淀心灵的目的①。

①资料来源：郑育林《关于大遗址保护特区实现路径的设计》，《中国文物报》，2010 年 3 月 26 日，第 3 版。

查海遗址周边旅游资源。查海遗址的东部是周家店林场的万亩油松林，是天然氧吧，周边有各种野花、野果和野生动物，四季景色宜人。查海遗址当地为蒙古族聚居地，蒙古族风情浓郁。以查海遗址8000年的文化为龙头，将附近的关山辽墓、张三丰仙居、海棠山国家自然保护区等旅游景点连线，全力打造查海文化特色旅游线路，发展文化考古游、生态休闲游、娱乐体验游、民族风情游等，积极支持和开发具有地域、民族、文化特色的文化旅游项目，打造形成具有多元文化和地域特征的查海特色文化旅游品牌。

二、查海遗址文化旅游资源的现状

1. 旅游资源优势

地理位置优势。查海遗址交通便利，距离国道101线仅3千米，距离沈阜高速阜新南出口仅10千米，距阜新市区25千米。阜新市区南有铁路阜新南站和市区北部的京沈高铁阜新站，处在沈阳—北京、通辽—锦州两大通道上，距沈阳市150千米，距锦州市110千米，且与这两个城市都有较便捷的交通联系，游客的“可进入性”好。

查海遗址已经具有一定的基础设施。现建有查海遗址管理、保护机构阜新查海遗址博物馆，常年对外开放；户外遗址历史环境进行了有效保护，展示区常年向游客开放；修建有遗址公路专线连通国道101线；电力、通讯、水源设施完备。

查海文化内涵丰富。查海遗址是全国重点文物保护单位，文化内涵丰富，文物、遗址极富观赏性，典型代表是世界第一真玉和中华第一龙，还是我国谷物酿酒和酒文化的起源地。我国著名考古学家苏秉琦教授曾为查海遗址题词：“玉龙故乡，文明发端。”

查海周边良好的旅游发展空间。对查海遗址周边的环境进行了整治和保护，没有近代村落的干扰，历史自然风貌保存较好。查海遗址周边环境优美，旁边有周家店林场，又是蒙古族聚居区，旅游资源发展潜力较大，能够与查海遗址文化旅游发展良性互动，查海遗址附近的自然资源、地域文化和遗址资源的旅游开发可相互协调、共同发展。

查海遗址保护利用面临良好的历史机遇。当前，我国社会经济持续快速发展和人民群众生活水平日益提高，旅游已成为满足人们精神生活的主要方式，这为查海遗址旅游发展提供了广阔的空间，按照“保护为主，抢救第一，科学管理，合理利用”的文物保护方针，更使查海遗址保护工作进入到一个新阶段。国家文物局根据《国家考古遗址公园管理办法（试行）》和《国家考古遗址公园评定细则（试行）》等有关法规性文件，于2010年10月公布首批12个国家考古遗址公园和23个立项名单，这给文化价值比较突出的查海遗址文物保护与开发利用提供了成功先例，也给遗址和周边环境的保护、展示与利用指明了发展方向。

2. 旅游资源劣势

查海文化旅游品牌知名度意识低，没有科学、系统的保护规划和文化旅游资源发展规划。2012年，国家文物局虽已经批准《查海遗址保护规划》，通过了辽宁省专家组的论证，但直至目前仍然在等待辽宁省人民政府公布。随着时间的推移，社会的发展，遗址保护和利用又出现了新理论、新方法等诸多新情况，保护规划内容又需要有新的增减问题。同时，查海文化品牌的宣传、展示与旅游结合不够，博物馆资源利用率低，仅仅是一个旅游景点而非景区，现实是文化名气大，旅游景点小的状态。

查海旅游基础设施不完善，资源利用率低。查海遗址基础设施只有博物馆，但只处于建设的初期状态，没有其他配套基础服务设施，没有适应市场需求发展的相关文化产业，经费完全靠政府拨款。资金缺乏也使遗址保护一直处于尴尬境地，没有相关餐饮、休息、娱乐等设施，接待能力差，服务效能差，与周边丰富的自然生态、民族风情旅游资源尚未有机结合形成一个旅游景区，缺乏旅游市场竞争力。

查海博物馆现代化程度低，宣传和促销的力度不够。查海遗址博物馆主要是收藏展示从遗址发掘出土的部分文物，博物馆文物陈列主要是静态展示，基本就是文物、图片、文字说明等，专题展览模式单一，表现手法上已落后，没有现代化的科技手段展示，缺乏与参观者的互动而吸引力差，不能满足游客的参观文化需求。又因经费、地理环境等因素，查海遗址博物馆对外促销很少，没能将文物资源变成吸引观众的旅游资源，形成“室内展览老又少，室外遗址一片草”的局面，游客得不到文化体验和享受，致使客源日益减少，收入降低。

专业人才匮乏使查海文化研究不够深入，旅游市场竞争能力差。查海遗址的专业人才培养不受重视，培养机制不健全，缺乏管理与经营的人才，缺乏文博、旅游方面的复合型人才和高技能人才，查海遗址文化资源保护、利用、开发难以开展，致使旅游景点没有吸引力，不能引起游客的兴趣，有乘兴而来，扫兴而归的感觉。遗址博物馆目前设施简陋，人员配备不全，有限的人员无法承担起保护遗址和宣传遗址文化价值的综合工作。

三、查海遗址文化旅游资源的发展可行性分析

1. 查海遗址文化旅游发展原则

可持续性发展的原则。在查海遗址旅游发展中，要注重对文化旅游资源的保护，正确处理发展旅游与文物保护的关系，把发展旅游与文物保护有机结合起来，在开发中保护、在保护中开发是保护查海文化遗产的重要途径和手段。要有长远眼光，切忌急功近利，遵守可持续性发展原则，对查海文化旅游资源严格保护，积极发展，科学经营，永续利用。

经济效益、社会效益和文化效益统一的原则。查海遗址旅游发展要科学谋划，统筹兼顾，实行统一规划、统一开发、统一建设、统一宣传促销，初步形成查海特色、生态环境、民族风情等旅游资源优势互补、共同发展、协调发展，取得经济效益的同时又要发展文物保护事业，繁荣文化产业，统筹兼顾和谐推进查海文化旅游资源，实现经济效益、社会效益和文化效益的统一发展。

遵守法律法规的发展原则。查海遗址旅游开发严格遵守国家的法律法规，全面贯彻《中华人民共和国文物保护法》提出的“保护为主，抢救第一，合理利用，加强管理”的十六字方针。查海遗址开发的目的是为了更好地实现文物价值，保护好文物，按照《国家考古遗址公园管理办法（试行）》和《国家考古遗址公园评定细则（试行）》等有关法规，制定完善的《查海遗址保护规划》，使查海遗址旅游发展有法可依、有章可循，切实做好遗址的保护工作，确保旅游资源的持续利用。

发展文化体验休闲游的原则。我国社会飞速发展，“国民旅游休闲计划”在全国各地相继实施，这些计划将旅游与教育、体育、健康、养老等相结合，不仅带动了相关消费，更重要的是，激发了人们的休闲意识①。现代人旅游已不仅仅是单纯的游山玩水看热闹、开眼界，文化体验休闲游已经成为现代人的一种生活方式。旅游融入知识文化品位，能够使旅游者放松心情，愉悦精神，充实头脑，是社会和谐、生活幸福的体现。查海遗址文化旅游资源的发展要有旅游经营理念，将查海遗址博物馆和遗址现场展示区景区化，在保护文物的前提下发展旅游，为游客精心组织设计多样的互动体验游，使游客融入遗址，增加游客参与程度，增加遗址的吸引力，符合现代人的旅游品位，满足人们日益增长的文化需求。

①资料来源：陆建松《中国大遗址保护的现状、问题及政策思考》，《复旦学报（社会科学版）》，2005 年第 6 期，第 120 ~ 126 页。

2. 查海遗址文化旅游资源发展策略

完善《查海遗址保护规划》和制定《查海遗址文化旅游资源发展规划》。查海遗址规划编制质量的高低直接关系到遗址的保护和发展，依法科学制定符合查海遗址文物保护和旅游资源发展的规划，明确遗址保护规划的法律地位，保障规划的实际执行力，加强保护规划执行的监督。依照查海保护规划加强统筹协调，将文物保护工作纳入阜新地区旅游事业的长远规划，纳入阜新地方经济社会发展规划。同时更要处理好查海遗址文物保护和发展旅游的关系，编制查海遗址文化旅游发展规划要充分考虑自然资源、人文资源和社会资源的有机结合，处理好文物保护与旅游发展的关系，文物保护是为了查海文化旅游资源的可持续发展，永续利用。

完善查海遗址旅游基础服务设施和相关配套设施建设。查海旅游基础设施及配套设施的建设可使游客有了可进入性，也是重要的后勤保障，是旅游产业发展的物质基础。旅游业是综合性产业，具有依托性，旅游有“吃、住、行、游、娱、购”六大要素，六大要素串联起来就是基础配套设施建设。查海遗址基础设施是旅游服务能力和承载能力的保障，可采取政府引导，社会化、多样化吸取资金建设旅游基础服务设施。营造查海良好的参观、休闲、娱乐环境，可增加查海旅游资源的吸引力，延伸产业链条，高质量、上档次、有特色的服务，以“环境一流、管理一流、服务一流”的形象展现在人们面前，营造出文明博雅的气象，使查海遗址获得社会的认同，赢得社会的尊敬，从而提高自身影响力，促进社会的文明建设，进而取得良好的社会效益和经济效益，才能把查海遗址文化旅游资源所蕴藏的历史人文价值，变成阜新经济的增长点，文化的亮点。

实行人才优先发展战略，加快培养文博、旅游、环保、规划等方面的复合型人才。人才战略主要是专业人才的引进和搭建现有人才培养平台，这是查海遗址文物保护和旅游发展的最重要前提。查海遗址要积极吸纳人才、发掘人才、塑造人才，有了各学科的人才聚集才能积极做好查海遗址的研究、保护、发展和利用。要因地制宜地制定和实施查海文化特色旅游人才发展策略，科学合理地培养阜新查海遗址文化旅游人才，提高查海文化旅游品牌的地位和知名度，人才培养和集聚是查海遗址各方面事业蓬勃强劲发展的保障。

整合查海遗址文化旅游资源，与旅游业界联合开发精品旅游线路。依托8000年查海文化旅游资源，整合查海遗址博物馆、遗址展示区、周边旅游资源，联合开发文化考古、生态休闲、民族风情、农业特色产业于一体的旅游产品。查海遗址可从游客追求参与体验的互动性角度出发，复原部分房址，再现8000年前查海先民的生产、生活场景，现场打、磨石器，制作陶器，制作弓箭等，满足游客的求新、求异、求乐的猎奇心理。建立查海旅游行业协调机构，积极与旅行社等旅游部门联系，互联互动，将此纳入旅行社的旅游线路，立足查海文化，开发查海遗址文化考古、娱乐休闲、生态农业、民族风情精品旅游线路，拓展客源市场，打造成阜新文化旅游目的地旅游品牌。

加大查海文化宣传力度，打造文化品牌，积极营造玉龙故乡的文化旅游氛围。查海遗址要充分发挥政府的主导作用，多形式、多渠道宣传推介查海8000年文化旅游品牌，主打宣传中华第一龙、世界第一真玉和谷物酿酒起源地品牌。如为了指引游客准确、快捷地进入查海遗址，可在阜新高速公路出入口、火车站出入口、高铁站出入口及市区主要干线路段设有指向查海遗址的路标、宣传牌。查海遗址要采用多种形式的宣传手段，要利用网络、报刊、展览、旅游推介会进行宣传，努力拓展客源市场。查海遗址更要积极与相关部门沟通协调，进行查海遗址的继续发掘工作，借鉴秦始皇兵马俑一号坑第三次发掘现场参观的成功经验，打造参观考古发掘现场的旅游项目，同时配合宣传，打造考古文化旅游热潮，宣传查海文化。

开发代表阜新特色、查海文化特色、玉龙文化特色和酒文化特色的旅游纪念品。旅游纪念品在旅游购物中占有十分重要的地位，是旅游业十分重要的收入来源，精美的旅游纪念品，能唤起旅游者对旅游经历的美好回忆，能让更多的人分享他们的愉快感受。旅游商品销售收入占旅游业总体收入份额的高低，是衡量旅游业发展状况的重要标准之一。查海遗址要充分认识到作为有特色的旅游商品——旅游纪念品的发展在提高旅游商品销售收入中的重要作用。旅游市场的定位决定着开发产品的具体内容和档次规模，准确、良好的市场定位有助于开发出畅销的旅游纪念品①。查海遗址可利用阜新丰富的玛瑙资源加工旅游纪念品，制作查海文化类型的陶器、石器、玉器等工艺品，销售结合查海文化特色的谷物酒和农产品，达到社会效益和经济效益的双丰收。

促进文化创意产品的开发。切实贯彻落实国家和文物部门的规章、意见和政策，发展查海遗址文化创意产业。2015 年修改后的《博物馆条例》明确规定：国家鼓励博物馆挖掘藏品的内涵，与文化创意、旅游等产业相结合，开发衍生产品，增强博物馆的发展能力。2016 年 05 月 16 日，国务院办公厅转发文化部、国家发展改革委、财政部、国家文物局《关于推动文化文物单位文化创意产品开发的若干意见》（国办发〔2016〕36 号），要求开展文物单位文化创意产品开发试点和经验推广，同时实施“互联网 + 中华文明”3 年行动计划，支持各方力量利用文物资源开发文化创意产品。2016 年 10 月 11 日，国家文物局印发《关于促进文物合理利用的若干意见》（文物政发〔2016〕21 号），召开了促进文化文博单位文化创意产品开发的座谈会，同时公布了首批 92 家博物馆文创产品开发试点单位，在其中的意见“多措并举，切实让文物活起来”中明确强调“要求落实文化创意产品开发政策”。所以，查海遗址要紧跟时代步伐，开发代表查海文化特色的文化创意产品。

积极争取多方资金投入，鼓励社会资金投入，拓宽融资渠道，依法走产

①资料来源：文平《西安旅游纪念品的深度开发研究》，《商业现代化》，2009 年第 6 期，第 246～247 页。

业开发模式，科学合理地开发、利用查海文化的旅游资源。查海遗址的文化旅游发展资金要纳入政府财政预算，整合、协调项目资金支持旅游业发展，从资金投入上保证旅游业快速发展，支持查海遗址旅游基础设施建设，完善公共服务设施，综合整治环境，旅游宣传推介和重点旅游商品研发。查海遗址应认真落实国家旅游业发展的优惠政策，拓宽融资渠道，紧跟国家政策，吸引社会资金投资查海遗址旅游业发展，形成产业开发模式，带动查海遗址文化旅游资源的综合发展。

3. 查海遗址文化旅游资源发展的目标

2009 年 6 月 12 日，在杭州召开了“2009 大遗址保护良渚论坛”，会议通过了《关于建设考古遗址公园的良渚共识》，与会专家一致认为良渚遗址保护的“良渚模式”做到“以保护为目的，以开发为手段，以适度开发来实现真正保护”，将成为中国探索大遗址科学保护、持续利用的有效范式，符合现阶段大遗址保护的实际需要，具有鲜明的中国文化遗产保护特色①。2009 年 12 月，国家文物局为促进大遗址的保护、展示与利用，规范国家考古遗址公园的管理，有效发挥文化遗产保护在经济社会发展中的作用，颁布了《国家考古遗址公园管理办法（试行）》（文物保发〔2009〕44 号）和《国家考古遗址公园评定细则（试行）》，截至 2017 年已经公布了三批，共有 36 处公园被列入国家考古遗址公园名单，还有 67 处公园被列入国家考古遗址公园立项名单。2016 年 10 月 31 日，国家文物局编制了《大遗址保护“十三五”专项规划》（文物保发〔2016〕22 号）。这些法律法规和良渚模式为查海遗址文化旅游资源发展指明了目标，即建设成为查海国家考古遗址公园。

查海遗址 8000 年的历史是阜新文化底蕴的体现，丰富的文化内涵是阜

①资料来源：良渚博物院《2009 大遗址保护良渚论坛》，《浙江文物（电子版）》，2009 年第 3 期。

新宝贵的文化旅游资源。时代要求我们必须尽快解放和发展文化生产力，亦即要求我们尽快将我国的先进文化转化为文化生产力①。查海遗址丰富的文化资源仅仅保护和继承是不够的，还应将其优势文化资源转化为文化生产力，协调好文物保护与利用之间的关系，探索文物保护与旅游发展之间的互利双赢新模式，为阜新文博事业的可持续协调发展服务，为阜新社会经济发展与文化繁荣服务。

第五节 查海遗址是新时代阜新精神标识

中华民族有着独特的精神标识，那就是中华民族优秀传统文化积淀而成的精神追求，是中华民族生生不息、发展壮大的丰厚滋养，是中国特色社会主义植根的文化沃土，是当代中国发展的突出优势。阜新历史悠久，文化底蕴深厚，距今约 8000 年的查海遗址就是阜新地区宝贵的历史文化资源，文化价值突出，内涵丰厚。对查海文化在中华文明起源中重要地位的深入研究，可构建实力构建阜新精神标识体系，坚定文化自信，增强阜新人民的自豪感和凝聚力。

将查海遗址作为阜新精神标识，可以准确地标识阜新文明发端的起航点，清晰地还原阜新优秀传统文化的历史印记。习近平总书记特别强调中华民族的精神标识，他指出："文化自信，是更基础、更广泛、更深厚的自信。

①资料来源：黄向阳《从先进文化到文化生产力——文化建设的新视野》，《湘潭师范学院学报（社会科学版）》，2005 年第 6 期，第 15 ~ 17 页。

在5000多年文明发展中孕育的中华优秀传统文化，在党和人民伟大斗争中孕育的革命文化和社会主义先进文化，积淀着中华民族最深沉的精神追求，代表着中华民族独特的精神标识。”① 查海遗址价值突出，内涵丰富，鲜明地再现出阜新先民的文化基因，是展现阜新灿烂文化、悠久历史的实物见证，是阜新精神标识的代表，是培育民族自豪、文化自信、凝聚民族精神的纽带。

查海遗址丰富的文化内涵，是作为阜新精神标识的根本基础。查海文化蕴含的原始思想、人文精神和生活智慧等丰富的传统文化精髓，是民族文化传承和发展的根本，更是民族优秀文化的象征与见证。查海遗址保存完整，内涵丰富，考古发现了大量的遗迹和遗物等实物资料，它的聚落特征、经济形态、意识形态和道德精髓是优秀传统文化的代表，之中蕴含的龙文化、玉文化和酒文化拓展了查海文化研究空间，这三种优秀的传统文化自起源便相伴相生中国传统文化数千年，一直影响至今，更是中华民族文明起源的重要标志。

查海遗址的深入研究和阐释，是作为阜新精神标识的现实任务。在新形势下对查海遗址优秀文物资源的研究和利用，拥抱新时代，践行新思想，实现新作为，是找准历史和现实的结合点，寻根溯源萃取查海文化精华，以优秀的文物价值来坚定民族文化自信。紧跟时代，服务大局，坚持主动研究，创新实践，赋予查海文化新的时代内涵和现代表达方式，让文物说话，使收藏在博物馆里的文物和陈列在大地上的查海遗址都活起来。珍藏查海记忆，守住民族之魂，留住文化根脉，这是查海遗址成为阜新精神标识的现实任务，更是中华文明传承发展的内在动力。

保护传承好查海文化，是将查海遗址作为阜新精神标识的根本保障。查海遗址的保护工作要贯彻保护为主，抢救第一，合理利用，加强管理的方

①资料来源：习近平《在庆祝中国共产党成立95周年大会上的讲话》，《人民日报》，2016年7月2日，第2版。

针，要从坚定文化自信、传承中华文明、实现中华民族伟大复兴中国梦的战略高度，提高对查海遗址保护利用重要性的认识，增强责任感、使命感和紧迫感，用时代气息为查海遗址赋予新生命。查海遗址不只是历史的沉淀、岁月的酝酿，更是寄托着文化血脉的传承，保护好查海遗址这一宝贵的历史文化资源，展现其独特的文化魅力，功在当代，利在千秋。

查海文化融入现代生活，是将查海遗址作为阜新精神标识的主要目标。查海遗址是重要的文物资源，承载历史文明，维系民族精神，延续民族血脉，是祖先留下的宝贵文化遗产。保护和利用好查海遗址这一宝贵的历史文化资源，使查海文化博大精深的文化内涵融入现代生活，展示其独特的文化魅力，让查海遗址保护利用成果惠及人民群众，更好满足人民精神文化生活新期待，增强民族文化自信，着力构建阜新文化底蕴，形成阜新特色文化体系、学术体系和话语体系，为阜新文化的繁荣和经济发展服务。

我们要将优秀查海文化代表的阜新精神标识，置于人类共有精神财富的坐标系中，阐述其具有的世界普遍文化意义。习近平总书记强调："文化是一个国家、一个民族的灵魂。文化兴国运兴，文化强民族强，没有高度的文化自信，没有文化的繁荣兴盛，就没有中华民族的伟大复兴。"① 一个国家和民族，要对自身的文化传统、文化价值充满自信，阜新优秀的查海文化就是阜新人民文化自信的充分理由和充足底气。深入发掘研究查海遗址聚落形态、经济形态、意识形态和审美形态的内涵和意义，彰显出查海以龙文化、玉文化和酒文化为特征的文化内涵，是中华民族优秀传统文化的代表，确立了查海文化在辽河文明起源中文明发端的地位，开启中华民族文明之源。

查海智慧的光芒穿透历史，文化价值跨越时空，历久弥新，是新时代阜新的精神标识。

---

①资料来源：中共中央宣传部《习近平新时代中国特色社会主义思想三十讲》，学习出版社，2018 年，第 194 页。

主要参考文献

一、著作文献

[1]施雅风.中国全新世大暖期气候与环境.北京:海洋出版社,1992

[2]周坤叔.环境考古研究.北京:科学出版社,1991

[3]宋豫秦.中国文明起源的人地关系简论.北京:科学出版社,2002

[4]郭沫若.中国史稿.北京:人民出版社,1962

[5]周连科.辽宁文化记忆·物质文化遗产.沈阳:辽宁人民出版社,2014

[6]李逸友,魏坚.内蒙古文物考古文集.北京:中国大百科全书出版社,1994

[7]魏坚.内蒙古文物考古文集.北京:中国大百科全书出版社,1997

[8]辽宁省文物考古研究所.辽海记忆——辽宁考古六十年重要发现(1954-2014).沈阳:辽宁人民出版社,2014

[9]辽宁省文物考古研究所,(日)中国考古学研究会.东北亚考古学研究——中日合作研究报告书.北京:文物出版社,1997

[10]辽宁省文物考古研究所.牛河梁遗址.北京:学苑出版社,2004

[11]辽宁省博物馆.辽河寻根 文明溯源——中华文明起源学术研讨会论文集.北京:文物出版社,2012

[12]辽宁省博物馆.辽宁省博物馆馆刊2013.北京:文物出版社,2013

[13]杨伯达.传世古玉辨伪与鉴考.北京:紫禁城出版社,1998

[14]中国考古学会.中国考古学年鉴(1989).北京:文物出版社,1990

[15]中国考古学会.中国考古学年鉴(1994).北京:文物出版社,1997

[16]闻一多.闻一多全集.北京:三联书店,1982

[17]苏秉琦.华人·龙的传人·中国人——考古寻根记.沈阳:辽宁大学出版社,1994

[18]苏秉琦.中国文明起源新探.香港:商务印书馆香港有限公司,1997

[19]郭大顺.龙出辽河源.天津:百花文艺出版社,2001

[20]郭大顺,张星德.东北文化与幽燕文明.南京:江苏教育出版社,2005

[21]李友谋.裴李岗文化.北京:文物出版社,2003

[22]邓辉等著.从自然景观到文化景观.北京:商务印书馆,2005

[23]王时麒等著.中国岫岩玉.北京:科学出版社,2007

[24]山东大学东方考古研究中心.东方考古.北京:科学出版社,2004

[25]刘国祥,邓聪.玉根国脉——2011岫岩玉与中国玉文化学术研讨会文集.北京:科学出版社,2011

[26]田广林.中国东北西辽河地区的文明起源.北京:中华书局,2004

[27]王闯.中国东北及华北地区之字纹研究.沈阳:辽宁人民出版社,2013

[28]张文学,赖登燡,余有贵.中国酒概述.北京:化学工业出版社,2011

[29]李仰松等.佤族社会历史调查(一).昆明:云南人民出版社,1983

[30]胡晓奇.龙的起源与龙文化研究.苏州:苏州大学出版社,2014

[31]吉成名.中国崇龙习俗.天津:天津古籍出版社,2002

[32]李兵.阜新历史文化研究.北京:社会科学文献出版社,2002

[33]周苏平.中国古代丧葬习俗.西安:陕西人民出版社,2014

[34]庞进.中国龙文化.重庆:重庆出版社,2007

[35]刘国友.阜新史稿.北京:中国华侨出版社,1996

[36]刘国友.阜新通史.长春:吉林大学出版社,2006

[37]尹达.中国新时期时代.北京:三联书店,1955

[38]柳诒征.中国文化史.北京:东方出版社,2008

[39]郭小伟.艺术学概论.沈阳:辽宁大学出版社,2006

[40]蒋冰海,林同华.美学与艺术讲演录续.上海:上海人民出版社,1989

[41]朱狄.艺术的起源.北京:中国社会科学出版社,1982

[42]中国人民解放军军事科学院编辑.马克思恩格斯军事文集.北京:战士出版社,1981

[43]张之恒著.中国新石器时代考古.南京:南京大学出版社,2004

[44]张星德.红山文化研究.北京:中国社会科学出版社,2005

[45]赵国华.生殖崇拜文化论.北京:中国社会科学出版社,1996

[46]辞海编辑委员会.辞海.上海:上海辞书出版社,1999

[47]中国大百科全书编辑委员会.中国大百科全书.北京:中国大百科全书出版社,1993.

[48]姚春鹏译注.黄帝内经.北京:中华书局,2011

[49]李学勤.十三经注疏·礼记正义.北京:北京大学出版社,1999

[50]陈秉才译注.韩非子·五蠹.北京:中华书局,2007

[51]金景芳.周易系辞传新编详解.沈阳:辽海出版社,1998

[52]杨伯峻.论语译注.北京:中华书局,1982

[53]杨伯峻.春秋左传注(修订本).北京:中华书局,1995

[54]潘吉星.天工开物译注.上海:上海古籍出版社,1998

[55]马未都.马未都说收藏·玉器篇.北京:中华书局,2008

[56]陈鼓应.老子注译及评介.北京:中华书局,1984

[57]徐琳.中国古代治玉工艺.北京:紫禁城出版社,2011

[58]江灏,钱宗武.今古文尚书全译.贵阳:贵州人民出版社,1993

[59]中华书局编辑部.汉魏古注十三经.北京:中华书局,1998

[60] 刘晓东等点校.二十五别史.济南:齐鲁书社,2000

[61](清)徐珂.清稗类钞.第十三册,北京:中华书局,1986

[62](明)李晔.篷栊夜话.济南:齐鲁书社,1996

[63](明)冯梦龙,(清)蔡元放.东周列国志.重庆:重庆出版社,2008

[64](宋)周密撰,吴启明点校.癸辛杂识.北京:中华书局,1988

[65](西汉)刘向集录.战国策.上海:上海古籍出版社,1985

[66](汉)许慎撰,(清)段玉裁注.说文解字注.上海:上海古籍出版社,1981

[67](汉)许慎,徐铉等校定.说文解字.北京:中华书局,1985

[68](宋)欧阳修,李逸安点校.欧阳修全集.北京:中华书局,2001

[69](隋)虞世南,(清)孔广陶校注.北堂书钞.北京:中国书店,1989

[70](清)童岳荐,张延年校注.调鼎集.北京:中国纺织出版社,2006

[71](梁)陶弘景集.名医别录(辑校本).北京:人民卫生出版社,1986

[72]周振普.诗经译注.北京:中华书局,2002

[73]缪启愉.齐民要术校释.北京:中国农业出版社,1998

[74]金少英,李庆善.汉书食货志集释.北京:中华书局,1986

[75]杨天宇.礼记译注.上海:上海古籍出版社,2004

[76]张双棣.淮南子校释.北京:北京大学出版社,1997

[77]马克思恩格斯选集.北京:人民出版社,1995

[78](美)张光直.古代中国考古学.北京:三联书店,2013

[79](澳大利亚)刘莉:中国新石器时代——迈向早期国家之路.北京:文物出版社,2007

[80]辛岩,方殿春.辽宁考古文集.沈阳:辽宁民族出版社,2003

二、期刊论文

[1]辽宁省文物考古研究所.阜新查海新石器时代遗址试掘简报.辽海文物学刊,1988(1)

[2]辽宁省文物考古研究所.辽宁阜新县查海遗址1987~1990年三次发掘.文物,1994(11)

[3]张丹梅.近50年阜新地区气候变化特征分析.气象与环境学报,2007(1)

[4]张淑金.阜新地区的气候资源及其与旱地农业关系初探.辽宁农业科学,1988(2)

[5]竺可桢.中国近五千年来气候变迁的初步研究.考古学报,1972(1)

[6]王育茜,吴文婉等.辽宁阜新查海遗址碳化植物遗存研究.北方文物,2012(4)

[7]吕遵谔.金牛山猿人的发现和意义.北京大学学报(哲学社会科学版),1985(2)

[8]滕铭予,Gideon shelach,万雄飞等.辽宁阜新地区区域性考古调查阶段性报告(2012~2013).北方文物,2014(3)

[9]栾丰实,方辉,许宏.山东邹平县苑城早期新石器时代文化遗址调查.考古,1989(6)

[10]陈雍.左家山新石器时代遗存分析.考古,1992(11)

[11]河北省文物研究所.河北省迁西县东寨遗址发掘简报.文物春秋,1992年增刊

[12]河北省文物研究所等.迁西西寨遗址1988年发掘报告.文物春秋,1992

年增刊

[13]巴林右旗博物馆.巴林右旗古日古勒台新石器时代遗址调查简报.草原文物,1992年增刊

[14]中国社会科学院考古研究所内蒙古工作队,敖汉旗博物馆.内蒙古敖汉旗兴隆沟新石器时代遗址调查.考古,2000(9)

[15]中国社会科学院考古研究所内蒙古第一工作队.内蒙古赤峰市兴隆沟聚落遗址2002~2003年的发掘.考古,2004(7)

[16]内蒙古自治区文物考古研究所.内蒙古林西县白音长汉新石器时代遗址发掘简报.考古,1993(7)

[17]中国社会科学院考古研究所内蒙古工作队.内蒙古敖汉旗兴隆洼聚落遗址1992年发掘简报.考古,1997(1)

[18]巴林右旗博物馆.内蒙古巴林右旗锡本包楞出土玉器.考古,1996(2)

[19]中国社会科学院考古研究所内蒙古工作队.内蒙古敖汉旗兴隆洼遗址发掘简报.考古,1985(10)

[20]敖汉旗博物馆.敖汉旗南台地赵宝沟文化遗址调查.内蒙古文物考古,1991(1)

[21]杨虎,朱延平.内蒙古敖汉旗小山遗址.考古,1987(6)

[22]承德县文物保护管理所.河北省承德县新石器时代遗址调查.考古,1992(6)

[23]北京市文物研究所,北京市平谷县文物管理所上宅考古队.北京平谷上宅新石器时代遗址发掘简报.文物,1989(8)

[24]沈阳市文物管理办公室.沈阳新乐遗址试掘报告.考古学报,1978(4)

[25]李晓钟.沈阳新乐遗址1982~1988年发掘报告.辽海文物学刊,1990(1)

[26]辽宁省考古研究所,吉林大学考古系.辽宁彰武县考古复查纪略.考

古,1991(8)

[27]中国科学院考古研究所山西工作队,临汾地区文化局.1978～1980年山西襄汾陶寺墓地发掘简报.考古,1983(1)

[28]南京博物院.江苏吴县草鞋山遗址.文物资料丛刊,1980(3)

[29]上海市文物保管委员会.上海青浦福泉山良渚文化墓地.文物,1986(10)

[30]胡雅丽.卵石摆塑龙.江汉考古,2001(2)

[31]濮阳市文物管理委员会等.河南濮阳西水坡遗址发掘简报.文物,1988(3)

[32]翁牛特旗文化馆.内蒙古翁牛特旗三星他拉村发现玉龙.文物,1984(6)

[33]辽宁省博物馆.辽宁鸽子洞旧石器遗址发掘报告.古脊椎动物学报,1975(2)

[34]甘肃省博物馆等.兰州土谷台半山——马厂文化墓地.考古学报,1983(2)

[35]张敬国.含山凌家滩遗址第三次考古发现主要收获.东南文化,1999(5)

[36]赵生军.中国古代蛇图腾崇拜刍议.思茅师范高等专科学校学报,2007(4)

[37]席小慧.全新世大暖期辽西与黄土高原地区环境演变及人地关系比较研究.辽宁师范大学硕士学位论文,2005

[38]赵文宇等.全新世中国北方气候变化及环境特征.固原师专学报(自然科学版),2005(3)

[39]邱振声.图腾崇拜与审美意识.民族艺术,1994(4)

[40]杨虎,刘国祥.兴隆洼文化居室葬俗及相关问题探讨.考古,1997(1)

[41]裴文中.中国细石器文化概说.燕京学报,1947(33)

[42]吕遵谔.内蒙赤峰红山考古调查报告.考古学报,1958(3)

[43]方殿春,刘葆华.辽宁阜新县胡头沟红山文化玉器墓的发现.文物,1984(6)

[44]孙守道,郭大顺.论辽河流域的原始文明与龙的起源.文物,1984(6)

[45]郭大顺.苏秉琦先生与辽宁文物考古工作.辽海文物学刊,1989(2)

[46]苏秉琦,殷玮璋.关于考古学文化的区系类型问题.文物,1981(5)

[47]苏秉琦.关于重建中国史前史的思考.考古,1991(12)

[48]苏秉琦.辽西古文化古城古国.辽海文物学刊,1986(1)

[49]苏秉琦.文化与文明.辽海文物学刊,1990(1)

[50]苏秉琦.给青年人的话.文物天地,1987(4)

[51]邵望平,汪遵国.迎接中国考古学的新世纪.东南文化,1993(1)

[52]闻广.中国古玉的研究.建材地质,1990(2)

[53]闻广.辨玉.文物,1992(7)

[54]闻广.中国古玉研究的新进展.中国宝玉石,1991(4)

[55]闻广,荆志淳.中国古玉地质考古学研究.中国地质科学院地质研究所文集,1997

[56]邓聪.东亚玦饰四题.文物,2000(2)

[57]辽宁省文物考古研究所,葫芦岛市文物管理办公室.辽宁葫芦岛市杨家洼新石器时代遗址发掘简报.博物馆研究,2005(2)

[58]王时麒.岫岩软玉与红山文化.鞍山师范学院学报,2004(3)

[59]许玉林,杨永芳.辽宁岫岩北沟西山遗址发掘简报.考古,1992(5)

[60]员雪梅.燕辽、海岱、中原地区新石器时代玉器研究.北京大学博士论文,2005

[61]薛志强.论兴隆洼文化在中国文明起源中的地位与作用.大连大学学

报,2008(5)

[62]安志敏.海拉尔的中石器遗存——兼论细石器的起源和传统.考古学报,1978(3)

[63]包启安.史前文化时期的酿酒(一)酒的起源.酿酒科技.2005(1)

[64]李仰松.对我国酿酒起源的探讨.考古,1962(1)

[65]李仰松.我国新石器时代出土的"双联杯"和"三耳杯"及其有关问题.河南文博通讯,1980(4)

[66]李仰松.我国谷物酿酒起源新论.考古,1993(6)

[67]河北省文物管理处,邯郸市文物保管所.河北武安磁山遗址.考古学报,1981(3)

[68]中国社会科学院考古研究所河南一队.裴李岗遗址1979年发掘简报.考古学报,1984(1)

[69]开封地区文物管理委员会等.裴李岗遗址1978年发掘简报.考古,1979(3)

[70]王树明.大汶口文化晚期的酿酒.中国烹饪,1987(9)

[71]方心芳.对"我国古代的酿酒发酵"一文的商榷.化学通报,1979(3)

[72]罗志腾.古代中国对酿酒发酵化学的贡献.西北大学学报(自然科学版),1979(2)

[73]张雪松.半固态法酿酒技术的探讨.中国酿造,2004(1)

[74]陈继玲,陈胜前.查海遗址陶器风格变化的功能视角.边疆考古研究,2015(18)

[75]范磊.查海聚落遗址陶器分析及相关问题研究.天津师范大学硕士研究生论文,2017

[76]陆建松.中国大遗址保护的现状、问题及政策思考.复旦学报(社会科学版),2005(6)

[77]文平.西安旅游纪念品的深度开发研究.商业现代化,2009(6)

[78]良渚博物院.2009 大遗址保护良渚论坛.浙江文物(电子版),2009(3)

[79]黄向阳.从先进文化到文化生产力——文化建设的新视野.湘潭师范学院学报(社会科学版),2005(6)

[80]肖万源.哲学与原始意识.社会科学辑刊,1991(2)。

三、考古报告

[1]辽宁省文物考古研究所.查海——新石器时代聚落遗址发掘报告.北京:文物出版社,2012

[2]内蒙古自治区文物考古研究所.白音长汗——新石器时代遗址发掘报告.北京:科学出版社,2004

[3]甘肃省文物考古研究所.秦安大地湾——新石器时代遗址发掘报告.北京:文物出版社,2006

[4]西安半坡博物馆等.姜寨——新石器时代遗址发掘报告.北京:文物出版社,1988

[5]青海省文物管理处考古队等.青海柳湾.北京:文物出版社,1983

[6]中国科学院考古研究所.庙底沟与三里桥.北京:科学出版社,1959

[7]中国社会科学院考古研究所.师赵村与西山坪.北京:中国大百科全书出版社,1999

[8]名山后遗址考古队.奉化名山后遗址第一期发掘的主要收获.浙江省文物考古研究所学刊.北京:科学出版社,1993

[9]浙江省文物考古研究所.余杭良渚庙前遗址发掘的主要收获.浙江省文物考古研究所学刊.北京:科学出版社,1993

[10]宿白.苏秉琦与当代中国考古学.北京:科学出版社,2001

[11]浙江省文物考古研究所. 河姆渡——新石器时代遗址发掘报告. 北京:文物出版社,2003

[12]中国社会科学院考古研究所,陕西省西安半坡博物馆. 西安半坡——原始氏族公社聚落遗址. 北京:文物出版社,1963

[13]山东省文物管理处,济南市博物馆. 大汶口——新石器时代墓葬发掘报告. 北京:文物出版社,1974

[14]河南省文物考古研究所编著. 舞阳贾湖. 北京:科学出版社, 1999

[15]中国社科院考古研究所. 敖汉赵宝沟——新石器时代聚落. 北京:中国大百科全书出版社,1997

[16]中国社科院考古研究所. 大甸子——夏家店下层文化遗址和墓葬发掘报告. 北京:科学出版社,1998

[17]辽宁省文物考古研究所. 牛河梁红山文化遗址发掘报告(1983~2003年度). 北京:文物出版社,2012

[18]上海市文物保管委员会. 崧泽——新石器时代遗址发掘报告. 北京:文物出版社,1987

[19]郑州大学历史学院考古系. 新乡李大召仰韶文化至汉代遗址发掘报告. 北京:科学出版社,2006

[20]上海市文物管理委员会. 福泉山——新石器时代遗址发掘报告. 北京:科学出版社,2000

[21]中国社会科学院考古研究所. 山东王因——新石器时代遗址发掘报告. 北京:科学出版社,2000.

四、报纸文章

[1]郭大顺. 文明发端 玉龙故乡. 中国文物报. 1993-1-31(1)

[2]郭大顺.苏秉琦的学术遗产与辽河文明的研究.中国文物报.2006－5－19(7)

[3]辛岩.查海遗址发掘再获重大成果.中国文物报.1995－3－19(1)

[4]孙守道.查海玉玦耳饰之祖.友报.1994－8－26(3)

[5]胡健.苏秉琦先生为查海遗址题词经过.阜新日报.2003－7－10(1)

[6]郑育林.关于大遗址保护特区实现路径的设计.中国文物报.2010－3－26(3)

[7]李政.岫岩玉 玉文化 玉器考古学研究.中国文物报.2011－8－5(7)

[8]王绵厚.辽西凌源红山文化玉料产地的考察与思考.中国文物报.2014－12－19(6)

[9]张旭.北票研讨红山玉文化发源地.辽宁日报.2015－6－19(9)

[10]郝欣,曾江.在“万年文明起步”之地探寻东北农业与定居起源.中国社会科学报.2013－5－6(1)

[11]高美璇.辽宁八千年前新石器时代遗址中发现龙图腾.中国文物报.1997－6－8(1)

[12]龙起源于七八千年前的内蒙古.光明日报.1987－12－14(1)

[13]刘殊同,李丹.阜新考古又现程家梁新石器时代遗址.辽沈晚报·阜新版.2010－12－28(A7)

后　　记

查海遗址是全国重点文物保护单位，距今8000年，文化内涵深厚，表现在哪?

很多朋友不清楚，最初我也迷惑!

我从参加工作开始就在查海遗址，并且多年来始终在这里，随着青春芳华融入查海文化，让我日久生情地感受到了查海先民生活的智慧，这是老祖宗留给我们的宝贵历史文化遗产。所以，我要把感悟到的精彩“查海故事”讲给朋友们听!

有了这个讲述查海的愿望，并为之努力，这是一种原动力，更是一种责任!

本书是以查海遗址的重大考古发现为研究对象，对已发掘的重要遗迹，以及在不同遗迹内出土的大量遗物分别做以系统梳理研究。又在此基础之上，采用多学科交叉研究的方法，对比、参考历史文献和多家研究成果，同时辅以田野调查、复原实验等手段，全面综合地论证查海诸多遗迹和遗物之间的内在联系，揭示查海聚落形态、经济形态、意识形态、审美形态的发展轨迹，从而深入阐述查海遗址独特的文化内涵。

查海文化为探索辽河文明起源的考古学文化阶段提供了理论依据，这些全新的理论源泉，在辽河流域早期文明的发生、发展进程中占有重要地位，充分证明了其是辽河流域文明起源地之一，表明查海是由氏族向国家发展的转折点，社会开始分工和分化，宏观上勾勒出查海文化是我国北方辽河流域原始文化发展的主线脉络，为确立查海在辽河流域早期文明的发端地位提供了完整确凿的理论基础，拓展了查海文化的研究空间，明确了查海文化在东北亚的扩散、传播和影响。这不仅是查海文化研究由深度向广度，更是向文化高度的提升，有力推动了中华优秀传统文化创新性发展。由此可以说，查海遗址不仅是中华民族的骄傲，更是世界华人的自豪，对这种查海文化共识和文化自信的深入研究，可使查海遗址成为全球华人向往的圣地，寻根觅祖龙故里，感知酬德玉文化。

查海遗址是重要的文物资源，承载历史文明，维系民族精神，延续民族血脉，是祖先留下的宝贵文化遗产。查海文化蕴含着丰富的传统文化精髓，是民族文化传承和发展的根本，更是民族优秀文化的象征与见证。这种文化自信实现了查海遗址保护和发展的统一，使收藏在查海博物馆里的文物和在大地上展示的查海聚落遗址都活了起来，更好地满足了人民群众精神文化生活的新需要。

不忘历史才能开辟未来，查海优秀的传统文化需要薪火相传、代代守护，更需要与时俱进，激活其生命力。按照时代的新需求，善于继承查海文化才能发展，在继承发展中才能创新，才能为查海遗址提供有力的学术支撑，推动查海文化创造性转化和创新性发展，把富有文化魅力、具有时代价值的查海文化弘扬起来，来更好地保护和利用好查海遗址。

本书的研究得到了我国著名考古学家郭大顺先生的诸多关爱，并为本书作序，对先生的热心支持和悉心帮助表示真诚的感谢！

本书成稿后得以顺利出版，得到了辽宁省社科联、阜新市委宣传部、阜新市文化旅游和广播电视局、阜新市公共文化服务中心、阜新永灵珍奇博物馆、陕西科学技术出版社、陕西金和印务有限公司等相关领导和专家的帮助，虽不便直书其名，但对他们的鼎力支持一并表示衷心的感谢！

因本人研究视角和学识水平有限，对查海遗址的感悟、探讨还不能做到全面客观，仅是对查海遗址的基础性研究和探讨，并且随着我国文物考古事业的蓬勃发展，以及新方法、新科技在考古学上的应用，本书一些观点更有待科技考古的实验检测。所以，今后若发现本书所言的一些不妥或谬误之处，敬请前辈和朋友们不吝批评赐教，以起“案例”之效，利于在今后的研究中及时纠正，我将不胜感激！

最后，我谨以此书奉献给查海遗址，纪念查海遗址发现三十七周年！

李井岩

2019 年 8 月 6 日